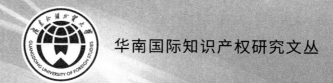

华南国际知识产权研究文丛

粤港澳大湾区
知识产权研究报告
（2019—2020）

曾凤辰　卢纯昕　刘洪华　等／编著

知识产权出版社

全国百佳图书出版单位

—北京—

图书在版编目（CIP）数据

粤港澳大湾区知识产权研究报告. 2019 – 2020/曾凤辰等编著. —北京：知识产权出版社，2021. 12

ISBN 978 – 7 – 5130 – 7842 – 9

Ⅰ. ①粤… Ⅱ. ①曾… Ⅲ. ①知识产权—研究报告—广东、香港、澳门—2019 – 2020 Ⅳ. ①D923. 404

中国版本图书馆 CIP 数据核字（2021）第 236862 号

内容提要

本书着眼于粤港澳大湾区成为国际科技创新中心的发展目标，在阐述、分析该区域 11 座城市知识产权制度、政策及发展状况的基础上，从宏观层面上对粤港澳大湾区知识产权建设中面临的问题进行研究并给出解决思路，探讨并回答了如何能促进大湾区内知识产权的协同合作，保障大湾区内知识产权工作的实效，从而实现大湾区的创新发展建设。

责任编辑：王玉茂　　　　　　　　　责任校对：谷　洋

执行编辑：章鹿野　　　　　　　　　责任印制：孙婷婷

封面设计：杨杨工作室·张冀

粤港澳大湾区知识产权研究报告（2019—2020）

曾凤辰　卢纯昕　刘洪华　等编著

出版发行：知识产权出版社 有限责任公司	网　　址：http：//www. ipph. cn
社　　址：北京市海淀区气象路 50 号院	邮　　编：100081
责编电话：010 – 82000860 转 8541	责编邮箱：wangyumao@ cnipr. com
发行电话：010 – 82000860 转 8101/8102	发行传真：010 – 82000893/82005070/82000270
印　　刷：北京九州迅驰传媒文化有限公司	经　　销：各大网上书店、新华书店及相关专业书店
开　　本：720mm×1000mm　1/16	印　　张：21. 25
版　　次：2021 年 12 月第 1 版	印　　次：2021 年 12 月第 1 次印刷
字　　数：345 千字	定　　价：110. 00 元

ISBN 978 – 7 – 5130 – 7842 – 9

华南国际知识产权研究文丛

总　序

党的十九大报告明确指出："创新是引领发展的第一动力，是建设现代化经济体系的战略支撑。"知识产权制度通过合理确定人们对于知识及其他信息的权利，调整人们在创造、运用知识和信息过程中产生的利益关系，激励创新，推动经济发展和社会进步。随着知识经济和经济全球化深入发展，知识产权日益成为推动世界各国发展的战略性资源，成为增强各国国际竞争力的核心要素，成为建设创新型国家的重要支撑和掌握发展主动权的关键。

广东外语外贸大学作为一所具有鲜明国际化特色的广东省属重点大学，是华南地区国际化人才培养和外国语言文化、对外经济贸易、国际战略研究的重要基地。为了更好地服务于创新驱动发展战略和"一带一路"倡议的实施及科技创新强省的建设，广东外语外贸大学和广东省知识产权局于2017年3月共同组建了省级科研机构——华南国际知识产权研究院。研究院本着"国际视野、服务实践"的理念，整合运用广东外语外贸大学在法学、经贸、外语等领域中的人才和资源，以全方位视角致力于涉外及涉港澳台地区知识产权领域重大理论和实践问题的综合研究，力争建设成为一个国际化、专业化和高水平的知识产权研究基地和国际知识产权智库。

为了增强研究能力，更好地服务于营造法治化、国际化营商环境和粤港澳大湾区的建设，我们决定组织编写"华南国际知识产权研究文丛"。该文丛以广东省以及粤港澳大湾区这一特定区域内的知识产权情况为研究对象，对区域内具有涉外涉港澳台因素的知识产权创造、保护和运营等情况进行深入研究，为提升广东、粤港澳大湾区乃至全国知识产权创造、保护和运用水平，促进社会经济文化的创新发展，提供智力支持。

该文丛是内容相对集中的开放式书库，包括但不限于以下三个系列。

《广东涉外知识产权年度报告》系列丛书。其以广东省涉外知识产权的司法和行政保护以及广东省企业在国外进行知识产权创造和运用等情况作为研究对象，立足广东，从国内和国际两个市场，从整体上研究我国知识产权的创造、保护和运用情况，为进一步完善我国的知识产权法律制度，提高行政机构的知识产权管理和服务能力，提升知识产权的司法和行政保护水平，增强企业在国内和国外两个市场进行知识产权创造、应用和防范、应对知识产权风险的能力，进而为推动我国"一带一路"倡议、"走出去"等国家政策的实施，提供智力支持。

《粤港澳大湾区知识产权研究报告》系列丛书。其以粤港澳大湾区内的香港、澳门、广州、深圳等11个城市的知识产权情况为研究对象，全面深入研究各地的知识产权制度以及知识产权创造、保护和运用等情况，力求推动大湾区内部的知识产权交流与合作，增强和提升大湾区知识产权创造、保护和运用的能力和水平。

《广东涉外知识产权诉讼典型案例解析》系列丛书。其以研究院每年评选出的"广东十大涉外知识产权诉讼典型案例"为研究对象，深入解读典型案例所确立的裁判规则，分析涉外知识产权司法保护中的经验和不足，以推动我国知识产权司法保护工作的发展，增强我国企业、个人防范和应对知识产权诉讼的能力。

我们期望并且相信，经过各方的共同努力，该文丛必将成为知识产权研究的特色、精品佳作，为知识产权创造、运用、保护、管理提供高质量的智力指导。

是为序。

石佑启

2019 年 7 月 10 日

前　言

推进粤港澳大湾区建设，是以习近平同志为核心的党中央作出的重大决策，是习近平总书记亲自谋划、亲自部署、亲自推动的国家战略，是新时代推动形成全面开放新格局的新举措，也是推动"一国两制"事业发展的新实践。2019年2月18日，中共中央、国务院印发了《粤港澳大湾区发展规划纲要》（以下简称《规划纲要》），明确指出"全面加强粤港澳大湾区在知识产权保护、专业人才培养等领域的合作。强化知识产权行政执法和司法保护，更好发挥广州知识产权法院等机构作用，加强电子商务、进出口等重点领域和环节的知识产权执法"。在《规划纲要》精神的指引下，本报告全面梳理了2020年粤港澳大湾区知识产权的发展状况，对发展过程中出现的问题提出了建议并对未来的发展进行了展望。2020年是极不平凡和具有里程碑意义的一年，我国抗击新冠肺炎疫情斗争取得重大战略成果，脱贫攻坚战取得全面胜利，决胜全面建成小康社会取得决定性成就。在2020年度，粤港澳大湾区知识产权工作取得了长足的进步，主要亮点如下。

一是粤港澳大湾区知识产权政策制度不断完善。广东省颁布《关于强化知识产权保护的若干措施》。广东省市场监督管理局出台《关于进一步加强知识产权维权援助工作的若干措施》。香港特别行政区修订了版权条例，以适应《马拉喀什条约》的要求；修订商标条例，为加入《商标国际注册马德里协议有关议定书》作出制度安排。澳门特别行政区持续优化行政服务，经济及科技发展局于2020年11月3日起推出网上提交设计及新型注册申请，以及工业产权转让申请的服务。深圳市对《深圳经济特区知识产权保护条例》进行了修正，通过了《深圳经济特区科技创新条例》。

二是粤港澳大湾区知识产权协作不断加强。2020年，广东省市场监督管理局（知识产权局）统筹推进粤港保护知识产权合作专责小组等工作机制年度合作项目，全面深化三地业务合作交流；推动各方签署《粤港知识产权合作计划（2020年）》。联合粤港澳共同举办2020粤港澳大湾区知识产权交易博览会、第十届亚洲知识产权营商论坛、粤港澳大湾区高价值专利培育布局大赛。2020年，粤港、粤澳分别累计开展知识产权合作项目292个、64个。海关总署广东分署牵头广东省内海关开展与香港、澳门海关在知识产权保护方面的紧密合作，开展集中打击重点领域、重点环节进出口侵权货物保护知识产权专项联合执法行动3次。粤港澳三方通过《粤港澳大湾区调解平台建设工作方案》。广东省卫生健康委员会推动广东省食品药品审评认证技术协会举办第二届粤港澳大湾区生物医药和生物医学工程知识产权创新峰会。广东省文化和旅游厅与珠海市人民政府联合主办，珠海市文化广电旅游体育局、香港设计总会、澳门设计师协会联合承办粤港澳大湾区文化创意设计大赛。广东省博物馆联合香港设计总会、澳门设计师协会等单位共同发起成立粤港澳大湾区（广东）文创联盟。广州开发区出台"粤港澳知识产权互认10条"，推动港澳在广州开发区享受同等待遇。

三是粤港澳大湾区知识产权保护水平不断提升。2020年，广东省获国家知识产权局批复同意建设中国（汕头）知识产权保护中心、中国（珠海）知识产权保护中心、中国（广州）知识产权保护中心。广东省获批设立国家海外知识产权纠纷应对指导中心广东分中心、深圳分中心。广东省知识产权保护中心、中国贸促会知识产权服务中心等9家企事业单位共同发起成立广东省海外知识产权保护促进会。广东省高级人民法院发布《关于网络游戏民事纠纷案件的审判指引》，是国内首次专门针对游戏领域相关法律问题进行规范的司法文件。广州知识产权法院进一步深化司法体制改革创新，探索建立了"专职技术调查官＋技术顾问＋技术咨询专家"工作模式；健全审判监督管理机制，专门制定实行了发回、改判案件复查制度；设立综合审判庭（知识产权庭），持续推进知识产权案件"三审合一"。广东省检察机关积极探索知识产权案件办理专业化建设：广东省人民检察院在第四检察部专设知识产权专业组；广州市黄埔区人民检察院成立了知识产权检察室，并挂牌"黄埔知识产权检察保护中心"；深圳市坪山区人民检察院在深圳市生物医药创新产业园设立知识产权检察工作室。深圳市中级人民法院制定出台了全国首个《关于知识产权民事侵权纠纷适用惩罚性赔偿的指导意见》。

　　此外，粤港澳大湾区也大力加强知识产权的转化运用。截至 2020 年底，广东省全省累计已获批 16 个知识产权证券化产品，融资惠及企业近 200 家，涉及知识产权标的近 800 件，初步形成知识产权金融资金供应链贯穿企业发展全生命周期的知识产权证券化"广东模式"。广东省获批建设中国（电力新能源产业）知识产权运营中心，建成广东省灯饰照明产业知识产权运营中心、广东省碳纤维高价值专利培育运营中心、广东省环保产业知识产权运营中心，设立广东省重点产业知识产权运营基金和广州市重点产业知识产权运营基金。深圳市建成市场化运作的中国（南方）知识产权运营中心；成立全国首家知识产权金融全业态联盟，推出全国首单线上知识产权质押融资保险业务；并在国内首创以企业知识产权质押融资债权及附属担保权益作为底层资产、由市属国有企业小贷公司作为原始权益人的知识产权证券化发行模式。

目　录

第1章 广东省知识产权报告

目前创新和知识产权在国家发展战略中的核心地位日益突出。从国内环境看，2020 年是"十三五"规划的收官之年，第一个百年目标全面建成小康社会已经实现。"十四五"时期是我国开启全面建设社会主义现代化国家新征程、向第二个百年奋斗目标进军的第一个五年，我国将进入新发展阶段。新发展阶段，须贯彻新发展理念，构建新发展格局，推动高质量发展，而这些都需要知识产权提供更加有力的支撑。从国际环境看，当今世界正经历百年未有之大变局，新型冠状病毒肺炎（以下简称"新冠肺炎"）疫情全球大流行使这个大变局加速演进，科技创新是其中一个关键变量，知识产权制度作为激励创新的基本保障，已成为建设创新型国家的重要支撑和掌握发展主动权的关键所在。2021 年 3 月《中华人民共和国国民经济和社会发展第十四个五年规划和 2035 年远景目标纲要》（以下简称《十四五规划纲要》）强调坚持创新在现代化建设全局中的核心地位。习近平总书记在 2020 年 11 月中央政治局第二十五次集体学习时指出创新是引领发展的第一动力，保护知识产权就是保护创新，同时指明我国正在从知识产权引进大国向知识产权创造大国转变，知识产权工作正在从追求数量向提高质量转变。

2020 年是《国家知识产权战略纲要》以及《广东省知识产权战略纲要（2007—2020 年）》收官之年。本章将总结和分析广东省 2020 年知识产权发展状况，包括知识产权制度和政策，知识产权创造、保护、运营、管理和服务以及区域和国际合作等，并提出相应的建议。

一、广东省知识产权制度和政策

从国家层面的知识产权制度和政策来看。2008 年国务院颁布的《国家知识产权战略纲要》（以下简称《纲要》）将知识产权上升为国家战略。12 年来，从中央到国务院相关部门先后印发实施了一系列政策文件，为我国知识产权事业发展提供支撑和指南。《纲要》提出到 "2020 年把我国建设成为知识产权创造、运用、保护和管理水平较高的国家"。截至 2020 年底，这一目标已经基本实现，我国已成为名副其实的知识产权大国，知识产权创造质量、保护效果、运用效益和国际影响力也在不断提升。但是当前国际知识产权领域的竞争更加激烈，人工智能、大数据等新技术新业态层出不穷，知识产权发展也面临新的挑战。根据习近平总书记的指示，我国正在从知识产权引进大国向知识产权创造大国转变，知识产权工作正在从追求数量向提高质量转变。面临新挑战，未来应加快知识产权强国建设，推进我国从知识产权大国迈进知识产权强国的战略新征程。近期国家有关部门紧锣密鼓出台一系列配套机制和相关法律文件，这些举措可视为国家全方位推动建设知识产权强国的第一步，包括顶层设计——面向 2035 年的知识产权强国战略纲要（正在制定中），以及围绕知识产权保护、运用等环节的一系列政策措施；2020 年 4 月 20 日国家知识产权局发布的 2020—2021 年贯彻落实《关于强化知识产权保护的意见》推进计划，2020 年 5 月 13 日国务院知识产权战略实施工作部际联席会议办公室印发的《2020 年深入实施国家知识产权战略加快建设知识产权强国推进计划》等。

广东省一直紧跟国家知识产权战略和政策动向，紧跟国家和中央决策部署，广东省知识产权工作政策环境不断完善。继 2007 年广东省人民政府印发《广东省知识产权战略纲要（2007—2020 年)》后，多项省级政策法规相继出台，包括《广东省专利条例》《中共广东省委　广东省人民政府关于加快建设知识产权强省的决定》《广东省专利奖励办法》《广东省建设引领型知识产权强省试点省实施方案》《广东省人民政府办公厅关于知识产权服务创新驱动发展的若干意见》《广东省举报侵犯知识产权和制售假冒伪劣商品违法行为奖励办法》《广东省促进中小企业知识产权保护和利用的若干政策措施》《广东省人民政府办公厅转发省知识产权局关于促进我省知识产权服务业发展若干意见的通知》《广东省展会专利保护办法》《关于加快推进广东省知识产权质押融资工作的若干意见》《广东省知识产权局关于行政处罚自由裁量权适用规则》《广东省重大经济和科技活动知识产权审查评议暂行办法》《关于强化知识产权保护推动经济高质量发展的行动方案》等。

2020 年，广东省委省政府积极推动知识产权地方立法工作，主要包括，一是启动《广东省知识产权保护和运用"十四五"规划》研究制定工作；二是广东省人大常委会将《广东省版权条例》列入 2020 年立法工作计划作为预备项目，同时推动《广东省版权条例》《广东省知识产权保护条例》列入 2021 年立法工作计划，广东省市场监督管理局（知识产权局）积极推动和开展《广东省知识产权保护条例》立项和起草工作；三是颁布《关于强化知识产权保护的若干措施》；四是广东省市场监督管理局出台《关于进一步加强知识产权维权援助工作的若干措施》；五是多措并举保障新冠肺炎疫情防控期知识产权各项工作顺利开展，助力疫情防控和复工复产。以下主要介绍已经出台的政策和制度。

第一，广东省颁布《关于强化知识产权保护的若干措施》，自 2019 年 12 月以来，广东省委省政府主要领导召开专题调研会和战略联席会议，对标中共中央办公厅、国务院办公厅印发的《关于强化知识产权保护的意见》，审议通过广东省《关于强化知识产权保护的若干措施》，2020 年 7 月 1 日正式印发，为广东知识产权保护工作提供具体遵循。《关于强化知识产权保护的若干措施》提出了 24 条贯彻措施，并针对广东省内知识产权保护难点、痛点问题，提出了打击侵犯知识产权犯罪三年专项行动等 8 项重点任务和具体分工方案。第二，广东省市场监督管理局出台《关于进一步加强知识产权维权援助工作的若干措施》。第三，广东省多措并举保障新冠肺炎疫情防控期知识产权各项工作顺利开展。广东省市场监督管理局（知识产权局）印发《广东省知识产权局关于加强新型冠状病毒肺炎疫情防控期间知识产权保护工作的通知》（粤知〔2020〕8 号），提出六大工作举措，确保疫情防控期间知识产权保护工作高效开展，切实维护市场秩序。并印发了《广东省市场监督管理局关于积极推进知识产权质押融资工作服务企业应对疫情困难的通知》（粤市监知促〔2020〕96 号），从"充分发挥知识产权质押融资纾解企业资金困难的作用""加速释放知识产权质押融资风险补偿基金和专项财政资金政策红利""积极拓展中小企业知识产权融资渠道""主动对接落实金融、工信、财税等部门政策措施""进一步优化知识产权质押融资办理流程""发挥政府和市场合力推动知识产权质押融资工作"六个方面统筹推进全省知识产权质押融资扶持中小企业发展工作。

此外，广东省积极发挥知识产权制度作用，助力疫情防控和复工复产。首先，推进新一代信息技术等八大战略性新兴产业专利导航，组织东莞、珠海、佛山三市开展三大防疫行业专利导航，发布 11 个产业专利导航成果，基于专利导航，形成《广东省八大战略性新兴产业创新人才分析报告》；其次，积极应对疫情，开通知识产权质押登记绿色通道，一日内办结广东省首单知识产权"疫情贷"；最后，推进防疫相关专利优先审查、加快专利预审。

二、广东省知识产权发展状况

（一）广东省企业知识产权发展状况

企业作为创新主体，在科技创新和高质量发展方面具有支撑和引领作用。2021 年政府工作报告提出要强化企业创新主体地位，鼓励领军企业组建创新联合体。企业创新已经成为广东省创新能力的核心优势，《中国区域创新能力评价报 2020》显示，在该报告建立的五个一级评价指标（企业创新、创新环境、创新绩效、知识创造、知识获取）中，广东省在"企业创新""创新绩效"两大指标评价中排名居首，在"创新环境""知识创造""知识获取"三项指标评价中排名第二，其中广东省在"企业创新"指标评价排名中已经连续四年全国居首。本节将从广东省高新技术企业、广东省培育的国家知识产权优势企业和示范企业、广东省获得知识产权贯标认证企业、战略新兴产业、小微企业等着手，全面展示广东省企业知识产权发展状况。

高新技术企业是经过国家相关部门（主要是科学技术部）认定的企业，其认定工作始于 20 世纪 90 年代初。高新技术企业数量在一定程度上反映了一个区域的科技创新能力。2013—2020 年，广东省高新技术企业入选火炬统计数量和新增数量如图 1 - 1 所示。

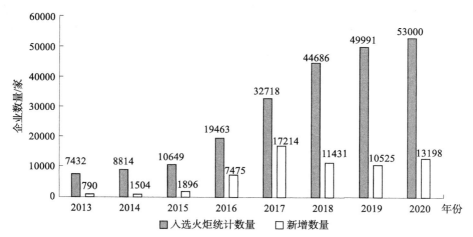

图 1 - 1　2013—2020 年广东省高新技术企业入选火炬统计数量❶和新增数量❷

注：2020 年的数据精确到千位。

　　2015 年，国家提出了"大众创业 万众创新"，自 2016 年起，广东省高新技术企业新增数量大幅上涨，并在 2017 年达到近几年的顶峰。2020 年，广东省高新技术企业新增数量达到 13198 家，同比增长 25.4%，高新技术企业总数量达到 5.3 万家，高新技术企业年度专利授权量 24.35 万件，同比增长 35.77%，❸ 高新技术产品产值为 7.8 万亿元，比 2019 年增长 3.6%。❹《中国企业创新能力百千万排行榜（2020）》显示，中国高新技术企业前 100 强中，广东省有 25 家企业入围，占比为 25%，前 1000 强企业中，广东省占比为 21.5%。❺

　　自 2013 年国家知识产权优势企业和示范企业培育和认定工作开始以来，

　　❶ 2020 广东科技统计数据 ［EB/OL］. （2021 - 01 - 29） ［2021 - 05 - 30］. http：//gdstc. gd. gov. cn/attachment/0/415/415545/3242355. pdf.

　　❷ 广东省科学技术厅 广东省财政厅 国家税务总局广东省税务局关于公布广东省 2020 年高新技术企业名单的通知 ［EB/OL］. （2021 - 04 - 13） ［2021 - 05 - 30］. http：//gdstc. gd. gov. cn/pro/tzgg/content/post_3260604. html.

　　❸ ［一图读懂］2020 年度广东省知识产权统计数据 ［EB/OL］. （2021 - 04 - 26）［2021 - 05 - 30］. http：//amr. gd. cn/zwgk/sjfb/xsfx/content/post_3270385. html.

　　❹ 2020 年广东省国民经济和社会发展统计公报 ［EB/OL］. （2021 - 03 - 01） ［2021 - 05 - 30］. http：//stats. gd. gov. cn/tjgb/content/post_3232254. html.

　　❺《中国企业创新能力百千万排行榜（2020）研究报告》发布 ［EB/OL］. （2020 - 12 - 29）［2021 - 05 - 30］. https：//baijiahao. baidu. com/s? id = 1687420582188369839&wfr = spider&for = pc.

截至 2020 年底，广东省培育的国家知识产权优势企业和示范企业总计 870 家（含深圳市），位居全国第一。❶ 2013—2020 年，广东省培育的国家知识产权优势企业和示范企业数量（含深圳市）如图 1-2 所示。

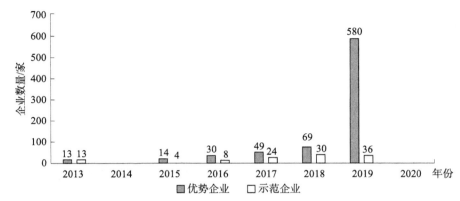

图 1-2　2013—2020 年广东省培育的国家知识产权

优势企业和示范企业数量（含深圳市）

注：2014 年和 2020 年广东省培育的国家知识产权优势企业和示范企业数据暂未查到。

　　知识产权贯标指贯彻《企业知识产权管理规范》国家标准，其核心是为了建立企业知识产权工作的规范体系，认真贯彻落实《纲要》，加强对企业知识产权工作的引导，指导和帮助企业进一步强化知识产权创造、运用、管理和保护，增强自主创新能力，实现对知识产权的科学管理和战略运用，提高国际、国内市场竞争能力。2020 年，广东省新增贯标认证企业 2270 家，累计通过知识产权贯标认证企业 1.5 万家，位居全国第一。

　　2020 年，广东省战略性新兴产业年度发明专利授权量为 2.93 万件，占全省发明专利授权量的 41.37%，居全国首位，占全国战略性新兴产业发明专利授权量的 19.75%；战略性新兴产业有效发明专利量为 13.77 万件，占全省有效发明专利量的 39.28%，居全国首位，占全国战略性新兴产业发明有效发明专利量的 13.97%。小微企业年度专利授权量为 34.87 万件，同比增长 52.08%，规模以上工业企业年度专利授权量为 20.22 万件，同比增

❶　广东省市场监督管理局［EB/OL］.［2021-05-30］. http://search. gd. gov. cn/search/all/144？ sort = time&keywords = %E4%BC%98%E5%8A%BF%E4%BC%81%E4%B8%9A.

长 35.14%。

我国年度发明专利授权量前十名的国内企业中，有 6 家来自广东省，包括华为技术有限公司（第一名）、广东欧珀移动通信有限公司（第二名）、腾讯科技（深圳）有限公司（第四名）、珠海格力电器股份有限公司（第六名）、维沃移动通信有限公司（第七名）、中兴通讯股份有限公司（第八名）。

广东省企业海外专利布局头部效益凸显，广东省两家企业入围年度全球 PCT 专利申请人前十名，包括华为技术有限公司（连续第四年位居全球第一），广东欧珀移动通信有限公司（保持第八名），广东省两家高校入围年度全球 PCT 专利高校申请人前十名，包括深圳大学（第三名）、华南理工大学（第七名）。

2020 年，在第 21 届中国专利奖评选中，广东省获奖总数达 239 项，占全国的 27.5%，位居全国第一；其中金奖 9 项、银奖 13 项、优秀奖 217 项，金奖和优秀奖分别占全国的 22.5% 和 28.7%，均位居全国第一。同时，广东省知识产权局获得中国专利奖最佳组织奖，广州市、深圳市、佛山市知识产权局获得中国专利奖优秀组织奖。在 239 个获奖项目中，发明专利为 210 项、实用新型专利为 4 项、外观设计专利为 25 项，发明专利占比 87.9%。广东省 22 项金、银奖专利项目全部属于十大战略性支柱产业集群和十大战略性新兴产业集群领域，其中 18 项属于战略性支柱产业技术、4 项属于战略性新兴产业技术。从获奖数量来看，获奖企业数量多，彰显创新主体地位，此次 239 个获奖项目涉及 270 个获奖单位及个人，其中企业 256 家，占比 94.8%，覆盖地市广泛，彰显区域协调发展。广东省获奖项目覆盖广州、珠海、汕头、佛山、河源、惠州、东莞、中山、肇庆、清远、潮州、云浮 12 个地级市，其中珠三角地级市 7 个、粤东西北地级市 5 个。❶

通过上述数据可知，广东省企业创新能力在全国领先。但是与发达国家的企业相比，还存在很大差距。同时，在当前全球产业链供应链因非经济因素而面临冲击的国际形势下，企业经营面临着巨大的风险和挑战，企业自主创新能力已经成为关系到企业生存的核心要素。

---

❶ 广东专利奖获奖 239 项 金奖数全国第一［EB/OL］.（2020 - 07 - 21）［2021 - 05 - 30］. https：//baijiahao. baidu. com/s? id = 1672791224509226238&wfr = spider&for = pc.

（二）广东省知识产权取得状况

1. 专利

（1）全省申请量和授权量

广东省专利申请量、授权量逐年增加，如图 1-3 所示，表明创新活力不断提升，其中专利授权量连续 5 年保持全国首位。截至 2020 年底，全省累计专利授权量为 375.49 万件，位居全国第一；全省累计发明专利授权量为42.95 万件，位居全国第一；有效专利量 229.63 万件，位居全国第一；有效发明专利量 35.05 万件，连续 11 年保持全国首位。高维持年限是评判高价值发明专利的核心标准之一，截至 2020 年底，全省有效发明专利中，维持年限超过 10 年的达到 5.17 万件，占总量的 14.74%。❶

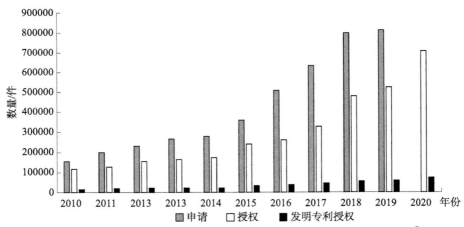

图 1-3 2010—2020 年广东省专利申请量、授权量、发明专利授权量❷

从图 1-3 可知，技术含量最高、最能体现专利水平和自主创新能力的发明专利，其授权量在 2013 年小幅度下降之后，一直保持增长态势。但是其在

---

❶ 广东省市场监督管理局. 广东省市场监督管理局关于省政协十二届四次会议第 20210534 号提案会办意见的函 [EB/OL]. （2021-04-09）[2021-05-30]. http://amr. gd. gov. cn/zwgk/bljg/content/post_3258779. html.

❷ 2020 年 1～12 月各市专利授权情况 [EB/OL]. （2021-03-30）[2021-05-30]. http://amr. gd. gov. cn/gkmlpt/content/3/3251/post_3251873. html#3066.

专利授权量中的占比在近 5 年中总体呈下降趋势，如图 1 - 4 所示。2020 年发明专利授权量约为 7.07 万件，占专利授权量的 9.96%，其中职务发明专利授权量为 6.94 万件，占发明专利授权量的 98.23%。2020 年，粤港澳大湾区珠三角 9 个地级市发明专利授权量为 6.9 万件，有效发明专利拥有量为 33.9 万件，均占全省的 97%。

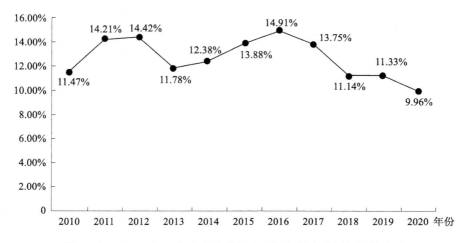

图 1 - 4　2010—2020 年广东省发明专利授权量占总授权量的比重

（2）PCT 专利申请量

PCT 是企业进行国际专利布局的必经之路，也是反映企业创新能力的风向标，中国的产品和技术想要进入其他国家，首先要获得各国的知识产权（专利、商标等）保护。由图 1 - 5 可知，2011—2020 年，广东省 PCT 专利申请量总体呈上升趋势，经过 2018 年和 2019 年小幅下降之后，2020 年 PCT 专利申请量增加至 2.81 万件，占全国总量的 41.97%，连续 19 年领跑全国。截至 2020 年底，全省累计 PCT 专利申请量为 20.72 万件。粤港澳大湾区珠三角 9 个地级市 PCT 专利申请量为 2.8 万件，占全省 99%。❶

---

❶　广东将探索建设粤港澳大湾区国际知识产权合作中心［EB/OL］.（2021 - 04 - 27）［2021 - 05 - 30］https：//sz. oeeee. com/html/202104/27/1079501. html.

图 1 - 5   2011—2020 年广东省 PCT 专利申请量❶

注：2020 年数据精确到十位。

（3）"每万人口发明专利拥有量"和"每万人口高价值发明专利拥有量"

"每万人口发明专利拥有量"指每万人拥有经国内外知识产权行政部门授权且在有效期内的发明专利件数，是衡量一个国家或地区科研产出质量和市场应用水平的综合指标，近年来已经成为我国实施创新驱动发展战略和国家知识产权战略中体现创新能力的重要指标。由图 1 - 6 可知，2010—2020 年，广东省"每万人口发明专利拥有量"逐年上升，2020 年度为 28.04 件，比全国平均水平高 12.2 件。

值得一提的是，《中华人民共和国国民经济和社会发展第十四个五年规划和 2035 年远景目标纲要》首次设定了"每万人口高价值发明专利拥有量"指标，提出到 2025 年，每万人口高价值发明专利拥有量达 12 件。2020 年，广东省高价值发明专利量为 17.24 万件，居全国首位，占全国总量的 19.40%，"每万人口高价值发明专利拥有量"为 13.79 件，位居全国第三，比全国平均水平高 7.49 件。

---

❶ 一册在手，读懂 2019 广东省知识产权统计数据 ［EB/OL］. （2021 - 04 - 26）［2021 - 05 - 30］. http：//amr. gd. cn/zwgk/sjfb/xsfx/content/post_2991519. html.

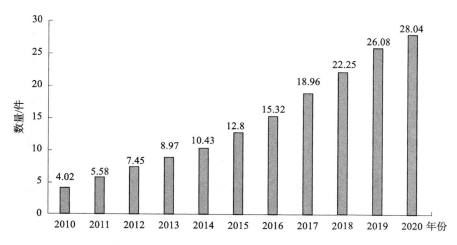

图 1-6　2010—2020 年广东省每万人口发明专利拥有量年度变化

2. 商标

在知识产权中，专利因其技术含量高而受到普遍重视，有关知识产权的议题往往被专利主导，并不是每家企业都需要专利，但是所有的企业都需要商标来吸引消费者，商标对于企业的发展十分重要。

（1）商标申请量、注册量

由图 1-7 可知，近十年来，广东省商标申请量逐年上升，商标注册量总体呈上升趋势，个别年份有小幅下降。2020 年全省年度商标申请量为 175.60 万件，保持全国首位；全省年度商标注册量为 107.99 万件，保持全国首位；商标有效注册量为 543.00 万件，突破 500 万件，连续 26 年保持全国首位；每万户市场主体的平均有效商标拥有量为 3921.00 件，同期增长 348.77 件。

（2）马德里商标国际注册量

马德里商标国际注册量是企业国际化的标志，其持续增长表明企业商标海外布局的步伐逐步加快。由图 1-8 可知，2012—2020 年，广东省在马德里商标国际注册申请量总体稳中有增，除 2013 年和 2015 年有小幅下降，其他年份均保持增长，2020 年广东省在马德里商标国际注册申请量为 1448 件。

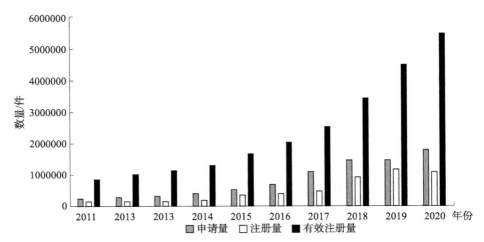

图 1 - 7 2011—2020 年广东省商标申请量、注册量、有效注册量❶

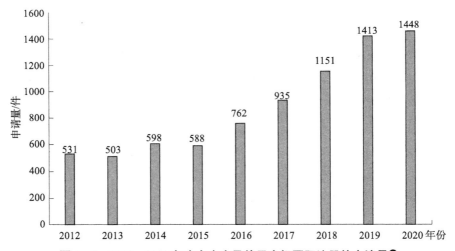

图 1 - 8 2012—2020 年广东省在马德里商标国际注册的申请量❷

❶ 国家知识产权局商标局 中国商标网 ［EB/OL］．［2021 - 05 - 30］．http：//sbj. cnipa. gov. cn/sbtj/.

❷ 国家知识产权局商标局 2012—2019 年数据 ［EB/OL］．［2021 - 05 - 30］．http：//sbj. cnipa. gov. cn/gjzc/202008/t20200824_321000. html.

3. 著作权、地理标志、植物新品种

2020 年，广东省新注册"从化流溪娟鱼""德庆肉桂""揭西擂茶"等地理标志商标 7 件，获批"紫金春甜桔"地理标志保护产品 1 个（全国共 6 个），获准使用地理标志产品专用标志企业 175 家。截至 2020 年底，全省累计注册地理标志商标 85 件，累计获批地理标志保护产品 155 个，累计获准使用地理标志产品专用标志企业 589 家。"吴川月饼""英德红茶""凤凰单丛"和"大埔蜜柚"4 种地理标志入选第一批中欧地理标志互认清单。全省经农业农村部登记地理标志农产品 54 个，农产品地理标志"镇隆荔枝"列为国家级农产品地理标志示范样板，"梅江区清凉山茶"入围国家地理标志农产品保护工程。

2020 年，全省植物新品种申请量和授权量分别为 51 件和 22 件。植物新品种申请授权累计为 945 件，获得植物新品种累计授权为 397 件。

2020 年，全省共完成作品著作权登记 64195 件，同比增长 30.12%。其中，美术作品、摄影作品、录音制品、文字作品和设计图作品登记量分别占登记总量的 63.5%、19%、2.7%、2.5% 和 2.2%。全省已有广东省版权兴业示范基地 115 家，广东省最具价值版权作品 66 个。❶

（三）广东省知识产权保护状况

2020 年全省各地、各相关部门深入贯彻落实习近平总书记关于知识产权工作的重要论述和重要指示批示精神，特别是习近平总书记在中央政治局第二十五次集体学习时的重要讲话精神，按照广东省委、省政府和国家知识产权局工作部署，深入推进引领型知识产权强省建设，完善知识产权保护体系，提升知识产权保护效能，为全省高质量发展提供有力支撑。2020 年，中央首次对地方党委和政府知识产权保护工作例行检查考核，广东省考核成绩并列全国第一。

---

❶ 2020 广东省知识产权保护状况［EB/OL］.（2021 – 04 – 26）［2021 – 05 – 30］. http：//amr. gd. gov. cn/ztzl/2021zscqbh/zzjj/content/post_3269808. html.

1. 司法保护

2020 年，广东省公安机关、检察机关以及法院等司法机关的知识产权保护情况如下。

第一，2020 年，全省公安机关共立侵犯知识产权犯罪案件 3145 件，破案 2704 件，涉案金额近 27 亿元。省公安厅部署开展为期三年（2020—2022 年）的打击侵犯知识产权犯罪 "蓝剑" 专项行动，依法严厉打击侵犯知识产权犯罪。❶

第二，2020 年，全省检察机关批捕侵犯知识产权犯罪案件共 1228 件 2114 人，起诉 1284 件 2283 人。全省检察机关建议行政执法机关移送侵犯知识产权案件共 31 件 34 人；督促侦查单位立案共 10 件 11 人，纠正漏捕 20 人，追诉 14 人。在全省开展侵犯知识产权刑事案件权利人诉讼权利告知试点工作，全省检察机关受理移送审查起诉涉知识产权刑事案件共 1612 件，告知 2471 名权利人，告知率达 90% 以上。

全省检察机关积极探索知识产权案件办理专业化建设。广东省人民检察院在第四检察部专设知识产权专业组；广州市黄埔区人民检察院成立了知识产权检察室，并挂牌 "黄埔知识产权检察保护中心"；深圳市坪山区人民检察院在深圳市生物医药创新产业园设立知识产权检察工作室。

第三，2020 年，全省法院新收各类知识产权案件共 19.61 万件，同比增长 24.60%；审结 19.30 万件，同比增长 26.07%。其中，一审案件共 17.71 万件，同比增长 34.73%；二审案件共 1.77 万件，同比减少 30.22%；申请再审案件共 1135 件，同比增长 167.69%；再审案件共 54 件，同比持平。审结涉外知识产权一审民事案件共 1032 件，同比增长 50%。审结涉港澳台知识产权一审民事案件共 894 件（涉港案件 471 件、涉台案件 422 件、涉澳案件 1 件）。

全省法院新收知识产权民事、刑事和行政案件分别为 194390 件、1663 件、17 件，同比分别增长 24.95%、-6.15%、6.25%。其中，全省法院新收知识产权一审民事案件共 175795 件，同比增长 35.23%。新收知识产权一审

---

❶ 广东将探索建设粤港澳大湾区国际知识产权合作中心［EB/OL］.（2021 - 04 - 27）［2021 - 05 - 30］https://sz. oeeee. com/html/202104/27/1079501. html.

刑事案件共 1352 件，同比减少 8.71%。新收知识产权一审行政案件共 15 件，同比增长 15.38%。

广东省高级人民法院发布《关于网络游戏民事纠纷案件的审判指引》，是国内首次专门针对游戏领域相关法律问题进行规范的司法文件。

2020 年，广州知识产权法院全年共新收案件 13738 件，审结 12167 件。其中，新收专利权纠纷案件 6905 件，办结 4526 件，同比增长 80.28% 和 14.75%；新收著作权纠纷案件共 5284 件，办结 6380 件。新收商标和不正当竞争纠纷案件共 1132 件，办结 948 件。

广州知识产权法院加大恶意侵权、重复侵权等严重侵权行为判赔力度，依法支持惩罚性赔偿请求；加大证据保全力度，积极使用律师调查令，共发出律师调查令 98 份；制定技术调查官参与审理案件范围规定，建立技术调查官列席专业法官会议制度。2020 年，技术调查官参与审判案件 797 件，同比提高 55.96%。

2020 年，广州互联网法院全年受理互联网知识产权类纠纷案件共 27792 件，占该院收案总数的 49.52%，其中，互联网著作权权属纠纷、侵权纠纷案件共 27787 件，网络域名纠纷案件 2 件，共涉及诉讼标的额达 87328 万元。

2020 年 10 月 16 日，针对夏普股份有限公司与广东欧珀移动通信有限公司专利诉讼案，深圳市中级人民法院发出管辖权裁定，根据"更便利法院原则"，从该案的可诉性、中国法院的管辖权、深圳市中级人民法院的管辖权三个维度阐明深圳市中级人民法院的管辖依据，并首次以成文裁定的形式确立了中国法院对标准必要专利全球费率享有管辖权。该案是中国法院第一次明确对标准必要专利全球费率享有管辖权，有力破解了西方国家的长臂管辖，对我国积极参与全球知识产权治理，共同推动全球知识产权治理体制向更加公正合理方向发展具有重要意义。

2. 行政保护

广东省知识产权行政保护绩效考核连续 3 年排名全国第一，以下将分别从市场监管部门、版权行政执法部门、农业农村部门、海关部门等政府部门以及知识产权保护中心、快速维权援助中心、海外知识产权纠纷应对指导中心、公证机构、人民调解组织等企事业单位的知识产权行政保护情况展开。

第一，2020 年，广东省市场监管部门立案查处商标案件共 4197 件，结案 3662 件，罚没金额 5194.31 万元；依法严厉打击不以使用为目的、以欺骗或者其他不正当手段申请注册等恶意申请商标注册的行为，核查涉嫌恶意申请、违法代理商标注册行为线索 149 条，立案查处 34 件；立案查处地理标志案件 5 件。

2020 年，广东省市场监管部门共立案办理专利侵权纠纷案件共 5206 件，假冒专利案件 234 件。广东 3 项专利侵权纠纷行政裁决经验被国家知识产权局和司法部联合推介。持续开展专利代理行业"蓝天"专项整治行动，严厉打击专利代理行业违法违规行为，排查涉嫌专利"挂证"、无资质代理等行为线索 1569 条，开出全国首张打击专利代理"挂证"罚单。

第 127 届、第 128 届中国进出口商品交易会（以下简称"广交会"）期间，广东省积极探索"云上广交会"知识产权保护经验，报请国家知识产权局在全国开展展前知识产权侵权风险排查，共处理知识产权纠纷投诉 412 件，纠纷数量同比下降 70.23%，其中涉外纠纷投诉 207 件，同比下降 55.30%。

2020 年，全省市场监管部门共立案查处不正当竞争案件 351 件，其中，查处仿冒混淆案件 142 件，侵犯商业秘密案件 4 件，查处防疫物资领域不正当竞争案件 14 件，医药购销和医疗服务领域不正当竞争案件 10 件；在集贸市场以及消费品批发、专业市场开展无厂名厂址和假冒、伪造厂名厂址、质量标志等来源不明产品专项监督检查。广东省共出动执法人员 2.08 万人次，发出责令改正书 967 张，立案 83 件。其中涉及无中国强制性产品认证（CCC）标志的产品数量共 57 件，无 CCC 认证标志的产品货值 0.45 万元；涉及知识产权侵权假冒产品数量共 3297 件，知识产权侵权假冒产品货值 3.83 万元。

广东省市场监督管理局（知识产权局）联合广东省农业农村厅、广东省公安厅、广东省商务厅、广东省供销社成立省农村假冒伪劣食品整治行动专项联合工作小组，大力推进实施假冒伪劣食品整治行动。广东省出动执法人员 55 万人次，检查各类生产经营主体 65.99 万家次、各类市场 4.1 万家次，查处假冒伪劣食品立案 2633 件，货值 350.59 万元，罚没金额 2254.51 万元。

广东省市场监督管理局（知识产权局）深入实施标准化战略，推动出台《广东省标准化条例》，联合广东省发展改革委、广东省工业和信息化厅、广东省住房城乡建设厅、广东省应急管理厅印发《广东省氢燃料电池汽车标准体系与规划路线图（2020—2024 年）》，提出将高价值专利转化为标准，推动产业高质量发展。2020 年，全省企事业单位主导或参与制修订国际标准 181 项、国家标准 1257 项、行业标准 475 项、地方标准 302 项，在全国标准信息服务平台新公开团体标准 1007 项，企业自我声明公开标准 55249 项。

第二，全省各级版权行政执法部门查办侵权盗版案件 249 件。广东省版权局联合广东省通信管理局、广东省公安厅、广东省互联网办公室等单位，开展打击网络侵权盗版"剑网 2020"专项行动，共查处网络侵权盗版案件 68 件，罚款 36.38 万元，依法移送司法机关 17 件，收缴侵权盗版制品 4.70 万件。各地版权部门严厉打击侵犯电影版权违法行为，重点查处了中山市"小马映画"私人影院侵犯电影作品著作权案、深圳市"雷锋电影院"微信公众号侵犯电影作品著作权案和江门市杨某某侵犯影视作品著作权案。其中，江门市杨某某侵犯影视作品著作权案入选国家版权局等单位联合发布的"剑网 2020"专项行动十大案件。

第三，2020 年，全省农业农村部门依法严厉打击生产经营假冒伪劣农资的违法行为。全省累计出动执法人员 19.32 万人次，整顿农资市场 4016 家，检查企业、门店 68409 家次，立案查处违法案件 693 件，结案 553 件，移送司法机关 37 件。

第四，2020 年，广东省海关扣留进出口侵权货物共 12298 批、2840 万件，分别占全国海关同期的 20% 和 50%，其中，深圳、广州、黄埔海关扣留侵权货物数量位居全国前列。

第五，广东省海关按照海关总署统一部署，持续深入开展"龙腾行动 2020"知识产权海关保护专项行动，助力广东省打造国际一流营商环境；开展寄递渠道知识产权保护专项执法"蓝网行动"，加强对"化整为零""蚂蚁搬家"式进出境侵权走私行为的打击力度，有效治理互联网领域侵权假冒行为；开展出口转运货物知识产权保护"净网行动"，重点打击通过第三方转运侵权货物违法行为，有效防范侵权货物口岸漂移。

第六，广东省海关将知识产权专项执法行动与加强出口防疫医疗物资知识产权保护工作相结合，加大对出口医疗物资侵权的打击力度。深圳海关查获全国首宗出口耳温枪侵权案。

第七，广东省持续畅通知识产权投诉举报渠道、落实举报奖励制度。

2020 年，全省共收到通过 12345、12315 等投诉举报渠道的知识产权类投诉举报案件共 12777 件。2020 年，全省 96315 智慧监管平台收到符合奖励条件的公众举报侵犯知识产权违法行为共 492 件，发放奖金 123 万余元。

第八，2020 年，广东省获国家知识产权局批复同意建设中国（汕头）、中国（珠海）、中国（广州）知识产权保护中心，分别面向汕头市化工产业和机械制造产业、珠海市高端装备制造产业和家电电气产业、广州市高端装备制造产业和新材料产业开展知识产权快速协同保护工作。广东省已建有 6 个国家级知识产权保护中心、7 个国家级知识产权快速维权援助中心，以及一批广东省知识产权维权援助分中心或工作站。2020 年，全省各国家级知识产权保护中心和快速维权援助中心受理专利预审案件共 18208 件，专利预审合格共 13565 件，通过预审通道经国家知识产权局授权共 11976 件。中国（广东）知识产权保护中心稳步推进专利快速预审工作，专利平均预审周期缩短至 4.7 天。

第九，截至 2020 年底，全省共建立 54 个知识产权（含专利、商标、版权）人民调解组织。2020 年，全省各人民调解组织共办理知识产权纠纷案件共 5213 件。广东知识产权纠纷人民调解委员会被司法部评为"全国模范人民调解委员会"。2020 年，全省仲裁机构办理知识产权仲裁案件共 345 件，涉案标的额共计约 26312 万元。全省公证机构办理涉知识产权保护公证案件共 3.8 万余件。

第十，2020 年，广东省获批设立国家海外知识产权纠纷应对指导中心广东分中心、深圳分中心。广东省知识产权保护中心、中国贸促会知识产权服务中心等 9 家企事业单位共同发起成立广东省海外知识产权保护促进会。2020 年 5 月，全国第一单海外知识产权侵权责任保险保单在广州市黄埔区落地。

（四）广东省知识产权运营状况

知识产权本身只是一种独占性的法律授权，只有与市场经济相结合并进行转化和运用，才能产生经济效益和社会效益。知识产权运营，是知识产权向经济价值转化的必由之路。2020 年，广东省知识产权转化运用成果丰硕。

1. 知识产权转化运用水平不断提高，知识产权转化稳步增长

广东省专利商标等质押登记金额共 334 亿元，质押登记 1523 家，惠及企业超过 1360 家，专利实施许可合同备案 31.77 亿元，许可登记 367 笔，专利转让 5.65 万件；举办 2020 年粤港澳大湾区知识产权交易博览会（以下简称"知交会"），实现专利和商标交易金额共计 17.23 亿元，比 2019 年增长 15.97%。

2. 知识产权证券化规模全国第一

广东省发布《广东知识产权证券化蓝皮书》，截至 2020 年底，全省累计已获批 16 个知识产权证券化产品，融资惠及企业近 200 家，涉及知识产权标的近 800 件，初步形成知识产权金融资金供应链贯穿企业发展全生命周期的知识产权证券化"广东模式"。其中，广州发行纯专利资产证券化产品，在深交所融资 3 亿元；深圳发行以小额贷款债权为基础资产类型的知识产权证券化产品、中小企业专项知识产权资产支持票据（ABN）项目。

3. 知识产权运营水平不断提高

广东省获批建设"中国（电力新能源产业）知识产权运营中心"，建成"广东省灯饰照明产业知识产权运营中心""广东省碳纤维高价值专利培育运营中心""广东省环保产业知识产权运营中心"，设立广东省重点产业知识产权运营基金和广州市重点产业知识产权运营基金，两只基金已经向 13 个项目投资 3.32 亿元开展知识产权运营。

（五）广东省知识产权管理和服务状况

2020 年，广东省在知识产权管理和服务方面成效显著，一是推进"放管服"和申请注册便利化改革，广州代办处率先实现知识产权服务"一窗通办"，新增建立深圳前海、肇庆商标业务受理窗口。二是构建知识产权信息公共服务体系，共布局建设 14 家区域知识产权分析评议中心，6 家世界知识产权组织（WIPO）技术与创新支持中心（TISC）、4 家高校知识产权信息服务

中心等公共服务节点网点。三是建成"广东省知识产权公共信息综合服务平台"，平台包括1.3亿条全球专利数据，5286万多件全球商标数据，2405个地理标志产品公告保护数据，8179家核准专用标志使用企业等资源，供社会公众和创新创业主体免费使用。四是推出知识产权质押融资评估免费公益服务，组织评估机构提供公益性融资评估服务，免费为18个地市102家企业提供免费评估服务。五是深入推进"中新广州知识城"国家知识产权运用和保护综合改革试验，广州知识城国际会展中心建成运营，截至2020年底，知识城知识产权服务机构已经超过265家。六是组织开展专利代理行业"蓝天行动"，严厉打击代理行业各类违法违规行为，专利、商标代理案件立案数、行政处罚数居全国第一，并对非正常专利申请代理行为开出首批行政处罚单。广州市开出全国首张打击专利代理"挂证"行为行政处罚单。

截至2020年底共有商标代理机构9864家，❶ 全省专利代理机构已达538家、分支机构达468家，机构数量首次突破1000家；执业专利代理师3162人，代理行业从业人员2万余人，专利代理行业规模全国第二。❷

（六）广东省知识产权区域和国际合作状况

在经济全球化的今天，创新已不再局限于一国之内，而是趋于全球化，知识产权作为促进创新的重要引擎，在全球范围内，对知识产权制度达到一定程度的共识非常重要和必要，知识产权国际化是必然的发展趋势。粤港澳大湾区经济影响力和创新活力在四大湾区中位居前列，相应的国际知识产权纠纷也日益增多，其知识产权发展正迈入全球布局的国际化阶段。广东省是中国第一外贸大省，在国内企业走出去和国外企业进入国内的进程中，面临的知识产权环境比较复杂，企业出口时常面临美国"337调查"、诉前禁令、巨额罚款等，中国知识产权保护强度不足也阻碍了全球创新资源进入粤港澳大湾区。在这种情况下，通过区域和国际知识产权合作，加强相互了解、消

---

❶ 2020广东知识产权成绩单［EB/OL］.（2021－04－21）［2021－05－30］. https：//www.163.com/dy/article/G855ICF70511TE3C.html.

❷ 广东专利代理机构首次突破1000家［EB/OL］.（2021－01－13）［2021－05－30］. http：//ipr.mofcom.gov.cn/article/gnxw/zl/202101/1958838.html.

除隔阂才能实现共赢。

多年来，广东省与香港特别行政区（以下简称"香港特区"）、澳门特别行政区（以下简称"澳门特区"）以及新加坡、韩国等国家展开了切实的知识产权合作。

1. 粤港澳三地合作

粤港澳大湾区具有健全常态化的粤港澳合作机制。国家商务部与香港特区政府于 2003 年 6 月 29 日签署《内地与香港关于建立更紧密经贸关系的安排》（香港 CEPA），粤港两地政府于 2003 年 8 月成立"粤港保护知识产权合作专责小组"，建立了年度工作会议机制，每年定期召开工作会议总结上一年度合作情况、商定下一年度合作项目。国家商务部与澳门特区政府于 2003 年 10 月 17 日签署《内地与澳门关于建立更紧密经贸关系的安排》（澳门 CEPA），粤澳两地政府于 2012 年 5 月 10 日签署《粤澳知识产权合作备忘录》，并成立粤澳知识产权工作小组，粤澳知识产权合作常态化机制自此形成。

2020 年，广东省市场监督管理局（知识产权局）统筹推进粤港保护知识产权合作专责小组、粤澳知识产权工作小组、粤港标准质量和检测认证工作专责小组、粤澳标准质量和检测认证工作专责小组、粤港食品安全交流合作专责小组、粤澳食品安全交流合作专责小组等工作机制年度合作项目，全面深化三地业务合作交流；推动各方签署《粤港知识产权合作计划（2020）》《粤澳标准质量和检测认证工作专责小组合作协议》；联合粤港澳共同举办 2020 知交会、第十届亚洲知识产权营商论坛、粤港澳大湾区高价值专利培育布局大赛（以下简称"湾高赛"）。2020 年，粤港、粤澳累计开展知识产权合作项目分别为 292 个、64 个。

2020 年，海关总署广东分署牵头广东省内 7 个海关开展与香港海关、澳门海关在知识产权保护方面的紧密合作，开展集中打击重点领域、重点环节进出口侵权货物保护知识产权专项联合执法行动 3 次，省内 7 个海关扣留涉嫌侵权货物共 335.20 万件。

2. 国际合作

近几年，粤港澳大湾区已经与韩国、日本、新加坡、美国以及"一带一路"沿线国家在知识产权保护、知识产权运营和知识产权创新发展等方面开展了良好的合作并取得了实际的成效。

2020 年，全省各地各部门立足以国内大循环为主体、国内国际双循环相互促进的新发展格局，巩固并扩大知识产权国际合作。2020 年，广东省市场监督管理局（知识产权局）先后与日本贸易振兴机构、韩国驻广州总领事馆等合作举办中日知识产权实务（广东）研讨会、韩国品牌知识产权保护培训会、在粤韩资企业知识产权座谈会等系列活动，对外宣传广东省知识产权发展新成效，讲好新时代的"广东故事"。先后接待 WIPO 中国办事处、新加坡驻广州总领事馆、葡萄牙驻广州总领事馆、中国欧盟商会等机构来访，就推动双（多）边知识产权合作进行了深入探讨。

3. 与 WIPO 的合作

2020 年，广东深化与 WIPO 交流合作，成功争取 WIPO 中国办事处支持举办知交会、湾高赛。

三、建议和展望

总体而言，2020 年广东省在知识产权创造、运营、保护、管理和服务、区域和国际合作等方面成绩不菲，但也存在一些问题亟待进一步解决，包括专利质量与其他湾区相比仍有较大的提升空间、知识产权保护强度与创新主体的需求仍有差距、知识产权的全球许可和流转仍不够活跃等。

未来，广东的知识产权工作要更加突出高质量发展的时代主题，以更高的标准全面强化知识产权创造、保护、运用、管理和服务，在更高起点上推动知识产权事业稳中求进、高质量发展。粤港澳大湾区作为国家创新、人才、技术等要素富集的高地，是未来知识产权产出的重要区域。而广东省作为粤港澳大湾区的重要组成部分，应进一步强化知识产权的宏观政策引领，优化知识产权的顶层设计，积极发挥知识产权制度的作用，强化对重大战略和中心工作的支撑，并进一步建构和完善如下机制。

首先，应构建粤港澳大湾区创新产业集聚转化机制，该机制的核心在于开展产业知识产权布局工程。广东省围绕新一代信息技术、高端装备制造、绿色低碳、生物医药、数字经济、新材料、海洋经济建立战略性新兴产业和重点产业，这部分产业未来也是粤港澳大湾区产业布局的重点。因此，在产业布局上应发挥粤港澳大湾区各城市的产业优势，在产业优化升级的基础上进行产业协同集聚，即依托粤港澳大湾区的三大都市圈建构产业集聚带，实现规模效应：其一，以深圳为核心，发展以现代服务业、金融业、创新科技为主导的深莞惠都市圈；其二，以香港、澳门、珠海为核心，发展以旅游业、绿色经济、现代制造业为主导的港澳珠中江都市圈；其三，以广州、佛山为核心，发展以现代制造业与工商服务为主导的广佛肇都市圈。❶ 通过对产业进行区域规划，可以实现粤港澳湾区内的优势互补，为各区域重点培育不同产业的高价值专利奠定基础。在高价值知识产品不断涌现之下，为提升"三法域"间科研成果转化水平和效率，应打造全球性的知识产权交易中心。知交会就是大湾区的一个重要运营平台，对于转化粤港澳大湾区的最新知识成果有十分重要的意义。在粤港澳大湾区的知识产权成果转化上，应进一步推动国家级粤港澳知识产权运营平台和知识产权商用化联盟的建设。

其次，应完善粤港澳大湾区知识产权运营服务机制。其一，应扩大知识产权质押融资规模，推进知识产权证券化；其二，应充分利用港澳地区和国家高端知识产权服务资源，促进知识产权服务业走向高端化，助推知识产权价值实现。在代理服务上，《粤港澳大湾区发展规划纲要》规定，推进社会工作领域职业资格互认，促进粤港澳在与服务贸易相关的人才培养、资格互认、标准制定等方面加强合作，扩大内地与港澳专业资格互认范围，推动内地与港澳人员跨境便利执业，这为粤港澳三地律师和专利代理师的执业流动提供了政策支持。由于执业资格互认牵涉多方利益，在代理服务上的开放应循序渐进。粤港澳三地对律师资格和专利代理资格的取得条件有所不同，可以尝试建立资格对等评估制度，缓解因制度差异带来的冲突。一方面，进一步推

---

❶ 孙久文，夏添，胡安俊. 粤港澳大湾区产业集聚的空间尺度研究［J］. 中山大学学报（社会科学版），2019（2）：178-186.

动粤港澳三地的学历和学位互认，减少律师资格和专利代理资格互认中的不必要障碍；另一方面，通过协调粤港澳三地的律师主管部门和专利代理主管部门，成立负责监管律师、专利代理师跨地域执业的机构。当三地的律师和专利代理师准入资格要求出现不同时，由该机构负责评估等级。律师或专利代理师符合较高等级标准可以直接到较低等级标准的地区执业，而较低等级标准的律师或专利代理师要到较高等级标准的地区执业，则需要经过能力测试。❶

最后，应健全粤港澳大湾区知识产权联动保护机制。粤港澳大湾区的知识产权保护联动，需要在依托粤港、粤澳及泛珠三角区域知识产权合作的基础上，强化知识产权保护跨境执法协作，充分发挥知识产权保护中心和知识产权快速维权中心的作用，针对粤港澳大湾区的重点产业、重点区域、专业镇建立知识产权多元化纠纷解决机制，实现粤港澳大湾区内和区际知识产权保护的有效联动，以一流水平、最高标准打造知识产权保护高地。近年来，粤港澳大湾区"三法域"在执法协作方面取得良好的实施成效，粤海关与香港海关、澳门海关长期保持密切的知识产权保护合作关系，三方常态化开展情报交流、信息通报和联合执法行动，有效遏制了粤港、粤澳的进出口侵权违法活动。粤港澳海关联合执法合作中的关键在于，统一知识产权侵权案件的查处认定标准以及实现行政执法与司法保护标准的衔接。❷ 与此同时，应支持三地知识产权的服务组织开展知识产权纠纷调解的深度合作，探索为权利人提供更多、更有效的争议解决途径。在广东与港澳地区共建粤港澳大湾区知识产权调解机制时需要注重四个方面的建设：其一，加强调解人员专家库的建设。知识产权纠纷具有多元性、专业性、时效性的特点，建设专业化的调解人员队伍是调解有序开展的基础。因此，应设立知识产权纠纷调解中心调解员的资格认证标准，鼓励港澳居民担任调解员，同时通过建立常态化的培训机制，定期公布调解典型案例等方式培养高素质的调解人员队伍。其二，推动调解程序与司法程序的对接。当粤港澳大湾区内的法院立案庭接收涉港

---

❶ 徐嵩，王勃. 关于在粤港澳大湾区推行律师业资格互认制度的思考［C］//粤港澳大湾区营商环境法治论坛论文集.

❷ 滕宏庆，佘锦燕. 粤港澳大湾区知识产权行政保护联动机制研究［J］. 中国应用法学，2019（6）：99–113.

澳的知识产权纠纷案件后，可根据当事人意愿，在诉前委派或诉中委托特邀知识产权纠纷调解中心的调解员进调解，调解成功后由法官依法审查确认调解协议的法律效力，从而灵活处理各类民商事纠纷，高效维护当事人的合法权益。其三，完善调解协议的司法确认程序。对于知识产权纠纷调解中心调解员依程序制作、反映当事人真实意愿的调解协议，当事人可向法院申请司法确认，以使调解协议具有强制执行力。其四，推动调解工作的信息化建设，提升知识产权纠纷调解工作的信息化水平。建立在线纠纷多元化解平台，可以同时实现在线调解、司法确认、电子督促、电子送达等功能，真正实现跨法域调解、跨地域审判、跨语言止争。

第2章 香港特区知识产权报告

一、香港特区知识产权制度和政策

(一) 知识产权制度和政策的发展规划

2021年3月，国家发布《十四五规划纲要》，对香港特区的未来发展作出重要安排。除继续支持香港特区提升国际金融、航运、贸易中心地位，建设亚太区国际法律及解决争议服务中心外，《十四五规划纲要》首次提出支持香港特区建设国际创新科技中心、区域知识产权贸易中心以及中外文化艺术交流中心，反映国家对香港特区的科技文化发展及知识产权保护的重视。

对《十四五规划纲要》作出的新安排，香港特区创新及科技局局长薛永恒表示，发展创意及科技产业可帮助香港经济多元化，为推动经济发展带来新动力。在"一国两制""港人治港"的政治框架下，依托粤港澳大湾区发展及香港特区本土科研、金融、贸易优势，香港将把握机遇，融入国家发展大局，参与国内国际双循环发展格局，继续发挥"香港所长"，贡献"国家所需"。❶ 具体而言，港深两地政府正在落马洲河套区共建港深创新科技园，使其成为香港特区历来最大的创科平台，以吸引全球顶尖企业、研发机构及高等院校落地，促进科研合作及人才交流。同时，香港特区政府正全力推动在香港科学园建设 InnoHK 创新香港研发平台，首发的两个领域分别是专注于医

---

❶ 创新及科技局局长向创科界简介国家"十四五"规划下香港创科的机遇（附图）[EB/OL].（2021 – 03 – 24）[2021 – 05 – 30]. https：//www. info. gov. hk/gia/general/202103/24/P2021032400 550. htm.

疗科技的 Health@ InnoHK 以及专注于人工智能及机器人科技的 AIR@ InnoHK。文创方面，由香港设计总会推动的"二元桥 – 深圳前海"设计创意产业园已于 2019 年底开始营运。香港特区政府将继续通过"创意智优"计划资助合适项目，并通过新平台促进人才交流及业界合作，支持香港年轻人才和初创公司在粤港澳大湾区的发展。

在知识产权保护方面，香港特区知识产权署署长黄福来表示，为配合《十四五规划纲要》的发展目标，香港将致力于优化专利保护制度，巩固、发展新引入的原授专利服务，积极筹备国际商标注册制度的实施工作，并会与内地和澳门相关知产权部门进一步加强粤港澳大湾区在知识产权保护、管理和运用方面的合作，帮助香港特区的商业及专业服务提供者把握粤港澳大湾区发展带来的机遇。❶

（二） 新出台/生效的法律法规

1. 版权条例修订

2020 年 6 月，香港特区立法会通过了 2020 年版权（修订）条例，旨在加强对阅读残障人士的版权豁免，以适应《关于为盲人、视力障碍者或其他印刷品阅读障碍者获得已出版作品提供便利的马拉喀什条约》（以下简称《马拉喀什条约》）的要求。❷ 原 2019 年版权（修订）条例草案允许阅读残障人士及指明团体在无法以合理价格获得可供其阅读或使用的版本时，制作或供应其合法持有的文学、戏剧、音乐或艺术作品的便于阅读文本。此次修订主要是扩大了版权条例对阅读残障人士的豁免范围。2020 年版权（修订）条例将阅读残障人士扩大到包含有知觉障碍或阅读障碍（包括读写障碍）的人士，而不仅限于因视力损害或身体残疾而无法正常阅读的人士，并将作品的"便于阅读文本"修改为"便于阅读格式版"，以无疑义地涵盖语音形式的便于阅

---

❶ 专访知识产权署署长黄福来先生 ［EB/OL］. ［2020 – 12 – 20］. http：//www.hk – lawyer.org/tc/content/专访知识产权署署长黄福来先生 – jp.

❷ 2020 年版权（修订）条例 ［EB/OL］.（2020 – 06 – 26）［2021 – 05 – 30］. https：//www.gld.gov.hk/egazette/pdf/20202426/cs12020242610.pdf.

读格式版。

此次修改将豁免的范围扩大到进出口行为。香港特区的指明团体可以向世界贸易组织（WTO）成员或是《马拉喀什条约》成员的相关实体出口、供应或是为出口、供应制作作品的便于阅读格式版。同时，香港特区的指明团体也可进口、获取、管有 WTO 成员制作作品的便于阅读格式版，或是使用该进口版本制作更多相同的便于阅读格式版。修改还明确“供应”包含分发和通过有线或无线方式，使获取人可以在其选定的时间及地点获得该便于阅读格式版。行使该版权豁免的其他限制条件则基本不变。例如该版本不得包含对戏剧、音乐作品的表演，收取的费用不得超出其成本，不得用于商业交易等。指明团体制作作品的便于阅读格式版的，应当通知版权人，对无法获知版权人身份及联系方式的情形，新修改明确制作人可以不通知。

2. 商标条例修订

2020 年 6 月，香港立法会通过了 2020 年商标（修订）条例，旨在为加入《商标国际注册马德里协定有关议定书》（以下简称《马德里议定书》）作出制度安排。[1]《马德里议定书》现有 108 个缔约方，中国早在 1995 年便已加入。加入《马德里议定书》后，商标所有人便可通过当地一站式的服务，向世界知识产权组织国际局申请注册商标，将该商标的保护延伸至多个司法辖区，大大简化商标国际注册的程序。为符合《马德里议定书》的要求，新修条例增加了对“受保护国际商标”“国际指定（香港）”“国际注册”等内容的定义，并授权商标注册处处长就商标的国际注册、国际指定（香港）等内容作出具体的实施规定。但到目前为止，商标注册处尚未公布相关的实施细则。

新修条例还授予海关打击伪造注册簿、假称为注册商标、不当使用“商标注册处”名称等犯罪行为的执法权（此前由香港警方负责）。如执法人员合理地怀疑有人曾经或正在犯该条例所订罪行，执法人员可进入和搜查任何地

---

[1] 2020 年商标（修订）条例 [EB/OL].（2020 - 06 - 19）[2021 - 05 - 30]. https://www.elegislation.gov.hk/hk/2020/3！zh - Hant - HK.

方，检查、检验、搜查、检取、移走或扣留任何物品，查问相关人员或要求其提供协助。任何人在调查中作虚假陈述或是妨碍执法，即属犯罪。

除此之外，新修条例还对原有条文作出了一些技术性修订和补充。例如新增禁止将国歌用于商标申请的规定，采用新的申请表格，授权商标注册处处长主动更正记录册中的错误或遗漏事项等。其中较为创新的是商标注册前的评估制度。新修条例规定，申请人可在提出商标注册前，向知识产权署申请对商标可注册性进行初步评估。如果申请人在获得官方认可意见的 3 个月内，申请注册该商标被驳回的，可申请返还评估费用。但若是因评估日后登记册信息变化所致的驳回，则不能请求返还评估费用。

以上修订除与《马德里议定书》相关的内容外，已于 2020 年 6 月 19 日起正式生效。而商标国际注册相关内容的实施，则将视相关准备工作的进展而定。随着 2020 年商标（修订）条例的通过，香港特区政府正在积极准备实施《马德里议定书》的相关准备工作，包括制定相关的程序性细则、建立必需的申请系统等。❶ 此外，商标规则与商标注册处工作手册也根据新的 2020 年商标（修订）条例，作出了相应修改。

二、香港特区知识产权发展状况

（一）知识产权的取得

1. 专利申请及授予情况

2020 年是香港特区实施原授标准专利制度的第一年。2019 年专利（一般）（修订）规则对香港的专利授权制度进行了重大修改，在原有的短期专利和转录标准专利之外，新增了原授标准专利，即允许发明人直接向香港特区政府寻求标准专利保护，而不仅是依据在中国内地、英国或是欧洲专利局（指定英国的专利）的专利获得转录标准专利保护。新的原授标准专利制度自

---

❶ 2020 年商标（修订）条例刊宪［EB/OL］. (2020 – 06 – 19)［2020 – 06 – 19］. https：//sc. isd. gov. hk/TuniS/www. info. gov. hk/gia/general/202006/19/P2020061900204. htm? fontSize = 1.

2019 年 12 月 19 日起适用。根据香港特区知识产权署公布的数据，从 2019 年 12 月 19 日到 2021 年 3 月 31 日，专利注册处共收到 320 份原授标准专利申请。❶ 其中，约 42%（135 人）的申请人来自韩国，约 38%（123 人）的申请人来自香港本地，仅 7%（23 人）的申请人来自内地。较之转录标准专利的申请量，原授标准专利的申请量还相对较低。据了解，当事人在香港申请原授专利的主要原因包括方便取得最先提交日期、节省获取标准专利时间或是以香港为主要目标市场。鉴于香港特区的市场不大，原有的转录标准专利是较为合理的制度选择。但原授专利制度方便了香港本地的申请人，使其无须借助其他地区的专利申请，有助于刺激香港本地的专利申请。

除原授标准专利外，转录标准专利的申请量继续保持增长，如图 2 - 1 所示。2020 年，香港专利注册处共收到 21302 份转录标准专利申请，申请量较 2019 年增长约 29%，❷ 但转录标准专利的授予量却仅从 2019 年的 6780 件增加至 2020 年的 7658 件，仅增长约 13%。由于转录标准专利仅进行形式审查，2020 年转录标准专利授予量的下降很可能是受到新冠肺炎疫情的影响。与之相比，2020 年短期专利的申请量下降了约 13%，授予量却不降反升，如图 2 - 2 所示。

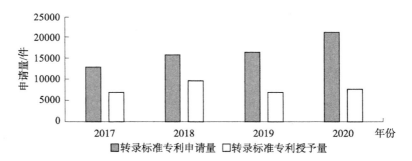

图 2 - 1 香港特区 2017—2020 年转录标准专利注册申请及授予情况

---

❶ 香港原授专利申请情况 [EB/OL]. [2021 - 03 - 31]. https: //www. ipd. gov. hk/chi/intellectual_property/patents/Original_Grant_Patent_Chi. png.

❷ 有关商标、专利、外观设计及版权特许机构：申请及注册/获批予的统计资料 [EB/OL]. [2021 - 03 - 31]. https: //www. ipd. gov. hk/chi/intellectual _ property/ip _ statistics/2021/ip _ statistics _ tc. pdf.

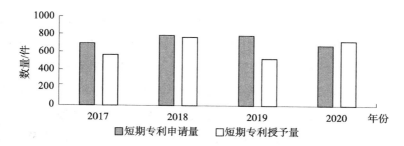

图 2 - 2　香港特区 2017—2020 年短期专利注册申请及授予情况

2. 商标及外观设计注册申请及授予情况

2020 年，香港特区的商标注册申请量出现明显下降，如图 2 - 3 所示，从 2019 年的 36980 件下降到 2020 年的 33708 件，下降了 9.7%；结合 2019 年商标注册申请量也下降了约 9% 的情况来看，近两年香港特区的商标注册需求显著下降。与此同时，获准注册的商标数量却未见下滑，说明商标注册通过率显著提高。同样，2020 年外观设计注册申请量也出现明显下滑（下降约 28%），但通过注册的外观设计数量却见上升，如图 2 - 4 所示。

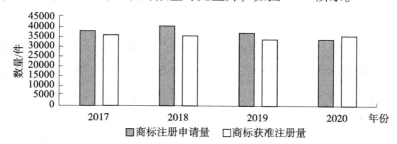

图 2 - 3　香港特区 2017—2020 年商标注册申请及获准情况

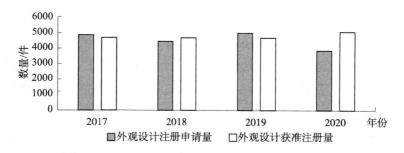

图 2 - 4　香港特区 2017—2020 年外观设计注册申请及获准情况

总的来说，香港特区 2020 年的专利、商标及外观设计的注册量均稍见增长，但实际上，商标、外观设计的申请注册量均见明显下滑。转录标准专利的申请量大幅增长，但注册通过率却有下降。新设的原授标准专利申请量还较小，截至目前仅收到 320 份申请。由于对申请注册的原授标准专利要进行实质审查，费时较长，尚未有获准注册方面的数据。但随着原授标准专利制度的推行以及未来商标国际注册体系的实施，接下来香港的商标及专利注册申请预计将保持增长。

（二）多方位加强交流合作

香港是全球重要的国际贸易中心及争端解决中心。2020—2021 年，香港参与多项重要的国际协定，并不断加强与内地的合作互惠，积极融入粤港澳大湾区的相关制度安排，不断巩固、加强其国际及地区枢纽地位。知识产权作为跨境贸易和贸易争端的重要内容，将受惠于这一系列新的制度安排，为其跨境交易及争端解决提供更大的制度支持。

1. 与澳大利亚、墨西哥签署国际自由贸易及投资协定

2020 年 1 月 17 日，中国香港与澳大利亚签署的自由贸易协定和投资协定正式生效，两份协定涵盖货物贸易、服务贸易、投资、政府采购、知识产权及竞争等事宜，旨在加强两地的贸易及投资往来，为两地商家及投资者提供更优惠的准入条件及法律保障。在知识产权保护方面，除重复《与贸易有关的知识产权协定》（TRIPS）的相关要求外，双方亦同意促进和加强在知识产权领域的合作，如设立联络点、定期交换信息、必要时召开会议等，以确保双方的贸易及投资利益。❶

2020 年 1 月 23 日，中国香港与墨西哥签署促进和保护投资协定，以加强相互的投资保护，进一步促进两地的投资流动。根据协定，中国香港与墨西哥政府须为对方投资者提供的保障包括公正、公平和非歧视性对待其投资，

---

❶ 《中华人民共和国香港特别行政区政府和澳大利亚政府自由贸易协定》及《中华人民共和国香港特别行政区政府和澳大利亚政府投资协定》［EB/OL］．［2020 - 01 - 17］．https：//www.tid.gov.hk/english/ita/ippa/files/IPPAAUS.pdf.

在征收投资时作出赔偿，以及容许投资和收益自由转移至外地。在知识产权保护方面，亦是重复 TRIPS 的安排，并强调缔约一方可按照符合 TRIPS 的方式背离非歧视性待遇的规定，且有关知识产权的撤销、限制、创造或强制性许可，不适用征收与补偿的规定。❶

此外，香港商务及经济发展局局长邱腾华在 2020 年 11 月 16 日出席亚太经济合作组织（APEC）部长级会议时表示，《区域全面经济伙伴关系协定》的签署和开展是亚太地区经济融合的重要里程碑，清楚地释出支持开放、包容和以规则为本的贸易投资安排的信息。

2. 加入《APEC 跨境电商（B2B）在线争端解决合作框架》

2019 年 8 月，APEC 通过了《APEC 跨境电商（B2B）在线争端解决合作框架》（以下简称《合作框架》）以及《示范程序规则》，旨在为中小微企业主提供更经济、更有效的跨境争端解决方式。❷ 具体而言，《合作框架》为企业提供谈判、调解、仲裁等三种争议解决方案。假如争议双方都同意在《合作框架》下解决其争议，则可以通过网上争议解决平台启动协商程序；假如未能通过谈判达成和解协议，则可以启动调解程序；假如仍未能达成和解协议，则可以通过该平台委任中立者，进行仲裁。2020 年 4 月，香港正式加入了该《合作框架》。为实施该《合作框架》，香港特区政府委任本地的争议解决平台——一邦国际网上仲调中心（eBRAM）推出"2019 冠状病毒病网上争议解决计划"，以网上协商、网上调解和网上仲裁的方式解决与新冠肺炎疫情相关的商业争议。只要争议的任何一方是香港市民或公司，且索赔额不超过 50 万港元，各方当事人便可以通过 eBRAM 签订协议，同意将争议提交 eBRAM 解决。❸ 除专门针对新冠肺炎疫情导致的纠纷外，eBRAM 也正积极探索普遍适用的线上争议解决平台，预计在 2021—2022 年将推出多项线上争议解决服务。

---

❶ 《中华人民共和国香港特别行政区政府和墨西哥合众国政府关于促进和相互保护投资协定》[EB/OL]．[2020 – 01 – 23]．https：//www. tid. gov. hk/english/ita/ippa/files/IPPAMexico_c. pdf.

❷ Annex B – APEC Collaborative Framework for Online Dispute Resolution of Cross – Border Business to Business Disputes [EB/OL]．（2019 – 11 – 22）[2019 – 11 – 22]．http：//mddb. apec. org/Documents/2019/SOM/CSOM/19_csom_012anxb. pdf.

❸ eBRAM 2019 冠状病毒病网上争议解决计划 [EB/OL]．[2020 – 11 – 20]．https：//www. ebram. org/covid_19_odr. html.

3. 修订《〈内地与香港关于建立更紧密经贸关系的安排〉服务贸易协议》

内地与香港自 2003 年签订《内地与香港关于建立更紧密经贸关系的安排》（以下简称《安排》）起，逐步增加和充实《安排》的内容，加强两地的经贸合作。目前，《安排》由《货物贸易协议》《服务贸易协议》《投资协议》《经济技术合作协议》四份协议组成，全面覆盖内地与香港经贸关系的各个领域，致力推动两地贸易和投资进一步自由化和便利化。

2019 年 11 月 21 日，香港特区政府与国家商务部协议修订《〈内地与香港关于建立更紧密经贸关系的安排〉服务贸易协议》，❶ 以进一步开放服务业市场，让香港企业以更优惠待遇进入内地市场。其中，内地同意放宽香港电影及电影从业员进入内地市场，包括：①香港电影从业员参与内地电影业制作不作数量限制；②对内地与香港合拍片在演员比例及内地元素上不作限制；③取消收取内地与香港合拍片立项申报费用；④香港电影及电影人可报名参评内地电影奖项；⑤香港电影企业在港澳及海外发行推广优秀内地电影和合拍片可申请奖励。此外，内地广播电视台、视听网站和有线电视网引进香港生产的电视剧和电视动画不设数量限制，为香港电视剧和动画进入内地市场提供更大的发展空间。上述放宽措施自 2020 年 6 月 1 日起生效，为两地的影视行业带来更多的交流与合作。

4. 签署《关于内地与香港特别行政区相互执行仲裁裁决的补充安排》

《十四五规划纲要》特别提及香港特区要建设成为亚太区国际法律及解决争议服务中心。2020 年 11 月 27 日，最高人民法院与香港律政司签署了《最高人民法院关于内地与香港特别行政区相互执行仲裁裁决的补充安排》。（以

---

❶ 内地与香港关于建立更紧密经贸关系的安排 [EB/OL]. (2019 – 11 – 21) [2019 – 11 – 21]. https：//www. tid. gov. hk/sc_chi/cepa/legaltext/cepa_legaltext. html.

下简称《补充安排》)。❶ 该补充安排从四个方面对 1999 年《内地与香港特别行政区相互执行仲裁裁决的安排》进行了修订，包括：①明确"认可"程序。1999 年《内地与香港特别行政区相互执行仲裁裁决的安排》未明确规定"认可"程序，实践中各人民法院对香港仲裁裁决是否需经认可才具有执行力把握不一。《补充安排》考虑到部分仲裁裁决仅要求法院认可而无须执行，明确规定"认可"这一程序，使其独立于"执行"存在。②扩大相互认可和执行仲裁裁决的范围。《补充安排》规定按香港仲裁条例作出的仲裁裁决均可向内地人民法院申请认可和执行，既包括香港仲裁机构作出的仲裁裁决，也包括临时仲裁裁决和香港以外仲裁机构作出的仲裁裁决。对申请认可和执行的内地仲裁裁决，规定按《仲裁法》❷ 作出的仲裁裁决可向香港法院申请认可和执行，删除了"由内地仲裁机构作出"的限制。③允许申请人同时向两地法院申请执行仲裁裁决。原安排规定被申请人的住所地或者财产所在地既在内地又在香港的，申请人不得同时分别向两地法院申请执行，导致实践中的财产隐匿、转移行为，不利于保护申请人的利益。允许申请人同时向两地法院申请执行，可进一步便利当事人，提高执行成功率。④允许申请事前或事后的保全措施。《内地与香港特别行政区相互执行仲裁裁决的安排》此前未对保全措施作出规定。《补充安排》规定有关法院在受理执行仲裁裁决申请之前或者之后，可以依申请并按照执行地区的法律规定采取保全或者强制措施。

5. 实施《粤港知识产权合作计划（2020 年)》

粤港保护知识产权合作专责小组于 2003 年第六次粤港合作联席会议后成立，旨在加强粤港两地在保护知识产权不同范畴的交流和合作，包括推广和教育、培训、执法、调查研究及资讯发布。2020 年 4 月，粤港保护知识产权合作专责小组签订了《粤港知识产权合作计划（2020 年)》，提出双方将继续促进区域创新、加强粤港知识产权的保护合作、加强粤港澳大湾区知识产权的贸易合作、推进粤港知识产权交流研讨、强化粤港知识产权引导服务、开

---

❶ 关于内地与香港特别行政区相互执行仲裁裁决的补充安排 [EB/OL]. (2020 - 11 - 27) [2020 - 11 - 27]. https：//www. doj. gov. hk/tc/mainland _ and _ macao/pdf/supplemental _ arrangementr _ c. pdf.

❷ 为便于阅读，本书中相关法律文件名称中的"中华人民共和国"表述都予以省略。

展粤港知识产权宣传教育。❶ 具体而言，2020 年粤港双方共同推进实施 26 项合作项目，包括知交会、湾高赛、粤港澳大湾区知识产权人才联合培养、建立粤港澳大湾区海关知识产权交流合作机制、开展知识产权联合执法行动、开展知识产权多元纠纷解决交流合作等。

（三）知识产权及创新发展新动向

1. 在 2020 年全球创新指数评估中表现优异

全球创新指数是由康奈尔大学、欧洲工商管理学院和 WIPO 合作发布的年度报告，每年对世界各地超过 130 个经济体的创新表现进行排名。《2020 年全球创新指数：谁为创新出资?》充分认可了香港在科技创新上的卓越表现。❷ 2020 年，香港特区在全球创新指数中排名第 11 位，高于 2019 年的第 13 位。其中，占优势的指标是创新投入次级指数（第 6 位）、制度（第 5 位）、人力资本和研究（第 23 位）和市场成熟度（第 1 位）。在 80 项创新指数排名中，香港特区还是获得最多排名第 1 位的经济体，共在 12 项排名中登顶，包括创意产出、市场成熟度、监管环境、全球品牌价值、市场资本化等。但香港特区的知识和技术产出的排名较低（第 54 位），主要劣势为全球研发公司数量（第 42 位）、专利申请（第 77 位）、知识产权支付（第 78 位）、知识传播（第 80 位）、中高端科技制造业（第 87 位）、教育投入（第 91 位）、高科技净出口（第 111 位）、信息及通信技术服务出口（第 101 位）和进口（第 115 位），创新投入 – 产出比在高收入地区群组中也表现较差。对此，香港特区应该加大教育投入，积极推动高科技的研发及应用，优化知识产权制度，吸引更多优质的知识产权，同时优化创新的投入 – 产出比。

此外，"深圳 – 香港 – 广州"被评为排名全球第二的科学技术集群，仅次于东京 – 横滨，展现出粤港澳大湾区的强大创新潜力。对此，粤港澳大湾区

---

❶ 粤港保护知识产权合作专责小组推进 2020 年度合作项目［EB／OL］.（2020 – 04 – 24）［2020 – 04 – 24］. https：//sc. isd. gov. hk/TuniS/www. info. gov. hk/gia/general/202004/24/P2020042400193. htm? fontSize = 1.

❷ 2020 年全球创新指数：谁为创新出资? ［EB／OL］. ［2020 – 9 – 02］. https：//www. wipo. int/edocs/pubdocs/en/wipo_pub_gii_2020/hk. pdf.

要继续加强创新互动及合作，争取将自身打造成排名全球第一的科学技术产业群。

2. 版权审裁处作出首项实质性裁决

2019 年 12 月 23 日，香港版权审裁处就 Neway Music Limited（以下简称 "Neway"）提交的关于 Hong Kong Karaoke Licensing Alliance Limited（以下简称 "HKKLA"）为复制卡拉 OK 音乐视频所实施的特许计划所收取的特许费是否合理一案作出裁决。这是香港版权审裁处自 1997 年成立以来，首次作出的实质性裁决，具有里程碑式的意义。❶ Neway 集团经营着香港最大的卡拉 OK 连锁店，原告 Neway 是该集团的子公司，负责洽谈集团卡拉 OK 所需使用的音乐视频的相关许可。被告 HKKLA 是获得索尼、华纳及环球音乐授权的特许机构，负责向香港及澳门的卡拉 OK 场所发放相关音乐视频的使用许可。Neway 于 2010 年 8 月 9 日向审裁处发出通知书，投诉 HKKLA 收取的特许费不合理/过高，要求审裁处裁定合理的特许费。香港版权审裁处可考虑公众利益及其他情况，例如是否存在相类似计划可供选择，相关作品的性质、各方的议价能力、特许持有人或准特许持有人有没有获得关于该特许计划的相关资料，在其认为合理的情况下，确认或更改任何转介到香港版权审裁处的特许计划。香港版权审裁处必须确保在同一计划之下，或在同一人营办的不同计划之下，不存在不合理的歧视；亦须兼顾行使其权利是否与作品的正常利用造成冲突或是否将不合理地损害版权拥有人的合法权益。经香港版权审裁处认为，HKKLA 的特许计划的结构及收费是合理的，反映了不同规模的卡拉 OK 运营商及每间房间特许费方面的差异，因此无须作出任何修改。

3. 就美国产地来源标记新规定启动争端解决程序

2020 年 8 月 11 日，美国海关及边境保卫局突然发布新规，要求香港制造的商品出口至美国时，其原产地标注从 "香港" 改成 "中国"。由于中国香

---

❶ Neway Music Ltd v Hong Kong Karaoke Licensing Alliance Limited：版权审裁处的里程碑式裁决 [EB/OL]. [2020 - 06]. http：//www. hk - lawyer. org/tc/content/neway - music - ltd - v - hong - kong - karaoke - licensing - alliance - limited - 版权审裁处的里程碑式裁决.

港享有单独关税区地位，同时是 WTO 成员，在现行国际贸易规则下，由香港制造并出口的商品，其原产地应标注为"香港"。在多次抗议无果后，中国香港于 2020 年 10 月 30 日向 WTO 争端解决委员会提出申请，要求就美国的不合理规定启动 WTO 贸易争端解决机制。根据 WTO 争端解决规则和程序谅解，由于双方未能在 60 日内通过磋商解决争端，WTO 争端解决委员会已于 2021 年 2 月 22 日同意中国香港的要求，成立专家组审理该争端。❶

（四）人才培养及公众保护意识

1. 为企业培训知识产权管理人员

为帮助中小企业建立知识产权方面的人力资源，把握知识产权贸易带来的机遇，自 2015 年起香港知识产权署便推出了知识产权管理人员计划和免费的知识产权咨询服务。2020 年，香港知识产权署推出"知识产权管理人员计划升级版"，提供涵盖范围更广、内容更深入的多个知识产权培训课程，让企业的知识产权人员更加系统地学习专业知识及技能。❷ 企业亦可通过创新和知识产权使用提升竞争力，创造更大的经济效益。所有在香港注册的企业均可参加计划，费用全免。参加计划的企业可获得员工培训的优先资格和特价优惠，2020 年 10 月的首次在线培训便吸引了 135 人参加。

2. 知识产权公众保护意识调查

香港知识产权署一直通过不同类型的教育及宣传活动，提升公众对保护知识产权的认知。2021 年 3 月 29 日，香港知识产权署公布了"香港市民保护知识产权意识调查 2020"的结果，结果显示香港市民保护及尊重知识产权的意识持续处于高水平。❸ 该调查通过电话访问了 1000 名 15 周岁及以上受访

---

❶ 特区政府就美国产地来源标记新规定正式根据世贸机制启动争端解决程序［EB/OL］. （2020 – 10 – 30）［2020 – 10 – 30］. https：//www. info. gov. hk/gia/general/202010/30/P2020103000457. htm.

❷ 知识产权管理人员计划（升级版）［EB/OL］.［2021 – 05 – 30］. https：//www. ip. gov. hk/tc/ resources/ip – manager – scheme – plus. html.

❸ 香港市民保护知识产权意识调查 2020 报告［EB/OL］.［2021 – 03 – 29］. https：// www. ipd. gov. hk/eng/promotion_edu/survey/ipr_report_pub_2020. pdf.

者，当中绝大部分人（92.9%）认同香港特区需要保护知识产权，并能够识别出侵犯知识产权的行为。大多数人认为，长远来看，保护知识产权有助吸引外来投资及促进本地创意产业发展。同时，香港市民购买或使用盗版商品的比例持续下降，越来越多的受访者表示，会在正版授权的网站下载版权作品，且会在购买商品时留意是否为正版。但仍有近 10% 的受访者表示，会在聊天群、讨论区或侵权网站上传、下载或是点播各类侵权作品。有 25% 的受访者表示有购买盗版光碟经历。

有 87.9% 的受访者表示曾接触过知识产权保护的相关宣传。大多数人认为电视及广播电台是宣传知识产权最有效的途径，其次是社交媒体、互联网、手机应用程序、学校及公共交通上的广告。有近 2/3 的受访者能够正确指出香港知识产权署是负责注册及宣传推广知识产权的政府部门，但仍有近 1/3 的受访者不知道香港知识产权署。香港知识产权署署长黄福来说，香港知识产权署自 1999 年起定期进行公众意见调查，以评估香港市民保护知识产权的意识。此次调查反映香港市民保护及尊重知识产权的意识维持在高水平。香港知识产权署会继续推广保护知识产权的工作，以巩固香港知识型经济的长远发展。

三、建议与展望

（一）持续优化知识产权授权制度

1. 完善原授标准专利制度的配套措施

《十四五规划纲要》将香港定位为国际创新科技中心，而专利是政府激励、保护科技创新的最重要的制度。原授标准专利制度的建立进一步完善了香港的知识产权制度，赋予香港特区政府独立审查专利申请的权限，有利于激发香港本地的科技创新及运用。但香港特区专利制度的改革才刚刚开始，据署长黄福来说，香港知识产权署正在国家知识产权局的持续技术协助下，逐步建立专利的实质审查能力。❶ 同时，原授标准专利的申请量也较少，2020年仅收到 254 份申请，且本地申请仅占 38%。香港也与其他地区的专利授权部门磋商订立双边"专利审查快速通道"，使在港取得专利的申请人能更快、更经济地在其他司法管辖区获得专利授权，以增加相关原授标准专利的吸引力。❷ 但与此同时，要推进原授标准专利的适用、鼓励香港本地的技术创新及运用，香港知识产权署首先须培养一批熟练、高效的专利审查人员，完善原授标准专利的配套规定，并挖掘香港原授标准专利的制度优势，以吸引更多研发企业及机构到香港申请专利。

2. 加入马德里商标国际注册体系

马德里商标国际注册体系于 1891 年建立。在 2020 年商标（修订）条例通过后，香港政府正积极筹备加入《马德里议定书》。为实现这一目标，香港知识产权署正与香港律政司合作草拟商标规则的修正案，以使其符合马德里商标国际注册体系的要求。同时，还要开发相应的商标线上注册系统，为商标的国际注册提供技术支持。香港知识产权署署长黄福来表示，该署将致力于改善知识产权注册服务和聆讯程序，通过利用更多信息科技推动商标注册的远距离聆讯，以及使用人工智能辅助图像检索重塑商标注册的运作模式。❸而面对商标申请注册量的持续下降，香港一方面需要尽快推动商标国际注册体系的实施，以增加香港商标注册的优势，吸引更多国际商标注册；另一方面应提高商标注册的效率，为本地中小微企业提供必要的优惠及支持。

（二）探索建立跨区域纠纷解决机制

1. 搭建线上商业争议解决平台

随着香港正式加入《合作框架》及其《示范程序规则》，香港特区政府

---

❶ 立法会十七题：新专利制度 ［EB/OL］. （2020 - 04 - 22）［2021 - 04 - 22］. https：//www. info. gov. hk/gia/general/202004/22/P2020042200162. htm.
❷ "自己专利自己批"适合香港？［EB/OL］.（2016 - 08 - 15）［2021 - 03 - 15］. http：//www. bauhinia. org/index. php/zh - CN/analyses/480.
❸ 专访知识产权署署长黄福来先生 ［EB/OL］.（2020 - 12 - 20）［2021 - 05 - 30］. http：//www. hk - lawyer. org/tc/content/专访知识产权署署长黄福来先生 - jp.

正积极搭建线上的商业争议解决平台。2020 年，香港立法会拨款 7000 万港元供本地非营利争议解决平台 eBRAM，推出 "2019 冠状病毒病网上争议解决计划"，以网上协商、网上调解和网上仲裁的方式解决与新冠肺炎疫情相关的商业争议。eBRAM 主席苏绍聪表示，自该计划设立以来，截至 2020 年 12 月底，eBRAM 已接手 11 件争议调解案例。❶ 除该项计划外，eBRAM 正积极筹建符合框架要求的新的网上争议解决平台，并拟于 2021 年正式推出该项服务。2021—2022 年，eBRAM 还将逐步推出电子谈判、电子仲裁、电子调解、虚拟会议设施、电子翻译、电子签名及网上培训平台等各种服务，并计划于 2022 年起分阶段开发例如电子调解和电子审裁、智能合约、机器翻译、语音/视频誊写服务、言语传译服务等其他更先进的附带及辅助服务，以及其他运用人工智能和区块链科技的服务。此外，eBRAM 拟把服务扩展至更多商务领域，包括为电子商贸平台提供电子仲裁或电子调解服务，以及开办电子仲裁及电子调解的培训课程。❷

2. 加强粤港澳大湾区区域司法合作

《十四五规划纲要》特别提及香港特区要建设成为亚太区国际法律及解决争议服务中心。2019—2020 年，香港律政司与最高人民法院持续加强双方民事判决及仲裁的互认及执行，使两地的司法合作日益紧密。同时，新落实的粤港澳大湾区律师执业考试将为两地的法律从业者创造更多机会，促进两地的法律服务发展，发挥粤港澳大湾区的制度优势。目前，在深圳前海的港资及外资企业可以约定民商事合同适用香港法律。香港律政司正寻求中央支持把这些措施扩大至整个大湾区，容许在大湾区的港资企业在无"涉外因素"的情况下，订立民商事合同时仍可协议选用香港法律作为合同的适用法律，以及约定就合同或案件的争议在香港进行仲裁。

调解方面，2020 年粤港澳三方通过《粤港澳大湾区调解平台建设工作方

❶ 新冠网上仲裁半年接 11 宗申请［EB/OL］.（2021 - 01 - 06）［2021 - 05 - 30］. https：//news. mingpao. com/pns/经济/article/20210106/s00004/1609871201542/新冠网上仲裁半年接 11 宗申请.

❷ 立法会司法及法律事务委员会讨论文件：由非政府机构发展和提升网上争议解决及交易平台［EB/OL］.（2020 - 11 - 23）［2021 - 04 - 23］. https：//www. legco. gov. hk/yr20 - 21/chinese/panels/ajls/papers/ajls20201123cb4 - 154 - 3 - c. pdf.

案》，规定粤港澳大湾区调解平台是三地政府法律部门为促进调解工作设立的权威性、高层次交流和合作平台。大湾区调解平台将研究制定统一的大湾区调解员资格及相关标准，促进三地政府各自设立当地符合资格的大湾区调解员名册。另外亦会研究制定跨境争议的调解规则最佳做法及调解员专业操守的最佳准则。❶ 粤港澳三方一致认为，要继续推进在律师、仲裁、调解、公共法律服务等方面的合作，协调解决在推进大湾区制度衔接和规则对接中遇到的问题，为大湾区建设提供制度保障。

---

❶ 立法会：商务及经济发展局局长就"发展香港成为区域专业服务中心"议员议案总结发言 [EB/OL]. (2021－05－05)［2021－05－30］. https：//info. gov. hk/gia/generalg/202105/05/p202105 0500107. speeches/2021/pr05052021c. html.

第3章 澳门特区知识产权报告

一、澳门特区知识产权制度和政策

（一）法律

澳门特区行政长官贺一诚在 2020 年 12 月 16 日颁布第 45/2020 号行政法规，设立经济及科技发展局，取代原来的经济局行使知识产权管理职能；落实澳门特区政府的科技发展政策，推动科技产业及科技创新行业的成长和发展；协调各公共部门及实体筹备并执行科技创新及智慧化事宜的相关工作；营造有利于科技创新行业发展的环境；参与国家及区域重大科技项目的建设；促进企业开展与科技应用相关的研究或项目，推动研发成果产业化及商品化；研究及落实知识产权的政策和执行有关工作；监察对规范澳门特区产品制造程序的法律规定及其他属经济及科技发展局职责范围内的法律的遵守情况等。经济及科技发展局下设 7 个厅，其中，对外贸易及经济合作厅、产业发展厅、科技厅、知识产权厅、研究厅与知识产权直接或间接相关。

（二）政策支持

1. 优化行政服务

为全面提升知识产权服务便利化水平，2020 年，经济及科技发展局（原经济局）进一步完善网站版块功能和内容体系，加快信息化系统升级改造，更好地为企业和市民提供在线服务。此外，及时对外发布重要活动、法律法规、公示、公告等信息，全面展示知识产权工作动态。为配合澳门特区政府电子政务的发展，切合公众对知识产权服务不断提高的需求，经济及科技发展局于 2020 年 11 月 3 日起推出网上提交设计及新型注册申请，以及工业产权转让申请的服务。

2020 年 3 月，经济及科技发展局针对已推出的工业产权注册申请电子服务流程展开全面评估，并经听取行政公职局的意见后，确认所有的工业产权申请数字化接待均符合《电子政务》及《电子政务施行细则》等相关法律的规定。

2. 持续深化合作交流

2020 年，经济及科技发展局与国家知识产权局签署了新的合作安排，持续深化合作交流。同时，与粤港澳大湾区知识产权交流日益加深，粤港澳三地携手举办了知交会、湾高赛等活动，加快了大湾区创新与知识产权的融合发展，共同为大湾区建设提供了有力支持。

3. 支援中小型企业

中小型企业是澳门经济的主要支柱，在新冠肺炎疫情期间，经济及科技发展局配合澳门特区政府扶持中小企业发展政策，具体表现包括：支持商会为澳门企业提供内地商标申请咨询及对接服务、上门为中小微企及青年创业者办理商标注册申请手续、协助老店应对疫情下的短期经济冲击。

二、澳门特区知识产权发展状况

（一）商标申请与注册

2020 年澳门特区的商标申请量受新冠肺炎疫情影响出现下降，全年共受理 13475 件申请，较 2019 年下降 12.45%，但商标申请量仍占各类工业产权申请总量的 93.32%，继续稳占榜首位置。全年受理的商标注册申请中，产品商标的申请量为 8610 件，服务商标的申请量为 4865 件，相对 2019 年而言，分别减少 9.21% 和 17.65%，同年获准注册的商标共 13735 件。

如图 3-1 所示，澳门特区 2020 年商标注册申请的主要类别集中在第 35 类（广告、实业经营、实业管理、办公事务），第 9 类（科学、航海、测量、摄影、电影、光学、信号、检验、救护和教学用具及仪器，处理或控制电的仪器和器具，录制、通讯、重放音像的器具，磁性数据载体，录音盘，自动售货器和投币启动装置的机械结构，计算机器，数据处理装置和计算机，灭火器械），第 5 类（药品，医用制剂，医用营养品，婴儿食品，绷敷材料，填塞牙孔和牙模用料，消毒剂，杀菌剂，除莠剂），第 3 类（洗衣用漂白剂及其他物料，清洁、擦亮、去渍及研磨用制剂，肥皂，香料，香精油，化妆品，发水，牙膏），第 41 类（教育，提供培训，娱乐，文体活动），第 30 类（咖啡，茶，可可，糖，米，食用淀粉，西米，面粉及谷类制品，面包，糕点及糖果，冰制食品，鲜酵母，发酵粉，食盐，芥末，醋，调味品），第 25 类（服装，鞋，帽），第 43 类（提供食物和饮料服务，临时住宿），第 42 类（科学技术服务和与之相关的研究与设计服务，工业分析与研究，计算机硬件与软件的设计与开发）及第 29 类（肉，鱼，家禽及野味，肉汁，腌渍、冷冻、干制及煮熟的水果和蔬菜，果冻，果酱，蜜饯，蛋，奶及奶制品，食用油和油脂）等，该十类产品或服务共有 8265 件申请，占 2020 年全年商标注册申请量的 61.34%。

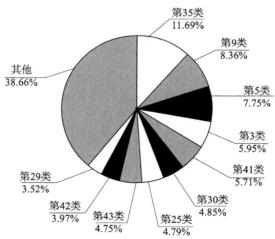

图 3-1　澳门特区 2020 年商标注册申请主要类别分布

（二）专利申请与授权

1. 发明专利

如图 3-2 所示，澳门特区 2020 年全年发明专利的申请共有 66 件，较 2019 年的 38 件申请大幅增加 73.68%。申请主要集中在 A63F 类（纸牌、棋盘或轮盘赌游戏，利用小型运动物体的室内游戏，其他类目不包含的游戏）、G06K（数据识别、数据表示、记录载体、记录载体的处理）及 G07F 类（投币式设备或类似设备），这 3 个类别的申请共占全年申请量的 65.22%，同年获授权的发明专利共 23 件。

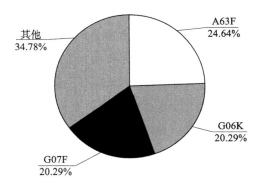

图 3-2　澳门特区 2020 年发明专利注册申请的主要类别分布

2020 年，在澳门特区提出发明专利注册的申请人分别来自 12 个国家或地区，其中，新加坡的申请占全年申请量的 34.85%。

此外，2020 年澳门特区寄送国家知识产权局作实质审查的发明专利申请共 29 件，较 2019 年减少 57.97%。

值得注意的是，2020 年申请延伸至澳门特区生效的国家知识产权局发明专利共有 628 件，较 2019 年增加 33.62%，同年获准延伸至澳门特区生效的共 590 件。2020 年，国家知识产权局发明专利延伸至澳门特区生效的申请人来自 31 个国家或地区，包括美国、中国、瑞士、日本、荷兰、德国、韩国、瑞典、英国等，其中，美国、中国及瑞士的申请分别占全年申请量的 27.55%、19.43% 及 13.85%。

2. 实用专利

澳门特区 2020 年全年实用专利的申请共有 43 件，较 2019 年 32 件申请增加 34.38%，同年获授权的实用专利共 6 件。2020 年的实用专利申请以 E04G 类（脚手架、模壳，模板，施工用具或其他建筑辅助设备或其应用，建筑材料的现场处理，原有建筑物的修理、拆除或其他工作）较多，占申请总量的 22.03%。

（三）设计及新型

澳门特区 2020 年全年设计及新型的申请共有 207 件，较 2019 年的 234 件申请减少 11.54%。

如图 3-3 所示，澳门特区 2020 年的设计及新型申请主要集中在第 9 类（用于商品运输或装卸的包装和容器）、第 11 类（装饰品）、第 10 类（钟、表和其他计量仪器、检测和信号仪器）、第 14 类（录音、通信或信息再现设备）、第 3 类（其他类未列入的旅行用品、箱子、阳伞和个人用品）、第 12 类（运输或提升工具）及第 28 类（药品、化妆用品、梳妆用品和器具），这 7 个类别同年获授权的设计及新型共 315 件。

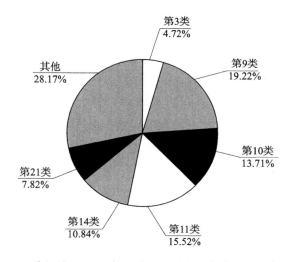

图 3-3　澳门特区 2020 年设计及新型注册申请的主要产品分类

（四）其他工业产权申请与授权

澳门特区 2020 年全年营业场所名称及标志的申请共有 16 件，较 2019 年的 13 件申请增加 23.08%。2020 年获批准 14 件。

2016—2020 年，在澳门特区申请的商标、发明专利、发明专利延伸、外观设计以及营业场所标志和名称的数量如图 3 - 4 所示。

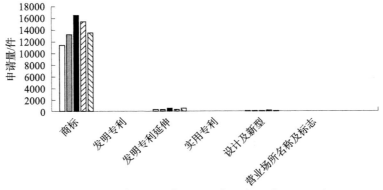

图 3 - 4 澳门特区 2016—2020 年商标、发明专利等申请量对比

2020 年商标申请为 13475 件，占总量的 93.32%；发明专利申请为 66 件，占总量的 0.46%；发明专利延伸为 632 件，占总量的 4.38%；实用专利申请为 43 件，占总量的 0.3%；设计及新型申请为 207 件，占总量的 1.43%；营业场所名称及标志申请为 16 件，占总量的 0.11%。由图 3 - 4 可知，在澳门特区知识产权发展过程中，商标的申请量远远高于专利的申请量。

综上，在新冠肺炎疫情冲击、全球经济陷入严重收缩的背景下，澳门整体经济活动也相应放缓，各行各业、大中小企业面对各种困难和挑战。澳门商标、专利申请的整体态势平稳。2020 年，商标、设计及新型的申请量分别较 2019 年下降 12.45%、11.54%，而体现经济活力的发明专利、国家知识产权局发明专利延伸及实用专利合计申请量较 2019 年大幅上升 36.48%，反映了澳门知识产权发展的新趋势及企业创新能力的持续提升（见表 3 - 1）。

表3－1　2020年澳门特区各类工业产权注册申请量

类别	商标	发明专利	发明专利延伸	实用专利	设计及新型	营业场所名称及标志
申请量/件	13475	66	632	43	207	16
年变动率/%	下降12.45	上升73.68	上升34.47	上升34.38	下降11.54	上升23.08

三、建议和展望

随着我国对知识产权发展及规则完善的重视，以及签署《区域全面经济伙伴关系协定》并在所有签署过程中最早完成国内生效程序，粤港澳大湾区建设的进一步深化、"一带一路"倡议的进一步落实，会对澳门特区的知识产权的发展及规则完善带来引领的效果，从而为澳门众多行业带来无限机遇。

2020年虽然新冠肺炎疫情对澳门特区经济冲击颇大，整体经济活动放缓，各行各业、大中小企业面对各种困难和挑战。但通过专利、商标申请来看，二者申请量并未受到太大影响，反映了经济的活力所在，体现出知识产权发展的新趋势及企业创新能力的持续提升。

2021年是国家"十四五"规划开局之年，澳门知识产权事业发展亦将进入新的阶段。澳门可在下列方面继续努力，以期推动知识产权产业、知识产权贸易、知识产权相关行业以及社会经济的发展，一扫疫情带来的阴霾。

（一）继续完善知识产权法律法规的修订

澳门制度应正视法律与社会经济生活之滞后性的问题，澳门知识产权法律制度在回归之前基本没有变化。随着回归及相关知识产权公约的规范，澳门知识产权法律制度进行了相应的修订但仍有不足之处。如澳门特区的《工业产权法律制度》第83条（向公众公开之通告）"一、自提出申请日起计已满十八个月，或在属主张某项优先权之情况下自主张日起计已满十八个月者，经济司须促使在《政府公报》上作出公开通告之公布，而有关之申请卷宗则自公布之日起即可供公众查阅"。其中的"经济司"在现有政府体制中已经不复存在，法律的适当修订应该加紧进行；另外对于知识产权国际公约在澳门特区的效力的问题，也应该进行一定的检视，如《保护工业产权巴黎公约》对澳门具有约束力，但与该公约配套的专利及商标国际注册体系的 PCT、《商标国际注册马德里协定》及《商标国际注册马德里议定书》都对澳门特区没有约束力，这对于澳门专利及商标的国际保护是不足的，需要补齐。

（二）继续深化知识产权政策的对接

应加强澳门知识产权政策与澳门产业政策的对接，以政策的灵活性来补充因法律滞后性引起的规则对产业激励不足的问题。

2021 年 4 月 22 日，粤港澳大湾区建设领导小组会议在广州召开，研究部署粤港澳重大合作平台建设有关政策落实等工作。会上提出，要紧紧围绕促进澳门经济适度多元发展这条主线，做好横琴粤澳深度合作区建设。要把握好战略定位，打造促进澳门经济适度多元的新平台、便利澳门市民生活就业的新空间、丰富"一国两制"实践的新示范、推动粤港澳大湾区建设的新高地。要抓好主要任务，建立共商共建共管的体制机制，尽最大努力聚焦优势领域发展新产业，构建横琴与澳门一体化高水平开放的新体系。澳门应以横琴深度合作区为契机，扩展中国与葡语国家商贸合作服务平台功能，打造以中华文化为主流、多元文化共存的交流合作基地，支持澳门发展中医药研发制造、特色金融、高新技术和会展商贸等产业，促进经济适度多元发展。在此基础上需要继续对知识产权相关行业加大力度培训，应当对医药专利及类似的符合澳门发展需求的专利给予更多的政策上的支持，对于不同体系下的知识产权制度也需要更深层次的理解。

澳门与内地高校和科研机构之间应继续深化合作，可在资金、设备、人员活动方面加强合作，建立以企业为主体、市场为导向、产学研深度融合的技术创新体系，实施粤澳科技创新合作发展计划，完善利益分享机制。

澳门特区应当在其中医药研发制造、特色金融、高新技术和会展商贸等产业里，加大政策力度，招纳符合其特点的人才、设立符合其发展需求的企业。在粤港澳大湾区出入境、工作、居住、物流等领域继续放宽政策，持续优化区域创新环境，促进科技和学术人才的交往交流。粤澳两地应继续推进粤港澳在创业孵化、科技金融、成果转化、国际技术转让、科技服务业等领域开展深度合作，继续提升大湾区知识产权服务业的水平。

在未来发展中，粤澳合作中医药科技产业园开展中医药产品海外注册公共服务平台的建设，充分显示澳门特区作为粤港澳大湾区中心城市的作用，可以依靠琴澳深度合作区和经济适度多元的新平台，便于澳门特区经济的新发展，使得澳门特区发展成为中医药研发制造、特色金融、高新技术和会展商贸等产业的中心平台。也可以作进一步的具体政策吸引葡语系国家在澳门特区申请知识产权，带来高质量、高价值的专利；支持将澳门特区作为内地与葡语系国家知识产权争议解决乃至贸易争议解决的首选之地。运用好澳门特区自身优势，使葡语系国家与粤港澳大湾区民间的知识产权交流与合作发挥到最大作用。提升自身知识产权数量和质量，吸引葡语系国家的跨国公司落户粤港澳大湾区，支持和参与大湾区的建设。

（三）继续加强知识产权跨域保护的协调

粤港澳大湾区涉及三个关税地区，三种不同的海关治理制度，协调大湾区内监管制度、创新边境合作模式将是重要举措。随着电子商务的迅速发展，加强跨区行政知识产权保护很有必要。加强知识产权的跨法域保护，就是完善营商环境，吸引科技企业在大湾区设企建厂。加强知识产权行政执法和司法保护，协调知识产权的跨域保护，对于实现《十四五规划纲要》中香港建设区域知识产权贸易中心，澳门发展中医药研发制造、特色金融、高新技术和会展商贸等产业起到助推器的作用。规则的衔接对于香港、澳门与内地在知识产权保护协同方面非常重要，可以通过研究香港、澳门与内地的知识产权保护制度的异同，进行制度融合，甚至制度引入去促进粤港澳三地知识产权保护水平的提高。例如，在深圳前海、珠海横琴深度合作示范区进行试点创新，研究粤澳、粤港对于知识产权保护的认知差异以及执法不同，进而共同出台合适的知识产权保护守则。

粤港澳三地知识产权相关专业资格互认或承认的问题。基于社会及历史原因，三地均存在自身评审各种专业和执业资格的办法；考虑到评审方式、考核范围以及资格认定方面存在一定的差异性，可以建议对于已经取得的专业行业的资格采用备案转化，方便香港特区、澳门特区的知识产权从业者在内地进行知识产权的相关工作；抑或是可设置培训乃至变通的专门考核制度，鼓励澳门考生参加全国专利代理师资格考试。也可以像湾区律师考试制度一样，进而推广到知识产权相关领域。

总而言之，两地应继续加强知识产权行政保护与司法保护，积极应对数字科技、人工智能、大数据对知识产权保护带来的挑战，乐观面对新冠肺炎疫情对营商环境的冲击，继续探索对知识产权行业进行金融财税方面的支持，加快科技发展体制机制改革，推动知识产权服务业创新发展、打造市场化、法治化、国际化的营商环境、深化粤港澳大湾区知识产权贸易自由化。

第4章 广州市知识产权报告

一、广州市知识产权制度和政策

（一）广州市知识产权制度

广州市是广东省省会、国家中心城市、国家历史文化名城。它是中国通往世界的南大门，是广东省首个国家知识产权强市创建市，国家知识产权运营服务体系建设城市，也是国内领先、国际有影响力的知识产权强市和具有集聚、引领和辐射作用的知识产权枢纽城市。作为改革开放先行者，广州市拥有令人瞩目的创新能力及发展势头。在国家实施建设知识产权强国的战略下，广东省人民政府明确提出要将广州市建设成为"具有国际影响力的国家创新中心、知识产权枢纽城市、国际科技创新枢纽"。为实现这一目标，广州市实施知识产权战略，推进知识产权领域改革创新，以创新驱动发展。

知识产权制度是广州市实施创新驱动发展战略的重要保障。广州市人民政府发布了一系列规范性文件，贯彻落实国家创新驱动发展战略、鼓励自主创新。广州市知识产权局根据专项资金延续安排后的调整安排，并结合最新实施的政策文件精神，按照《广州市市级财政专项资金管理办法》有关规定，重新修订了《广州市知识产权工作专项资金管理办法》，在专项资金项目设置、审批方式等方面进行了调整和创新，以最大限度地发挥财政资金的引导、带动作用，确保实现专项资金绩效目标，助力广州市知识产权事业提速发展。

2020 年是"十三五"规划收官之年，也是应对新冠肺炎疫情大考的极不平凡的一年。广州市深入学习贯彻习近平总书记关于知识产权工作的重要论述，全面落实《关于强化知识产权保护的意见》，按照广州市委、市政府的部署要求，提升知识产权治理水平，全面建设知识产权强市，具体包括全面实施最严格的知识产权保护、大力培育高价值知识产权、科学优化知识产权运营服务生态、努力提高知识产权公共服务管理水平、进一步扩大知识产权合作交流。

（二）广州市知识产权促进政策

1. 知识产权管理

在知识产权管理方面，广州市努力创建集中高效、链条完整、职责健全的知识产权综合管理体系，开展知识产权综合管理改革试点，探索建立可行有效的知识产权管理机制。重点推动规模以上工业企业、高新技术企业知识产权管理规范化，促进科技创新创业，建立重大经济科技活动知识产权评议制度。广州市在推动知识产权与城市创新发展深度融合和创建国家知识产权强市过程中，形成了建设国家知识产权强市和枢纽城市的目标定位，优化营商环境，全面提高城市知识产权管理能力和服务水平，为实施创新驱动发展战略提供强有力支撑。

（1）完善知识产权政策体系

完善知识产权政策体系是优化自主创新环境，保护和激励自主创新的关键所在。广州市以"十三五"规划和《广州市创建国家知识产权强市行动计划（2017—2020 年)》为指导，调整优化现有知识产权法规、规章和政策文件，增强知识产权政策措施的科学化、规范化、法治化水平，逐步构建完善知识产权政策体系，强化对于科技企业的保护力度。

为了贯彻落实国家知识产权战略，促进广州市知识产权事业全面发展，根据专项资金调整情况和最新实施的政策文件精神，广州市修订了《广州市专利工作专项资金管理办法》，● 在专项资金资助范围、使用范围、审批方式等方面进行了调整和创新，将专项资金支持范围扩大至专利、商标、地理标

● 广州市知识产权局关于印发广州市知识产权工作专项资金管理办法的通知［EB/OL］. （2020 - 11 - 17）［2021 - 03 - 17］. http：//scjgj. gz. gov. cn/gkmlpt/content/6/6913/post_6913093. html#759.

志等各类知识产权，部分资金下放到全市 11 个区。❶ 为了规范广州市知识产权质押融资风险补偿基金的管理，充分发挥财政资金的引导和激励效用，引导和激励银行业金融机构加大对科技中小微企业的信贷支持力度，缓解企业融资困难，广州市依照国家有关政策要求并结合该市实际，新修订了《广州市知识产权质押融资风险补偿基金管理办法》，规范了风险补偿基金的使用和管理，明确了风险补偿基金的支持对象、资金管理、运作方式、项目管理、补偿与核销程序、资金监督与考核、责任追究等内容。❷ 广州市市场监督管理局还印发了《关于深化知识产权"放管服"改革 优化营商环境的实施意见》，出台知识产权领域深化简政放权、提高监管效能、提高服务水平、持续优化营商环境等四个方面的十六条措施，强化知识产权的创造、保护、运用、提升公共服务水平，以加快推进知识产权强市和枢纽城市建设。❸

（2）推动知识产权综合改革试验

广州市逐步推进知识产权综合管理改革，建立权界清晰、分工合理、权责一致、运转高效的综合行政管理机制。广州开发区抢抓粤港澳大湾区建设重大历史机遇，以深化中新广州知识城知识产权运用和保护综合改革试验为强有力的工作抓手，着力构建国内最优知识产权营商环境，打造粤港澳大湾区知识产权先行先试区。广州开发区紧紧围绕打造"知识产权制度创新实践探索区"的重点战略目标，积极推动知识产权综合管理改革。在司法层面上，广州知识产权法院进一步深化司法体制改革创新，为企业知识产权保驾护航。❹ 广州知识产权法院探索建立了"专职技术调查官 + 技术顾问 + 技术咨询专家"工作模式，积极聘请各方面专家、学者担任技术顾问和咨询专家，健全技术调查官工作机制。为确保案件质量，广州知识产权法院着力健全审判

---

❶ 广州市市场监督管理局加强知识产权全链条保护运用管理 服务创新驱动发展［EB/OL］.（2021 － 02 － 03）［2021 － 03 － 17］. http：//www. gz. gov. cn/ysgz/jyzc/fzzc/content/post_7065838. html.

❷ 《广州市知识产权质押融资风险补偿基金管理办法》解读材料［EB/OL］.（2020 － 07 － 09）［2021 － 03 － 17］. http：//scjgj. gz. gov. cn/zcfg/zcjd/content/post_6466941. html.

❸ 广州市市场监督管理局关于印发深化 知识产权"放管服"改革 优化营商 环境实施意见的通知［EB/OL］.（2020 － 05 － 19）［2021 － 03 － 17］. http：//scjgj. gz. gov. cn/zwdt/tzgg/content/post_5837326. html.

❹ 广州知识产权法院：深化司法体制改革创新 为企业知识产权保驾护航［EB/OL］.（2020 － 11 － 10）［2021 － 03 － 17］. https：//baijiahao. baidu. com/s? id ＝1682957091990787179&wfr ＝ spider&for ＝ pc.

监督管理机制，专门制定实行了发回、改判案件复查制度，对所有发、改案件都指定专人复查，并逐件提交审委会讨论，确保能够及时发现并纠正存在的问题。

（3）健全重大项目知识产权管理流程

广州市紧紧围绕科技创新 2030—重大项目、国家重点研发计划等国家重大科研项目，积极探索建立健全专利导航工作机制。在项目立项前，进行专利信息、文献情报分析，开展知识产权风险评估，确定研究技术路线，提高研发起点。项目实施过程中，跟踪项目研究领域工作动态，适时调整研究方向和技术路线，及时评估研究成果并形成知识产权。项目验收前，要以转化应用为导向，做好专利布局、技术秘密保护等工作，形成项目成果知识产权清单。项目结题后，加强专利运用实施，促进成果转移转化。同时，广州市政府鼓励高校围绕优势特色学科，强化战略性新兴产业和国家重大经济领域有关产业的知识产权布局，加强国际专利的申请，并鼓励广州市内高校应将知识产权管理体现在项目的选题、立项、实施、结题、成果转移转化等各个环节。

（4）提高知识产权资金使用效益

广州市为加强知识产权管理，在以下三个方面逐步提升知识产权资金使用效益。❶

第一，拓展专项资金支持范围。为了发挥知识产权综合管理优势，广州市修订了《广州市专利工作专项资金管理办法》，将市级"专利工作专项资金"拓展为"知识产权工作专项资金"，专项资金支持范围扩大至专利、商标、地理标志等各类知识产权，推进知识产权工作与市场监管、科技创新和产业发展深度融合，提升知识产权管理效能。

第二，整合市、区两级知识产权资助资金。通过改革知识产权工作专项资金的使用方式，将市级知识产权资助资金下放到各区，由各区统筹使用市、区两级资助资金，避免重复资助，从源头上控制非正常申请专利、商标等行

---

❶ 广州市市场监督管理局关于印发深化 知识产权"放管服"改革 优化营商 环境实施意见的通知［EB/OL］.（2020 - 05 - 19）［2021 - 03 - 17］. http://scjgj.gz.gov.cn/zwdt/tzgg/content/post_5837326. html.

为，以提升知识产权申请质量。广州市还持续压减资助资金的申请材料，优化申请流程，推动全市实现资助资金全程网络办理，对确需申请人当场办理的，争取一次性办结。

第三，下放知识产权发展资金。广州市政府按照"市级统筹、绩效导向、充分放权、事后监管"的原则，将部分管理职能和实施主体均在区级的知识产权发展资金下放到各区。下放的发展资金主要用于支持各区促进知识产权创造、强化知识产权运用、落实知识产权保护责任、优化知识产权公共服务等项目实施。广州市还持续推动发展资金项目申请过程公开透明，将申请材料清单及时向社会公示，对行政机关内部能够进行网络核查的内容，不再要求申请人提供，对确需申请人补正的内容，采取一次性告知的做法。

2. 知识产权保护

知识产权保护是科技创新驱动发展的刚需，也是国际贸易的标配。因此，建立完善的知识产权保护机制，激励万众创新，提高全民知识产权的保护意识显得尤为重要。广州市不断完善知识产权保护体制机制建设，筑牢保护基础，形成行政、司法、仲裁、调解、维权援助多位一体、协调运作、统一高效的知识产权大保护格局。❶

（1）建设中国（广州）知识产权保护中心

广州市科技创新产业蓬勃发展，特别是高端装备制造业（人工智能、新能源汽车、高技术船舶与海洋工程装备产业、先进轨道交通）和新材料产业发展势头强劲，产业集群规模较大，企业知识产权研发投入高，对知识产权获权、维权、运营等服务的需求越来越强烈。为了面向高端装备制造产业和新材料产业开展知识产权快速协同保护工作，广州市获国家知识产权局正式批复建设中国（广州）知识产权保护中心。建设中国（广州）知识产权保护中心将满足广州市对知识产权价值实现和维权保护的迫切需求，助推人工智能、新能源汽车、海洋科技、轨道交通、新材料等产业要素进一步集聚发展，提升产业优势和保护创新成果，支撑创新驱动发展，营造良好的创业环境，

---

❶ 粤港澳大湾区知识产权保护研讨会顺利召开［EB/OL］.（2020－11－30）［2021－03－17］. https：//news. 7ipr. com/archives/23996. html.

为广州市产业高端化和国际发展提供有力支撑。

（2）拓宽知识产权纠纷多元解决渠道

广州市进一步构建相互衔接、相互支撑的知识产权多元化保护机制。广州开发区知识产权局联合黄埔区检察院、宝洁公司共同倡议，在2020年"4·26"世界知识产权日共同发起成立广东省首个政企联合的黄埔知识产权保护联盟，整合各方面力量，畅通对接渠道，共享数据资源，形成共同守护创新、强化知识产权保护的合力。广州仲裁委员会在融合仲裁和调解两种制度过程中，打造调解平台，积极创新调解方式，不断拓展调解领域，呈现了诸多工作亮点。2020年以来，广州仲裁委员会通过"仲裁调解＋司法确认"方式解决了一宗7000万元的复杂纠纷案件，调解结案标的额1亿元以上的有12件，一次性调解商品房纠纷25件，一次性调解委托代理合同纠纷17件……❶经过一年多来的探索创新，广州仲裁委员会逐渐形成了一个"多平台对接、多方式协作、多领域拓展，立案后促调，开庭时必调，裁决前再调"的大调解格局，打通受理、分流、调解、行政裁决、仲裁、司法确认、诉讼各个链条，鼓励人民团体、社会组织主动对接融入，形成功能互补、有效衔接的合力，为辖区企业提升自主创新力和核心竞争力，提供高效、便捷、低成本的一站式维权服务，❷创造了通过调解快速解决纠纷的"广州速度"。

（3）完善知识产权行政执法

广州市加强行政执法队伍建设，落实知识产权行政执法保护，加强知识产权领域内的严保护和严执法，以营造广州市内良好的营商环境和创新环境。新冠肺炎疫情期间，广州市积极发挥市场监督管理局综合执法优势，广泛收集举报投诉线索，加快办理与疫情有关的知识产权严重违法案件，依法严厉处罚，保持新冠肺炎疫情防控期间打击知识产权侵权假冒违法行为的高压态势。针对各类市场主体，聚焦电商和线下批发零售领域，重点查处涉及口罩、

---

❶ 广州仲裁委打造大调解格局 创造解决纠纷"广州速度"［EB/OL］.（2020－12－22）［2021－03－18］. http：//www.gd.xinhuanet.com/newscenter/2020－12/22/c_1126892038.htm.

❷ 揭牌了! 知识产权纠纷"一站式"多元化解就来这……［EB/OL］.（2020－07－03）［2021－03－18］. https：//www.thepaper.cn/newsDetail_forward_8110296.

消毒杀菌用品、抗病毒药品等防护用品的商标侵权、假冒专利等违法行为。❶
此外，广州市市场监督管理局为做好第 128 届广交会的知识产权保护工作，
一方面，按照部署组织各区市场监督管理局提前对广州市 600 多家参展企业
进行知识产权侵权高风险排查和行政指导工作，将知识产权保护关口前移。
另一方面，从全市市场监督管理部门抽调 22 名专业执法人员与国家知识产权
局、广东省知识产权局人员组成专家团队，为第 128 届中国进出口商品交易
会商标和专利侵权提供专业指导和侵权判定。❷ 执法人员与各方专家紧密协
作，积极配合，创新"线上受理，线上比对，视频连线，快速处理"的涉知
识产权投诉处理方式。通过有效的展前排查和展中的快速维权，该届交易会
商标和专利侵权投诉量和确认侵权数均比上一届显著减少，凸显广州市对该
届交易会知识产权保护"严、大、快、同"的良好成效。❸

（4）加强知识产权的司法保护

广州知识产权法院加大对恶意侵权、重复侵权、严重侵权等行为的惩处
力度，设立综合审判庭（知识产权庭），持续推进知识产权案件"三审合
一"，以零容忍、强高压态势打击知识产权犯罪。各级人民检察院探索设立知
识产权检察院、知识产权检察保护中心，建立知识产权刑事案件适时介入引
导侦查机制、知识产权犯罪案件刑民证据转化机制，加强对"两法衔接"平
台、执法部门涉罪线索移交的监督。广州知识产权纠纷人民调解委员会与广
州互联网法院合作，共同推进在线纠纷多元化解工作，实现知识产权纠纷调
解从传统线下到远程线上工作模式的转变。广州知识产权仲裁院与广东省版
权保护联合会签订框架协议，共建版权快速调解仲裁中心，调解、仲裁等正
逐渐成为企业偏好的知识产权纠纷解决方式。同时，广州知识产权仲裁院也
进一步探索开展知识产权临时仲裁，申请在科学城、中新广州知识城"复制
推广自贸区知识产权临时仲裁政策"。

❶ 广东多措并举强化新冠肺炎疫情防控期知识产权保 ［EB/OL］. (2020 - 02 - 24) ［2021 - 03 -
30］. http: //ip. people. com. cn/n1/2020/0224/c179663 - 31601874. html.
❷ 广州市市场监督管理局圆满完成 128 届广交会知识产权保护工作 ［EB/OL］. (2020 - 10 - 30)
［2021 - 03 - 18］. http: //www. gz. gov. cn/xw/zwlb/content/post_6878092. html.
❸ 广州市市场监督管理局圆满完成 128 届广交会知识产权保护工作 ［EB/OL］. (2020 - 10 - 29)
［2021 - 03 - 18］. http: //scjgj. gz. gov. cn/gkmlpt/content/6/6876/post_6876858. html#765.

（5）建设知识产权维权援助机制

广州市知识产权维权援助体系不断健全，在全市 11 个区全覆盖建立重点产业知识产权维权援助与保护工作站。目前，全市有知识产权调解机构 62 家、知识产权仲裁机构 5 家、知识产权快速维权及援助机构 28 家。❶ 2020 年，广州开发区挂牌成立全市首家重点产业知识产权维权援助和知识产权保护工作站，以切实维护集成电路产业企业和精细化工产业企业在知识产权方面的合法权益，促进产业健康快速发展，优化营商环境，为提升广州市企业知识产权保护与维权实务能力保驾护航。新冠肺炎疫情期间，国家知识产权局专利局广州代办处加强知识产权纠纷调解工作，优先受理与新冠肺炎疫情防控相关的专利复审和无效案件，对与新冠肺炎疫情防控相关的专利申请予以优先审查，全力支持配合广东省新冠肺炎疫情防控工作。同时，广州市政府鼓励各单位丰富线上知识产权维权援助渠道，广泛征集各创新主体特别是企业在维权保护中面临的困难和存在的突出问题，及时予以答复。开展线上知识产权保护和维权援助业务宣传培训，大力做好新冠肺炎疫情防控期间有关政策宣传工作。❷

3. 知识产权运用

广州市围绕知识产权运用统筹推进建机制、建平台、促产业各项工作，知识产权运用能力不断增强，效益加速显现。

（1）促进知识产权成果的转化运用

广州市为了落实《广州市促进科技成果转移转化行动方案（2018—2020 年）》，出台促进科技创新的具体政策措施，使得知识产权转化运用更加有效。广州市专利质押融资额达 66.7 亿元，商标质押融资额达 6.66 亿元。在新一代信息技术和生物医药两大战略领域，新推出两支知识产权证券化产品，为 24 家科技企业提供 4.34 亿元融资款项。广州市累计开发各类保险产品 17 类，知识产权类相关保险保额超过 2 亿元。承办 2020 年知交会，实现专利和商标

---

❶ 广州市市场监督管理局加强知识产权全链条保护运用管理 服务创新驱动发展 [EB/OL].（2021 - 02 - 03）[2021 - 03 - 18]. http：//www. gz. gov. cn/ysgz/jyzc/fzzc/content/post_7065838. html.

❷ 广东多措并举强化新冠肺炎疫情防控期知识产权保护 [EB/OL].（2020 - 02 - 24）[2021 - 03 - 30]. http：//ip. people. com. cn/n1/2020/0224/c179663 - 31601874. html.

交易额为 17.23 亿元，地理标志产品交易额为 11.1 亿元，版权交易额为 1.44 亿元。广州市先后有 10 家服务机构获评国家知识产权品牌服务机构，3 家单位获得世界知识产权组织在华技术与创新支持中心授牌，国家知识产权示范企业达 21 家、优势企业达 151 家。在国家知识产权局组织的第二批重点城市中期评价中，广州市达到优秀等级。

（2）推动专利导航产业化发展

2020 年，广东省市场监督管理局（知识产权局）组织召开第二场广东省战略性新兴产业专利导航系列成果视频发布会，通过网络视频直播的方式集中发布了产业专利导航系列成果。❶ 发布会以"专利导航与健康生活"为主题，聚焦生物医药、现代农业、绿色低碳、海洋经济四个产业。该批产业专利导航成果由广东省市场监督管理局（知识产权局）组织知识产权专业服务机构，在专利信息数据和产业数据深度分析研究基础上形成，揭示了生物医药、现代农业、绿色低碳、海洋经济四个产业的专利竞争态势和创新发展趋势特点，厘清了广东省四个产业在全球产业链的发展地位和优劣势、重点发展方向，提出了促进广东省四个产业创新驱动和高质量发展的对策建议。

（3）提高知识产权运营服务水平

根据《广州市知识产权运营服务体系建设中央专项资金 2019—2020 年项目资金安排计划》，广州市深入推进知识产权运营服务体系建设，扎实推进各项工作落实，有力克服新冠肺炎疫情的不利影响，不断推动知识产权与创新资源、金融资本、产业发展有效融合，在发挥知识产权作用、推动地方经济发展方面取得了一定成效，已经成为全国知识产权运营服务体系建设的中坚力量。❷ 广州市政府运用中央专项资金支持实施"严格知识产权保护""提升知识产权创造质量""优化知识产权运营服务生态"三大工程共 15 类项目。❸ 三大工程的项目包括 6 项重点任务和 9 类公开征集项目。6 项重点任务包括支

---

❶ 广东发布 11 个产业专利导航成果，建立专题数据库对公众开放 [EB/OL]. (2020 - 04 - 23) [2021 - 03 - 18]. https：//www.xkb.com.cn/article_613066.

❷ 全国第二批知识产权运营服务体系建设重点城市中期绩效评价 广州荣获"优秀"等级 [EB/OL]. (2021 - 02 - 26) [2021 - 03 - 18]. http：//scjgj.gz.gov.cn/zwdt/gzdt/content/post_7107796.html.

❸ 广州完善知识产权运营服务体系建设 助力高质量发展 [EB/OL]. (2020 - 07 - 11) [2021 - 03 - 18]. http：//news.cnr.cn/native/city/20200711/t20200711_525164141.shtml.

持广州市会展和电子商务知识产权保护中心建设，支持广州市知识产权维权援助中心建设等。9 类公开征集项目包括支持知识产权交易平台，支持全国知识产权服务品牌机构建设，支持海外知识产权保护援助机构建设等。❶ 2020年上半年，广州市市场监督管理局完成知识产权运营服务体系建设中央专项资金 2019—2020 年项目立项 60 项，立项资金超过 7000 万元，已拨付第一批资金近 5000 万元，各立项项目已全面展开实施。

（4）建设高价值专利培育中心

为了推动知识产权密集型产业高价值专利培育转化，广州市在重点产业中建立了高价值专利培育中心，支持高价值专利培育中心开展企业知识产权托管、高价值专利组合培育、专利导航预警、专利成果转化运用、知识产权人才培养等工作，推动重点产业的知识产权创造、保护、运用、服务全链条整体发展，培育若干个高价值专利组合，提升转化运用效益，释放知识产权价值，争取形成产业高价值专利培育转化的广州经验。

（5）构建知识产权运营服务平台

为了鼓励知识产权综合性运营平台做大做强，广州市积极申报中国（广州）国际知识产权运营中心、中国电力新能源产业知识产权运营中心等重大建设项目，推动粤港澳大湾区以及"一带一路"沿线国家知识产权合作发展和交易运营。广州市支持知识产权交易平台建设和运营模式创新，以提高知识产权交易运营效率。积极建设高校专利转移转化中心，鼓励各类高校、科研院所联合服务机构建立专利转移转化平台，促进高校专利转化运营。同时，广州市推动国家商标品牌创新创业（广州）基地建设，支持企业申请驰名商标认定保护，持续打造一批具有国际影响力的广州品牌。

（6）创新知识产权投融资服务

广州市积极推动知识产权业务"网上办、预约办、邮寄办"，精简服务流程，提升知识产权投资和融资便利化程度。市重点产业知识产权运营基金的投资向中小微企业倾斜，市知识产权质押融资风险补偿基金 24 小时受理质押融资申请，3 个工作日内完成审核并将企业纳入基金贷款备案企业库。为了鼓

❶ 广州紧锣密鼓推进知识产权运营服务体系建设［EB/OL］.（2020 – 07 – 11）［2021 – 03 – 18］. https：//baijiahao. baidu. com/s？id = 1671888927567079116&wfr = spider&for = pc.

励开发知识产权综合险种，推动多类型知识产权混合质押，广州市支持银行、评估、保险等机构广泛参与知识产权金融服务，探索将商标权质押融资纳入知识产权质押融资风险补偿基金保障范围。同时支持知识产权证券化市场创新发展，继续发行知识产权证券化产品。

（7）支持知识产权服务业发展

广州市大力支持广州开发区、越秀区、天河区等知识产权服务业集聚发展试验示范区建设，支持各区打造知识产权运营服务强区。高标准建设中新广州知识城知识产权服务园区和越秀知识产权综合服务中心。鼓励社会资本投资知识产权代理、法律、咨询、商用、信息、培训等业务，支持知识产权服务机构做大做强，向高端化、国际化发展。推动知识产权服务品牌机构培育，争创全国知识产权服务品牌机构、国家知识产权分析评议服务示范机构、世界知识产权组织在华技术与创新支持中心。

（8）促进自主知识产权产品推广应用

广州市加强自主知识产权产品推广应用，在高价值专利培育转化、知识产权质押融资、执法保护、认购采购、品牌培育等环节，强化知识产权服务供给和支持力度。为提高自主知识产权产品的市场竞争力，广州持续推动建立专利导航工作体系，加强专利信息分析利用，定期发布重点领域知识产权动态，引导企业加快创新进程和专利布局。同时，对获得中国专利奖、广东专利奖、中国商标金奖等奖项的知识产权权利人，广州市政府给予奖励扶持。

4. 知识产权质量

2020 年 3 月 11 日，国务院国有资产监督管理委员会与国家知识产权局联合印发了《关于推进中央企业知识产权工作高质量发展的指导意见》，提出了加强知识产权高质量创造等 4 项工作重点，大力倡导专利领域的高质量发展。为了使知识产权创造更加优质，广州市在高新技术企业、国有企业和贯标企业中开展知识产权质量提升工作，大力培育高价值知识产权。

（1）开展"十百千"知识产权质量提升工程

广州开发区知识产权局持续开展"十百千"知识产权质量提升工程，对接开发区内各孵化器管理企业，结合专利"灭零"工作的开展，进一步调动科技型企业等各类创新主体专利创造积极性，促进企业知识产权创造。❶ 同时提供科技型企业专利质押融资平台，实现知识产权服务、金融机构与科技创新的有机融合，有效促进产业转型升级和提高企业核心竞争力。

（2）推进企事业单位知识产权贯标

广州市积极推动知识产权贯标，引导企业实施《企业知识产权管理规范》国家标准。至 2020 年 11 月底，广州市通过贯标企业共 4986 家，居全国城市第一位。相关部门多次举办企业专利挖掘与布局、PCT 专利申请实务等培训班，提升企业知识产权创造、保护和运用能力。

（3）建设知识产权强企和示范单位

广州市深入贯彻创新驱动发展战略和知识产权战略，积极培育知识产权示范企业、优势企业，持续助力推进新形势下广东省知识产权强企培育工作，加快广东省知识产权强省的建设。在"2020 年度广东省知识产权示范企业"的认定活动中，广东省知识产权保护协会发布通知，认定了 478 家企业为"2020 年度广东省知识产权示范企业"。其中，注册地在广州市的企业共有 129 家，数量位居全省第一。❷ 这些企业涉及医疗设备、生物科技、食品安全、环保科技、智能装备等高新技术领域。

（4）发展知识产权密集型产业

知识产权密集型产业是推动我国产业价值链攀升的关键力量，也是实现产业转型升级的必然要求。近年来，广州市把促进高价值专利培育转化工作作为推动知识产权密集型产业发展的一项重要工作抓细、抓牢。2019—2020年，广州市知识产权运营服务体系建设中央专项资金重点支持实施"严格知识产权保护""提升知识产权创造质量""优化知识产权运营服务生态"三大工程共 15 类项目。❸"支持知识产权密集型产业高价值专利培育转化项目"是广州市知识产权运营服务体系建设项目中的一个重要项目，其涵盖了通信产

---

❶ 广州开发区知识产权局. 关于征集 2020 年黄埔区广州开发区"十百千"知识产权质量提升工程知识产权服务机构的公告 [EB/OL]. [2021 - 03 - 18]. http：//www. hp. gov. cn/xwzx/tzgg/content/post_5632213. html.

❷ 129 家广州企业被认定为"2020 年广东省知识产权示范企业" [EB/OL]. [2021 - 03 - 18]. https：//baijiahao. baidu. com/s? id = 1686516098835599276&wfr = spider&for = pc.

❸ 广州重点推进知识产权密集型产业高价值专利培育转化 [EB/OL]. [2021 - 03 - 18]. https：//baijiahao. baidu. com/s? id = 1673449639311050568&wfr = spider&for = pc.

业、芯片集成电路和计算机产业、互联网和物联网产业、人工智能和大数据产业、生物医药产业、新材料产业、装备制造产业、汽车、石油化工、节能环保十大重要产业。

5. 知识产权文化环境

广州市大力推进以"尊重知识、崇尚创新、诚信守法"为核心的知识产权文化建设，在知识产权人才培养、文化氛围营造、对外交流与合作方面取得了积极成效，也营造了良好的营商和创新环境，为广州市经济高质量发展提供了强劲动能。

（1）健全知识产权人才支撑体系

广州市积极培育知识产权人才队伍，健全知识产权人才支撑体系。广州市政府创新知识产权人才培养机制，拓宽人才培养渠道，不断壮大知识产权人才队伍，改善知识产权人才队伍结构。❶ 一方面，广州市依托企业、高等学校、科研机构等载体，加大对知识产权中高端人才培养和引进力度，加快构建以高层次领军人才、高水平管理人才和高素质实务人才为主体的知识产权人才队伍。另一方面，广州市加快推动暨南大学广州知识产权人才基地建设，推进华南理工大学、中山大学等高校知识产权学院建设。同时，广州市鼓励知识产权管理人员评选知识产权专业技术职务，并对知识产权服务机构引进、培育中高端人才给予奖励扶持。

（2）营造知识产权文化氛围

广州市着力加强知识产权宣传培训，营造知识产权文化氛围。广州市政府支持知识产权宣传及文化建设等公共服务，在"4·26"世界知识产权日、中国专利周等重要节点，开展知识产权进企业、进机关、进社区、进校园宣传教育活动，营造浓厚的"尊重知识、崇尚创新、诚信守法"知识产权文化氛围。❷ 同时，广州市积极建设知识产权文化传播与普法基地，为打造知识产权宣传展示实体空间。此外，广州市还大力支持企事业单位实施知识产权管

❶ 广州市市场监督管理局关于印发深化知识产权"放管服"改革 优化营商环境实施意见的通知 [EB/OL]．[2021-03-18]．http://scjgj. gz. gov. cn/zwdt/tzgg/content/post_5837326. html.
❷ 广州市市场监督管理局关于印发深化知识产权"放管服"改革 优化营商环境实施意见的通知 [EB/OL]．[2021-03-18]．http://scjgj. gz. gov. cn/zwdt/tzgg/content/post_5837326. html.

理规范国家标准，支持服务机构、社会组织以及各类创新主体组织开展培训、咨询、对接等知识产权服务活动。

（3）开展知识产权交流与合作

中国已经与多个国家、地区和建立正式合作关系，广州市政府也将抓住机遇，以推动构建更加开放包容、平衡有效的知识产权国际规则，为国际合作架设更加通畅便捷的桥梁。❶

2020 年是中新广州知识城建设 10 周年，广州市在国家、省、市知识产权局的指导下，深化中新知识产权领域合作与交流。中新知识城与新加坡联合成立专项小组，加强金融服务、科技创新和知识产权保护运用等方面合作。同时参加新加坡知识产权周，合办中新知识产权中文论坛，进一步扩大中新知识城知识产权工作影响力，吸引国内外知识产权服务机构聚集。

二、广州市知识产权发展状况

（一）广州市知识产权发展取得的成绩

2020 年是国家"十三五"规划收官之年，也是广州市重点推进知识产权密集型产业高价值专利培育转化项目的攻坚之年。广州市深入实施创新驱动发展战略和知识产权战略，深化知识产权领域改革，全面提升知识产权创造、运用、保护、管理和服务水平，为全市科技创新和转型升级提供了强有力的支撑，高价值专利培育转化工作加速推进，取得了阶段性成果。

1. 知识产权示范企业、贯标企业状况

2020 年，广州市修订《广州市知识产权工作专项资金管理办法》《广州市黄埔区 广州开发区 广州高新区知识产权专项资金管理办法》《广州市作品著作权登记政府资助办法》，印发《广州市知识产权运营服务体系建设中央专项资金管理办法》。广州市南沙区发布国内首部自贸区知识产权保护促进规范

---

❶ 加强知识产权对外深度交流与合作 ［EB/OL］．［2021－03－18］．http：//www.iprchn.com/cipnews/news_content.aspx? newsId＝124447.

性文件《广州南沙新区（自贸片区）知识产权促进和保护办法》，进一步激发创造积极性。同时，广州市推动企业进一步贯彻落实《企业知识产权管理规范》国家标准，截至 2020 年底，全市贯标企业有 5072 家。[1] 荣获"国家知识产权示范企业"称号的企业有 21 家、优势企业达 151 家。[2] 荣获 2020 年度"广东省知识产权示范企业"称号的企业有 478 家，其中，注册地在广州市的企业有 129 家，具体如表 4 - 1 所示。广州市入选"广东省知识产权示范企业"的数量居全省第一，涉及医疗设备、生物科技、食品安全、环保科技、智能装备等高新技术领域。[3]

表 4 - 1　2020 年度广州市入选"广东省知识产权示范企业"名单

序号	企业名称	序号	企业名称
1	爱司凯科技股份有限公司	16	广东雷腾智能光电有限公司
2	奥特朗电器（广州）有限公司	17	广东美捷威通生物科技有限公司
3	贝恩医疗设备（广州）有限公司	18	广东三雄极光照明股份有限公司
4	广船国际有限公司	19	广东省电信规划设计院有限公司
5	广东安居宝数码科技股份有限公司	20	广东水电二局股份有限公司
6	广东芭薇生物科技股份有限公司	21	广东惜福环保科技有限公司
7	广东宝乐机器人股份有限公司	22	广东新创意科技有限公司
8	广东创明遮阳科技有限公司	23	广东新大禹环境科技股份有限公司
9	广东达元绿洲食品安全科技股份有限公司	24	广东益诺欧环保股份有限公司
10	广东电网有限责任公司电力科学研究院	25	广东正鹏生物质能源科技有限公司
11	广东芬尼克兹节能设备有限公司	26	广合科技（广州）有限公司
12	广东海大集团股份有限公司	27	广汽本田汽车有限公司
13	广东好太太科技集团股份有限公司	28	广州埃克森生物科技有限公司
14	广东弘科农业机械研究开发有限公司	29	广州爱锘德医疗器械有限公司
15	广东晶科电子股份有限公司	30	广州安必平医药科技股份有限公司

---

[1]　广州：实施粤港澳大湾区战略　建设知识产权强市成效显著 [EB/OL]. [2021 - 04 - 29]. http：//news. cnr. cn/native/city/20210427/t20210427_525473226. shtml.

[2]　广州市市场监督管理局加强知识产权全链条保护运用管理　服务创新驱动发展 [EB/OL]. [2021 - 04 - 29]. http：//scjgj. gz. gov. cn/ztzl/fgfc/gzdt/content/post_7078910. html.

[3]　129 家广州企业被认定为"2020 年广东省知识产权示范企业" [EB/OL]. [2021 - 04 - 17]. https：//www. gzdaily. cn/amucsite/web/index. html#/home.

续表

序号	企业名称	序号	企业名称
31	广州奥飞文化传播有限公司	63	广州精点高分子材料制品有限公司
32	广州白云电器设备股份有限公司	64	广州久邦世纪科技有限公司
33	广州白云山明兴制药有限公司	65	广州康盛生物科技股份有限公司
34	广州超音速自动化科技股份有限公司	66	广州科城环保科技有限公司
35	广州创显科教股份有限公司	67	广州科莱瑞迪医疗器材股份有限公司
36	广州创研智能科技有限公司	68	广州莱因智能装备股份有限公司
37	广州达森灯光股份有限公司	69	广州蓝勃生物科技有限公司
38	广州大正新材料科技有限公司	70	广州蓝月亮实业有限公司
39	广州道动新能源有限公司	71	广州立邦涂料有限公司
40	广州德恒汽车装备科技有限公司	72	广州敏惠汽车零部件有限公司
41	广州迪森家居环境技术有限公司	73	广州敏实汽车零部件有限公司
42	广州东焊智能装备有限公司	74	广州南方电力集团科技发展有限公司
43	广州番禺巨大汽车音响设备有限公司	75	广州欧欧医疗科技有限责任公司
44	广州广电运通智能科技有限公司	76	广州七喜医疗设备有限公司
45	广州广日电梯工业有限公司	77	广州启骏生物科技有限公司
46	广州广重企业集团有限公司	78	广州锐嘉工业股份有限公司
47	广州硅能照明有限公司	79	广州瑞博奥生物科技有限公司
48	广州浩胜食品机械有限公司	80	广州瑞松智能科技股份有限公司
49	广州禾信仪器股份有限公司	81	广州睿森生物科技有限公司
50	广州荷力胜蜂窝材料股份有限公司	82	广州三孚新材料科技股份有限公司
51	广州弘亚数控机械股份有限公司	83	广州市百果园信息技术有限公司
52	广州鸿琪光学仪器科技有限公司	84	广州市宝绅科技应用有限公司
53	广州华端科技有限公司	85	广州市标榜汽车用品实业有限公司
54	广州华欣电子科技有限公司	86	广州市诚臻电子科技有限公司
55	广州华新科智造技术有限公司	87	广州市德百顺电气科技有限公司
56	广州华银医学检验中心有限公司	88	广州市迪士普音响科技有限公司
57	广州幻境科技有限公司	89	广州市飞雪材料科技有限公司
58	广州吉欧电子科技有限公司	90	广州市丰华生物工程有限公司
59	广州集泰化工股份有限公司	91	广州市红鹏直升机遥感科技有限公司
60	广州江河幕墙系统工程有限公司	92	广州市华德工业有限公司
61	广州江元医疗科技有限公司	93	广州市建筑科学研究院有限公司
62	广州杰士莱电子有限公司	94	广州市君望机器人自动化有限公司

续表

序号	企业名称	序号	企业名称
95	广州市莱帝亚照明股份有限公司	113	广州亿程交通信息有限公司
96	广州市联柔机械设备有限公司	114	广州寅源自动化科技有限公司
97	广州市赛康尼机械设备有限公司	115	广州增立钢管结构股份有限公司
98	广州市升龙灯光设备有限公司	116	广州长嘉电子有限公司
99	广州市拓璞电器发展有限公司	117	广州正广生物科技有限公司
100	广州市银科电子有限公司	118	海华电子企业（中国）有限公司
101	广州视声智能科技股份有限公司	119	浩蓝环保股份有限公司
102	广州松兴电气股份有限公司	120	金刚幕墙集团有限公司
103	广州通泽机械有限公司	121	南方电网科学研究院有限责任公司
104	广州维港环保科技有限公司	122	日立电梯电机（广州）有限公司
105	广州文冲船厂有限责任公司	123	四维尔丸井（广州）汽车零部件有限公司
106	广州小鹏汽车科技有限公司	124	威凯检测技术有限公司
107	广州协鸿工业机器人技术有限公司	125	亿航智能设备（广州有限公司
108	广州新科佳都科技有限公司	126	意力（广州）电子科技有限公司
109	广州新视界光电科技有限公司	127	中船黄埔文冲船舶有限公司
110	广州亚美信息科技有限公司	128	广州盈可视电子科技有限公司
111	广州一品红制药有限公司	129	中铁三局集团广东建设工程有限公司
112	广州医软智能科技有限公司		

2. 知识产权取得状况

2020 年，广州市专利、商标等知识产权创造均稳步增长，知识产权质量有较大提升。

（1）专利

2020 年，广州市专利申请量为 28.2 万件，同比增长 59.3%。PCT 专利申请量为 1785 件，同比增长 10%。❶ 在授权量方面，2020 年广州市专利授权量为 15.5 万件，同比增长 48.7%，其中发明专利授权量为 15077 件，PCT 专利申请量为 1785 件，每万人口发明专利拥有量为 46.6 件。商标注册量为 29.8

❶ 同比增长 59.3%［EB/OL］．［2021－03－16］．https：//baijiahao. baidu. com/s? id = 1691820422657 496156&wfr = spider&for = pc.

万件，马德里商标国际注册量为 1946 件，有效注册商标总量为 151 万件，集体商标为 25 件，地理标志商标为 12 件，地理标志保护产品为 11 件。

到 2020 年 12 月底，广州市有效发明专利量为 71342 件，相较于 2019 年同比增加了 22%。2020 年，广州市每万人口发明专利拥有量为 46.6 件（按广州市常住人口为统计），相较于 2019 年增长了 19%，❶ 如表 4 - 2 所示。

表 4 - 2　2019 年和 2020 年度广州市专利数据对比

时间	有效发明专利量/件	每万人口发明专利拥有量/件
2019 年	58434	39.2
2020 年	71342	46.6

2020 年，广州市在第二十一届中国专利奖评选中取得了亮眼的成绩。根据国家知识产权局公布的名单，广州市在第二十一届中国专利奖中取得 2 项金奖、44 项优秀奖的佳绩。其中，京信通信系统（中国）有限公司凭借"天线控制系统和多频共用天线"（专利号：ZL201280065830.1）夺得中国专利金奖，这是京信通信系统（中国）有限公司近 4 年来第三次斩获该奖项；广州汽车集团股份有限公司凭借"汽车"（专利号：ZL201630638203.3）夺得中国外观设计金奖。同时，广州市知识产权局也荣获中国专利奖评奖工作优秀组织奖。❷ 此外，通过广东省人民政府发布的《关于表彰第二十一届中国专利奖的嘉奖和第六届、第七届广东专利奖获奖单位和个人的通报》（粤府函〔2020〕332 号）（以下简称《通报》）可知，2020 年第七届广东专利奖中获 8 个金奖、10 个银奖、15 个优秀奖，从获奖情况来看，广州市呈现出发明专利占比高、创新质量高、获奖主体以企业为主的特点。据统计，《通报》的获奖主体单位和个人中，共有企业 62 家，占比 80.5%，彰显了企业的创新主体地位。

（2）商标

截至 2020 年 12 月 15 日，广州市商标申请数量为 486261 件，注册数量为

---

❶　广州市市场监督管理局加强知识产权全链条保护运用管理　服务创新驱动发展 [EB/OL].
[2021 - 02 - 08]. http://scjgj.gz.gov.cn/ztzl/fgfc/gzdt/content/post_7078910.html.
❷　第二十一届中国专利奖评审结果公示 [已结束] [EB/OL]. [2021 - 03 - 15]. https://
www.cnipa.gov.cn/art/2019/10/12/art_78_110921.html.

298343 件，有效注册数量为 1514106 件，❶ 各区商标注册量、申请量情况如表 4 - 3 所示。在 2020 年广东省重点商标保护名录申报中，广州市提交了 388 项申请，其中 184 项被纳入保护名录，在全省各地级市排名第一。❷ 此外，2020 年广州市地理标志商标为 12 件，地理标志保护产品为 11 件，集体商标为 25 件。❸ 广州市建立了知名品牌重点保护名录，将驰名商标、老字号商标、知名品牌等列为重点保护对象，从商标注册审查环节就予以重点保护，防止"傍名牌""搭便车"行为。❶

表 4 - 3　2020 年广州市商标申请量和注册量统计

区域	申请数量/件	注册数量/件	有效注册量/件
荔湾区	19348	12573	70253
越秀区	32928	21987	129963
海珠区	30866	19320	102302
天河区	110378	62661	378266
白云区	107984	69483	323924
黄浦区	31278	17257	55126
番禺区	53955	33509	174280
花都区	23405	14735	68141
南沙区	46096	27142	74013
增城区	13938	8726	45499
从化区	5164	2812	13447

3. 知识产权保护状况

保护知识产权就是保护创新，广州市致力构建知识产权大保护大协同机制，广州市知识产权工作领导小组各成员单位多项并举构建多元化知识产权

---

❶ 中国商标网 [EB/OL]. [2021 - 03 - 16]. http://sbj. cnipa. gov. cn/sbtj/.

❷ 2020 年广东省重点商标保护名录申报及纳入情况 [EB/OL]. [2021 - 03 - 04]. http://www. gdta. com. cn/plus/view. php? aid = 12038.

❸ 2020 广州全面推进知识产权强市建设成效显著 [EB/OL]. [2021 - 03 - 16]. http://www. gdta. com. cn/plus/view. php? aid = 11962.

❶ 广州市人民政府广州市政府重点工作落实情况 [EB/OL]. [2021 - 03 - 24]. http://www. gz. gov. cn/zwgk/zdgzlsqk/2019nzdgz/yqmshggkf/content/post_2868288. html.

保护机制，知识产权运营服务体系不断完善，知识产权保护更加严格。通过设立以市长为组长，政府相关职能部门共 32 个成员单位组成的广州市知识产权工作领导小组，统领协调全市知识产权工作，为广州市知识产权的发展保驾护航。

（1）知识产权的行政保护

第一，知识产权专利工作专项资金。2020 年以来，广州市市场监督管理局（知识产权局）修订印发《广州市知识产权工作专项资金管理办法》（穗知规字〔2020〕2 号），在中央、省、市拨资金以及市本级专项资金中，专门设立知识产权保护、维权援助资助项目。将专项资金支持范围扩大至专利、商标、地理标志等各类知识产权，进一步优化专利资助政策，全面提升广州市知识产权质量。2017—2020 年广州市资助企业及服务机构 152 家，发放维权援助资金 3935 万元。推动建设全国首家知识产权金融服务中心、全省首家重点知识产权运营中心和广东军民融合知识产权运营平台，支持广州知识产权交易中心与新加坡知识产权交易所合作共建国际知识产权交易平台，构建多层次知识产权运营平台。

为支持和推动生产企业复工复产，广州市市场监督管理局（知识产权局）在疫情期间出台了《广州市知识产权质押融资风险补偿基金服务企业应对疫情困难线上办理工作指引》，进一步提高专利质押融资项目补贴标准，降低企业融资成本，缓解受疫情和延期复工影响的中小企业经营困难。❶

第二，知识产权专利执法。在行政执法层面，广州市印发《关于强化知识产权保护的若干措施》和《关于进一步加强版权行政执法与监管工作的通知》，将打击知识产权违法行为与新型冠状病毒肺炎疫情防控工作相结合，保持打击违法行为高压态势，加大保护力度，强化跨部门执法协作联动，严厉打击专利、商标侵权假冒行为及侵犯商业秘密、涉疫情物资等知识产权违法行为，致力于构建多元化保护格局，实施最严格的知识产权保护。

2020 年，广州市查办各类商标案件为 850 件，涉案金额为 915.18 万元，罚款 1719.42 万元，查办各类专利案件为 1777 件，开展版权执法 1400 余次。

---

❶ 2020 广州全面推进知识产权强市建设成效显著［EB/OL］.［2021-03-16］. http://www.southcn.com/.

截至 2020 年底，广州海关共扣留侵权嫌疑货物 2755 批次，涉及货物为 500.8 万件，涉案货值为 1814.9 万元；黄埔海关累计查扣涉嫌侵权货物约为 500 万件，案值近 1400 万元。广州市公安局充分发挥打击侵犯知识产权犯罪职能，2020 年全市共侦破侵犯知识产权案件为 1260 件。此外，广州市构建知识产权大保护大协同机制。全市 11 区全覆盖建立重点产业知识产权维权援助与保护工作站。❶ 在第 128 届广交会期间，广州市政府派出执法人员进驻广交会开展知识产权保护工作，累计受理专利侵权投诉 70 件、立案 85 件，受理商标侵权投诉 69 件。❷

第三，知识产权快速维权。作为国家知识产权运营服务体系建设重点城市，广州市正在加速构建"政府搭台、市场主导、机构运营"的知识产权运营服务体系。❸ 目前，广州重点产业知识产权维权援助与保护工作站覆盖全市 11 个区，全市拥有知识产权调解机构 62 家、知识产权仲裁机构 5 家、快速维权及援助机构 28 家，初步构建起司法、行政、海关、仲裁、人民调解有机衔接、相融互补的多元化知识产权纠纷解决机制。2020 年，广州市支持知识产权保护专项资金投入高达 3290 万元，支持建立知识产权海外维权援助机制，企业应对海外知识纠纷胜诉的援助资金由 50 万元提高到 80 万元，"377 调查"胜诉的援助资金由 50 万元提高到 100 万元❶。

2020 年 7 月 21 日，广州市重点产业知识产权维权援助和知识产权保护工作站挂牌，这是广州市运用国家知识产权运营服务体系建设中央专项资金在各区第一个挂牌的知识产权保护工作站。该工作站主要包含 5 项职能。一是为企业提供知识产权维权援助和保护及其相关分析论证，提供专利权、注册商标专用权、地理标志等知识产权信息检索和咨询指引。二是开展区域内企业的知识产权纠纷调解工作，及时化解纠纷，协助企业开展知识产权价值评

❶ 广州：实施粤港澳大湾区战略 建设知识产权强市成效显著 [EB/OL]. [2021 – 04 – 29]. http：//news. cnr. cn/native/city/20210427/t20210427_525473226. shtml.

❷ 广州市人民政府 2020 年重点工作 [EB/OL]. [2021 – 03 – 18]. http：//www. gz. gov. cn/zwgk/zdgzlsqk/2020nzdgz/zqkjcxcygnghxdcytx/content/post_6925354. html.

❸ 支持知识产权保护 2020 年广东广州专项资金投入达 3290 万元 [EB/OL]. [2021 – 03 – 17]. http：//www. iprchn. com/cn/Detail/index/id/460/aid/14366. html.

❶ 广东广州市市场监督管理局召开知识产权服务机构座谈会 [EB/OL]. [2021 – 03 – 17]. http：//ipr. mofcom. gov. cn/article/gnxw/zfbm/zfbmdf/gd/202103/1960364. html.

估。三是协助、配合知识产权行政管理部门开展知识产权行政执法工作，做好跟踪服务和备案登记工作。四是拟订、制作并向区域内企业发放知识产权维权援助和保护工作手册。五是开展知识产权维权援助、保护专题培训，增强企业知识产权保护意识，提升企业知识产权维权能力。该工作站通过知识产权信息检索、法律咨询、协助开展争议解决等知识产权维权援助和指导服务，对于增强企业知识产权保护意识，激发企业创新活力，打造区域知识产权维权和保护互动交流平台，完善知识产权维权与保护体系将发挥积极作用。❶

第四，知识产权便民利民服务。广州市市场监督管理部门继续深化商标注册便利化改革，推进国家商标注册便利化改革试验区和商标审查协作广州中心建设。压缩商标审查周期，同时将专利权质押登记、专利实施许可合同备案办理时限缩减至5个工作日内，大力推广专利电子申请和网上缴费系统。疫情期间，广州市市场监督管理局为缓解中小微企业资金压力，发布《广州市知识产权质押融资风险补偿基金服务企业应对疫情困难线上办理工作指引》，让符合要求的中小微企业通过线上方式申请知识产权质押融资贷款。基金管理人24小时受理知识产权质押融资申请，并在3个工作日内完成对企业申报材料的审核；对受疫情影响较大、有发展前景但资金不足、符合风险补偿基金条件的企业，在同等条件下给予优先支持。❷

（2）知识产权的会展保护

广州市会展业高度发达，做好会展的知识产权保护一直是广州知识产权保护工作的重要内容和抓手。广交会以习近平新时代中国特色社会主义思想为指导，深入学习贯彻落实党的十九大精神，以新发展理念为统领，积极创新体制机制、商务模式和知识产权保护方式，持续提升国际化、专业化、市场化、信息化水平，建设"智慧广交会"和"绿色广交会"，为广州市打造全国知识产权中心提供有力支持。

广交会创办于1957年，是中国企业开拓国际市场的优质平台，也是中国

---

❶ 广州首家知识产权维权援助和知识产权保护工作站挂牌［EB/OL］.［2021－03－17］. http://www.iprchn.com/cnipr.com/sj/zx/202007/t20200724_239379.html.
❷ 广州多项知识产权举措"暖企"［EB/OL］.［2021－03－18］. http://www.chinanews.com/cj/2020/03－03/9111883.shtml.

举办历史最长、层次最高、规模最大、商品种类最全、到会采购商最多且分布国别地区最广、成交效果最好的综合性国际贸易盛会。为妥善处理广交会期间在广交会展馆范围内发生的有关知识产权、合同纠纷等投诉案件，维护广交会的良好形象和信誉，广交会专门设立了知识产权、产品质量和贸易纠纷接待站，负责受理参加广交会的采购商和参展商的投诉。当期广交会展出展品有关的知识产权方面的投诉都在受理范围内，该投诉接待站受广交会业务办直接领导。

受疫情影响，第 127 届、第 128 届广交会于网上举办。2020 年的广交会通过丰富完善"云服务"，采取"线上 + 线下"相结合的运作模式处理知识产权纠纷投诉，在官方网站设立知识产权保护和贸易纠纷处理端口，注册用户可在线提交投诉、申诉、撤诉申请，查询投诉处理进度，处理流程更加畅通便捷。线下继续邀请政府知识产权主管部门委派专利、商标、著作权方面的专家，保证知识产权投诉得到公平、公正的处理，有效保护参展企业的合法权益，保护展会知识产权，确保侵权投诉快速处理、侵权纠纷得到有效解决，高标准筑牢知识产权保护之盾，为进驻第 127 届、第 128 届广交会参展企业采购保驾护航。此外，针对网上举办侵权判定难度大、时效要求高的特点，广交会创新工作方法，更重视被投诉人在规定时限内的自我纠正。根据相关规定，被投诉人接到被投诉通知后 24 小时内自行下架被投诉展示内容的，不作涉嫌侵权判定。被投诉的企业中有 76% 在规定时间自行下架了被投诉展示内容，显著提高了维权效率。❶ 展会期间，广州市相关部门共处理专利投诉 262 件；受理商标投诉 155 件，商标投诉涉及美国、日本、法国等 10 个国家的知识产权权利人。

（3）知识产权的司法保护

2020 年 4 月 21 日，最高人民法院印发《关于全面加强知识产权司法保护的意见》，为广州市深入推进知识产权审判体制机制改革提供了方向，为创新型国家建设、社会主义现代化强国建设、国家治理体系和治理能力现代化提供有力的司法服务和保障。广州知识产权法院在"司法主导、严格保护、分

---

❶ 广交会新闻中心：广交会与时俱进 探索"云端"知识产权保护新模式［EB/OL］.［2021 - 03 - 18］. https：//www. cantonfair. org. cn/news/article/5ef4080c757e9872ac365741.

类施策、比例协调"的知识产权司法保护政策指导下，于实践中积极发挥司法保护知识产权主导作用，依法履行审判职能，公正高效地审理各类知识产权案件，不断加大知识产权司法保护力度，深入推进知识产权审判体制机制改革创新。

第一，依法履行审判职责。2020年，广州知识产权法院共新收各类专利案件6905件，新收专利案件标的总额达到了18.5亿元。2020年新收各类专利案件占全院收案总数的50.26%，审结4526件。其中，发明专利案件为551件，占比7.98%；实用新型专利案件为1323件，占比19.16%；外观设计专利案件为4881件，占比70.69%；专利其他案由案件为150件，占比2.19%。❶

广州法院聚焦保护创新和优化营商环境领域的侵权犯罪，明确打击重点。突出打击侵犯商业秘密、假冒注册商标、跨国境制售假、侵犯著作权等知识产权刑事犯罪。加大对涉疫情知识产权刑事犯罪的打击力度，疫情防控以来，对涉疫情知识产权刑事案件实现快审快结，从立案到宣判平均审理用时23天，服判率达100%。❷同时，针对知识产权刑事犯罪，创新性地适用特别刑罚。广州市南沙区人民法院审理了广州市首宗对侵犯商业秘密犯罪适用"从业禁止"的刑事案件。对侵犯商业秘密案件的被告人适用从业禁止令，禁止其在缓刑考验期内从事特定产品的生产制造。❸当前，广州知识产权法院已成为涉外知识产权争端解决的"优选地"；技术调查官参与审理的案件主要集中在专利、计算机软件方面，著作权纠纷案件总量自立院以来呈倍数级增长。❹

第二，强化管理提高效率。广州知识产权法院大力推进现代诉讼服务机制建设，推动诉讼服务中心功能转化升级，融入掌上法院和智慧法院系统，实现诉讼服务中心从"一站式"到"一键式"提升。健全诉讼服务设施，完

---

❶ 广州知识产权法院2020年新收各类专利案件6905件［EB/OL］.［2021-03-18］. http：//news. yangtse. com/zncontent/1100672. html.

❷ 突出打击侵犯商业秘密等犯罪［EB/OL］.［2021-03-18］. https：//gzdaily. dayoo. com/pc/html/2020-08/19/content_133351_716634. htm.

❸ 广州互联网法院实现了知识产权案件100%在线审理［EB/OL］.［2021-03-18］. http：//baijiahao. baidu. com/s? id=1675358023237881288.

❹ 广州知识产权法院今天满五岁啦！这份成绩单请审阅［EB/OL］.［2021-03-24］. https：//baijiahao. baidu. com/s? id=1653079317260798509&wfr=spider&for=pc.

善诉讼服务机制，确保做到"来访有人接、材料有人收、疑问有人答、参观有人领"。

广州知识产权法院实行最严格的知识产权保护政策，加强证据保全、证据调查，破解"举证难""周期长"的问题，深化"繁简分流"改革。针对维权周期长的痛点，近年来，广州法院采用了一系列新科技，包括5G、大数据、云计算、区块链、人工智能等技术，广州法院还大力推进案件"繁简分流"改革，提高司法救济时效，为司法审判赋能加速。比如，广州知识产权法院组建了专利一审速裁团队，快速审结1617件外观设计专利纠纷，占案件总数52.1%。

2020年4月20日，广州互联网法院审理了一起网络著作权纠纷案件，通过司法区块链存证＋网络著作权全要素审判 ZHI 系统，在案件事实查明上采取了要素审判方式，即没有烦冗复杂的陈述，简明扼要地分为权利客体、权利来源、侵权行为三个方面，依托智慧法院创新成果，整起案件仅用35分钟，就完成庭审并当庭宣判。

在诉讼服务上，广州知识产权法院全面升级诉讼服务大厅，通过"跨区域知识产权远程诉讼服务平台"已实现诉讼服务全流程"一网通办"，全面开展网上立案、网上调解、网上送达等工作，在惠州、佛山、东莞、中山、汕头、江门等地高新区积极建立远程诉讼服务平台。这一"跨区域知识产权远程诉讼平台"的改革创新经验，已经入选2020年国务院推广的第三批支持创新相关改革举措，并向全国复制推广。

广州互联网法院上线首个跨港澳在线纠纷多元化解平台，在粤港澳多地布设12个"E法亭"，成功调处纠纷3万余件。❶针对企业在跨区域知识产权侵权案件中面对异地维权与诉讼成本高、效率低的困境，广州知识产权法院以"异地诉讼服务＋巡回审判＋远程审判"模式，探索设立知识产权远程异地诉讼服务体系，在数字法庭的基础上加配远程视讯系统，突破诉讼维权地域限制。

（4）知识产权中介机构发展状况

知识产权代理服务是自主创新成果知识产权化的桥梁和纽带，它促进创

---

❶ 广东推进惩罚性赔偿制度落地见效［EB/OL］.［2021 - 04 - 29］. http：//www.cnr.cn/gd/guangdongyaowen/20210426/t20210426_525471752.shtml.

新成果的转化实施、帮助市场主体维护自身合法权益、制定营销策略谋求更好发展，知识产权代理服务业主要包括专利代理和商标代理，此外还有集成电路、域名申请以及海关备案等代理申请授权服务。截至 2020 年 10 月 31 日，广州市共有专利代理机构 133 家，其中，2020 年新增专利代理机构 19 家，如表 4 - 4 所示。❶

表 4 - 4　2020 年广州市新增专利代理机构及代理师统计

序号	机构名称	机构代码	设立日期	执业代理师/人
1	广州利能知识产权代理事务所（普通合伙）	44673	2020 年 1 月 7 日	2
2	广州帮专高智知识产权代理事务所（特殊普通合伙）	44674	2020 年 1 月 8 日	4
3	广州专才专利代理事务所（普通合伙）	44679	2020 年 2 月 21 日	3
4	广东佰仕杰律师事务所	44687	2020 年 3 月 30 日	3
5	广州中研专利代理有限公司	44692	2020 年 4 月 7 日	5
6	广东广悦律师事务所	44707	2020 年 5 月 21 日	1
7	广州开耀专利代理事务所（普通合伙）	44708	2020 年 5 月 22 日	2
8	广州晟策知识产权代理事务所（普通合伙）	44709	2020 年 5 月 25 日	5
9	广州誉华专利代理事务所（普通合伙）	44712	2020 年 5 月 28 日	2
10	广东法制盛邦律师事务所	44713	2020 年 5 月 29 日	2
11	广州市诺丰知识产权代理事务所（普通合伙）	44714	2020 年 6 月 1 日	2
12	广州科知专利代理事务所（普通合伙）	44723	2020 年 7 月 9 日	3
13	广州中祺知力知识产权代理事务所（普通合伙）	44736	2020 年 8 月 17 日	2
14	广州名扬高玥专利代理事务所（普通合伙）	44738	2020 年 8 月 20 日	2
15	广州艾维专利商标代理事务所（普通合伙）	44739	2020 年 8 月 27 日	2
16	广东启源律师事务所	44742	2020 年 9 月 4 日	1
17	广州大象飞扬知识产权代理有限公司	44745	2020 年 9 月 23 日	3
18	广东省中源正拓专利代理事务所（普通合伙）	44748	2020 年 10 月 14 日	2
19	广州君策达知识产权代理事务所（普通合伙）	44749	2020 年 10 月 16 日	2

❶ 专利代理机构名录信息（知识产权）［EB/OL］.［2021 - 03 - 18］. http：//gddata. gd. gov. cn/data/dataSet/toDataDetails/29000_02600044.

（5）知识产权人才培养和引进情况

广州市政府高度重视知识产权人才培养和引进。2020 年 12 月 21 日，广州市人力资源和社会保障局与香港机电工程署友好协商续签了《深化机电人才发展合作备忘录》，为期 5 年，双方进一步在技能培训、世界技能大赛参赛集训、院校合作、业界交流等方面全面深化合作。❶ 2020 年全国专利代理师资格考试广州考点共有 6134 名考生通过审核并获得考试资格，其中港澳台考生 22 人，考生数量位居全国第一，报名通过率达到 97.5%。❷ 截至 2020 年 10 月，广州市专利代理机构（不含分支机构）共有执业代理师 1148 名，其中广州三环专利商标代理有限公司和广州华进联合专利商标代理有限公司的专利代理师分别达到 152 名和 121 名，这两家机构的专利代理师数量之和占到了广州市所有专利代理机构中专利代理师数量的 23.7%。

第一，知识产权人才培养。截至 2020 年底，全市拥有国家级知识产权人才 72 名，知识产权专业中级以上职称人才 132 人。❸

2020 年广州市市场监督管理局继续推进广州知识产权人才基地建设，积极开展知识产权的人才培养、学术研究、学科建设、公共服务、技术孵化等，共同打造国内一流、国际知名的知识产权人才培养基地，为企业和社会提供全方位、多层次、一站式知识产权开发、应用、社会服务，为国家和政府提供知识产权智库的理论研究和政策支持。广州市今后也将持续推进华南理工大学、中山大学等高校知识产权学院建设。

第二，知识产权人才引进。在政策上，广州市政府认真研究国家、省、市人才引进政策，了解各区、企业及高校引进人才的具体做法；在设立站点上，提出了采取"建设""合并""委托"并行的方式，将广州市驻海外办事处与海外人才工作站建设同步考虑、同时推进。

截至 2021 年 2 月，全市累计发放人才绿卡 9378 张，其中向港澳居民发放

---

❶ 广州市累计发放人才绿卡 9378 张，其中向港澳居民发放 177 张［EB/OL］.［2021 - 04 - 01］. https：//www. guangzhouinfo. cn/.

❷ 2020 年全国专利代理师资格考试广州考点报名人数位居全国第一［EB/OL］.［2021 - 03 - 18］. http：//amr. gd. cn/zwdt/gzdt/content/post_3083475. html.

❸ 广州："十三五"期间实现知识产权强市建设大跨越［EB/OL］.［2021 - 04 - 15］. http：// www. iprdaily. cn/article_27509. html.

177 张。❶ 为提高知识产权服务业吸纳人才和稳定就业的作用，广州市市场监督管理局（知识产权局）转发了《国家知识产权局关于支持和引导知识产权服务业积极应对疫情影响稳定和扩大就业的通知》，要求强化人才储备、做好人才管理工作。引导和支持知识产权服务机构落实"先上岗，再考证"政策，同时鼓励符合专利代理师资格考试报名条件的高校应届毕业生先行到专利代理机构就业，同步加强业务学习，充分利用考试和资格优惠政策尽早获取职业资格。这项措施一改以往"持证上岗"的硬性规定，准入门槛的适度放宽，有望促进人才顺畅有序流动。

与此同时，广州市在推进知识产权运营服务体系建设过程中，通过划拨专项资金的方式，改善广州市知识产权人才队伍结构。在"广州市知识产权运营服务体系建设中央专项资金 2019—2020 年公开征集项目第一批立项项目"中，共有来自企业、知识产权服务机构等 81 位中高端人才审核通过，并获得不超过 4 万元/人的人才经费补助。❷ 到 2020 年 9 月，广州市共认定高层次人才 1207 名。❸

4. 知识产权交流合作情况

2020 年，广州开发区大力推动知识产权驱动科技创新、引领产业发展战略。相继出台"粤港澳知识产权互认 10 条""知识产权 10 条"2.0 版等系列政策，推动港澳及新加坡知识产权在广州开发区享受同等待遇，深化国家知识产权运用和保护综合改革试验，大力集聚优质知识产权资源，支持创新要素跨国流动，中新广州知识城和新加坡的知识产权合作交流不断深入，为构建最优创新生态体系提供有力支撑。❶

2020 年 12 月，中国海外人才交流大会暨第 22 届中国留学人员广州科技

---

❶ 广州市累计发放人才绿卡 9378 张，其中向港澳居民发放 177 张 [EB/OL]. [2021 – 03 – 19]. https：//www. guangzhouinfo. cn/home/article/view/id/18699. html.

❷ 广州多措并举创新知识产权引才之路 [EB/OL]. [2021 – 03 – 19]. https：//www. jingji. com. cn/.

❸ 广州市人民政府 2020 年重点工作任务 [EB/OL]. [2021 – 03 – 19]. http：//www. gz. gov. cn/zwgk/zdgzlsqk/2020nzdgz/zqkjcxcygnghxdcytx/content/post_6925353. html.

❶ 广州开发区知识产权局 [EB/OL]. [2021 – 03 – 19]. http：//www. hp. gov. cn/gzhpzscq/gkmlpt/search？keywords = % E4% BA% A4% E6% B5%81.

交流会（以下简称"海交会"）在广州开幕。该届海交会以"智汇、创新、共赢"为主题，采用"线下主阵地＋线上广传播＋海外分会场"的形式，聚焦人工智能、集成电路、生物医药、数字经济、海洋经济、新能源、航天航空等新兴产业人才需求，促进人才对接和项目落地，共吸引3300多名海外人才、3500多个项目报名参会。❶

（二）广州市知识产权发展面临的挑战

广州知识产权拥有量已连续多年位居国内各城市前列。但是广州市知识产权发展依然面临诸多制约广州市经济社会发展的挑战，知识产权的整体质量、运用效益、保护水平和管理效能等还存在较大的改善空间，无法满足我国创新驱动发展战略实施和经济发展方式转变的需要。广州市知识产权发展必须紧紧抓住机遇、化解矛盾、积极作为、砥砺前行，着力应对以下六方面的挑战。

第一，要破解知识产权制度规范滞后与科技革新不匹配的问题，改变知识产权保护的战略层面和政策层面与快速迭代更新的商业模式、科技创新不匹配的状况。

第二，要破解知识产权领域深化改革与知识产权政策体系完善的问题，改变行政管理部门间知识产权政策配套不足、知识产权综合管理改革推进较慢的状况。

第三，要破解知识产权创造潜力未能充分发挥与创造质量不高的问题，改变广州市企业创造活力未能充分释放、缺少创新创造龙头企业、高价值知识产权明显不足的状况。

第四，要化解知识产权人才供需不合理的结构性难题，改变广州市知识产权人才结构不合理导致知识产权缺少创新性和效率性、制约战略性新兴产业发展的状况。

第五，要有效解决制约知识产权全面从严保护的短板问题，改变侵权假冒行为的违法成本低、对侵犯知识产权行为的打击力度偏弱、新业态及新领

---

❶ 2020中国海外人才交流大会暨第22届中国留学人员广州科技交流会开幕 ［EB/OL］.［2021－03－19］. http://www.gz.gov.cn/xw/gzyw/content/post_6981394.html.

域侵权假冒行为多发的状况。

第六，要切实解决知识产权服务能力不足与管理效能不高问题，改变广州市知识产权服务业发展规模较小、高端服务能力不足以及知识产权价值评估难的状况，改变广州市规模以上工业科技型企业、高新技术企业知识产权管理能力较弱的状况。

第七，要突破全面提升知识产权运用能力的关键瓶颈，改变高校和科研单位专利运用水平较低的情形，改变广州市知识产权研发成果市场化难、综合运用成效低、存量知识产权闲置率高等状况。

三、建议和展望

当前，我国经济进入更多依靠创新驱动发展的新阶段，知识产权的管理、保护、运用、质量、人才培养与交流在推动国家创新能力发展中的作用日益凸显。面对全球新一轮科技革命和产业变革加速演进的国际环境，颠覆性技术不断涌现，新兴产业快速发展，新业态、新模式、新动能应运而生，同时我国经济正逐步由高速增长阶段转向高质量发展阶段，广州市要实现成为具有国际影响力的国家创新中心、知识产权枢纽城市、国际科技创新枢纽的目标，必须深入推进知识产权制度在广州市经济发展、产业规划、综合治理等领域的全面运用，持续推进供给侧结构性改革和创新驱动发展，更好地发挥知识产权在率先构建以创新为引领的经济体系和发展模式中的龙头骨干作用，把广州建设成为富有创新活力与可持续发展能力的知识产权强市。

（一）进一步完善知识产权管理

1. 推进知识产权管理体制机制改革

广州市进一步完善知识产权管理，要做到系统集成、协同推进。研究实行差别化的产业和区域知识产权政策，完善知识产权审查制度。健全大数据、人工智能、基因技术等新领域、新业态知识产权保护制度，及时研究制定传统文化、传统知识产权等领域保护办法。深化知识产权审判领域改革创新，健全知识产权诉讼制度，完善技术类知识产权审判，抓紧落实知识产权侵权惩罚性赔偿制度。健全知识产权评估体系，改进知识产权归属制度，研究制定防止知识产权滥用相关制度。落实重点地区和重点园区知识产权综合管理改革，积极探索有利于知识产权创造、运用和保护的管理方法和管理模式。大力推进中新广州知识城知识产权运用和保护综合改革试点。在中国（广东）自由贸易试验区、珠三角国家自主创新改革示范区，探索开展知识产权行政管理体制和执法机制改革试点。

2. 优化知识产权上层立法与政策引导

依照国家"十四五"时期知识产权保护和运用规划，明确广州市知识产权发展的目标、任务、举措和实施蓝图，并围绕全市知识产权工作目标和重点任务，持续优化知识产权上层立法与政策引导，以完善知识产权法律保护体系和强化政策的导向作用。完善作为知识产权新兴领域——反不正当竞争法、反垄断法在知识产权纠纷中的适用，在现行反不正当竞争法、反垄断法中知识产权纠纷规则缺失的情况下，为保护商业秘密、规制滥用知识产权的情形，因地制宜拟制地方性法规，为广州市知识产权管理保驾护航。同时，在强化政策导向作用方面，由于知识产权纠纷领域率先进入了"科技时代"，面对层出不穷的新兴领域、纷繁复杂的社会经济以及法律天然的滞后性，要结合自身实际的发展情况，在与法律法规不冲突的情形下，及时拟定并修改政策，以强化知识产权保护。

3. 健全知识产权促进创新创业服务机制

搭建创新创业示范基地跨区域合作交流平台，推广跨区域孵化"飞地模式"，探索在孵项目跨区域梯次流动衔接的合作机制，在资源共享、产业协同、知识产权保护和运营等方面开展跨区域融通合作。推动建设孵化器、加速器、产业园区相互接续的创业服务体系。在部署深化金融服务创新创业示范时，支持将双创示范基地企业信息纳入全国知识产权质押信息平台。在有条件的区域示范基地设立知识产权质押融资风险补偿基金，对无可抵押资产、无现金流、无订单的初创企业知识产权质押融资实施风险补偿。

（二）进一步加强知识产权保护

1. 完善知识产权多元化保护机制

建立健全跨部门案件处理规程，完善部门间重大案件联合查办和移交机制。严格落实行政执法和刑事司法立案标准相关规定，执行案件移送有关制度，推进行政执法和刑事司法立案标准协调衔接。健全公正存证、仲裁、行政执法、司法保护之间的衔接机制，形成各渠道有机衔接、优势互补的运行机制。建立司法、行政执法、仲裁、调解等有关部门日常沟通协调机制，推动不同渠道证据标准的统一。应用多元知识产权纠纷解决机制，如和解、调解、仲裁等，最大限度发挥仲裁员的作用。同时，主动建立第三方知识产权调解平台，最大限度发挥平台资源作用，邀请高水平的知识产权专家，提供更优质的知识产权服务。

2. 加强知识产权行政执法保护

（1）加强综合保护平台建设

强化市和区县两级知识产权行政执法职能，积极申报创建知识产权保护试点示范区。统筹推进、积极落实中国（广州）知识产权保护中心的各项筹备建设任务，探索在优势产业聚集区增强知识产权保护能力建设。❶ 推进区县知识产权纠纷调解、维权援助等综合服务平台建设，增强基层知识产权保护能力。

（2）加大行政保护力度

充分发挥广州市打击侵犯知识产权和制售假冒伪劣商品工作领导小组统筹协调作用，围绕关键领域、重点环节、重点群体，组织开展知识产权年度执法保护专项行动，加大对专利、商标、著作权、地理标志等知识产权侵权假冒行为的打击力度。强化知识产权服务业监管，严厉打击非正常专利申请、商标恶意注册及囤积、无资质代理、虚假宣传、挂证等行为。探索建立专利侵权纠纷行政裁决立案登记和外观设计侵权纠纷快速裁决机制，缩短简易案

---

❶ 中国（广州）知识产权保护中心获批建设［EB/OL］.［2021 - 03 - 30］. https：// baijiahao. baidu. com/s？ id = 1669019364615546917&wfr = spider&for = pc.

件行政裁决时间。建立健全知识产权主管部门与海关知识产权保护协作机制，强化海关进出口领域知识产权保护力度。

（3）健全保护业务指导体系

严格落实商标、专利侵权判断标准。建立和完善对重大执法决定法制审核、公示、投诉举报、过错责任追究、监督员等系列制度，提高知识产权行政保护规范化水平。规范行政处罚自由裁量基准，建立典型案例评选推荐工作机制。推动知识产权侵权纠纷检验鉴定技术支撑体系建设，建立知识产权检验鉴定专家库。建立知识产权保护动态信息监测分析工作机制，加强对知识产权案件办理、大案要案信息、案件发生规律的统计分析。健全完善知识产权行政执法办案系统，提高知识产权工作智能化水平。建设侵权假冒线索智能监测系统，在线识别、实时监测、源头追溯侵权假冒线索，动态发布案件数据情况，促进"公平办案""阳光办案"。

（4）加强行政保护协作

健全完善行政与司法等部门知识产权保护协作机制，包括定期研究司法实践和行政执法中存在的裁判标准冲突问题，以及反不正当竞争和反垄断案件的信息通报；强化诉调对接、专家资源共享、联合宣传普法、联合调研等方面的协作，以形成知识产权保护的合力。❶ 建立知识产权执法部门与电商平台工作联动和信息推动机制，提升互联网领域知识产权保护效率。建立驻粤领馆、外商投资企业知识产权工作会商沟通机制，对内外资企业一视同仁、同等保护。推进知识产权军民融合试点工作，建立国防知识产权军地联合维权工作机制和纠纷联合调解机制。

3. 发挥知识产权司法保护的权威和终局作用

（1）健全司法保护体系

探索建立知识产权专门化审判机制。全面推进知识产权民事、刑事、行政案件"三合一"审判机制改革，统筹优化全市知识产权案件管辖，重点解决知识产权刑事案件侦查、批捕、公诉、审判各个环节的衔接问题，

---

❶ 建立协作机制，构建广东知识产权行政与司法协同保护格局［EB/OL］.［2021 – 03 – 30］. https：//baijiahao. baidu. com/s？id = 1693011998664321387&wfr = spider&for = pc.

以及知识产权刑事、行政审判案件集中管辖问题。推动知识产权刑事案件办理专业化建设，提高侦查、审查逮捕、审查起诉、审判工作效率和办案质量。

（2）增强司法保护能力

继续优化知识产权类案智审平台，不断完善繁简分流机制。统一建立知识产权技术调查专家、侵权鉴定专家队伍，构建有机协调的技术事实调查认证体系。规范知识产权典型案件收集、发布及适用制度，加强指导性案例、参考性案例推荐和适用。充分利用知识产权理论研究平台，积极开展知识产权审判领域实务和理论研究，切实提高知识产权保护整体协同性。

（3）加大司法保护力度

依法落实惩罚性赔偿制度，严格执行侵犯知识产权犯罪入罪标准。切实贯彻落实案件异地执行工作要求，推动形成统一公平的法治环境。落实知识产权诉讼证据规则，探索建立侵权行为公证悬赏取证制度，着力解决当事人"举证难"问题。建立健全知识产权纠纷调解协议司法确认机制。加大侵权假冒犯罪刑事打击力度，开展常态化专项行动，持续保持高压严打态势，全面采集涉假大案要案相关信息，建设知识产权违法信息数据库。

4. 健全知识产权维权援助机制

健全知识产权维权援助机制，包括事前机制、事中机制和事后机制。事前机制要求知识产权维权援助中心以及相关政府监管部门，有效监控企业、平台的知识产权情况，对侵权行为要及时发现、及时通知、及时处理。事中机制要求知识产权维权援助中心与各行业协会等协同处理境外知识产权纠纷，减少被侵害人的损失。事后机制要求建立完善知识产权纠纷应诉激励制度，鼓励被侵权人积极应诉，培育广州市企业敢于应对恶意诉讼的"亮剑"精神，维护自身合法权益。积极开展市内相关区域的知识产权维权援助和保护工作站启动会，以增强企业知识产权保护意识，将维权援助服务深入企业和专业市场。❶ 采取"引进来"和"走出去"的方式，最大限度地为全市企业提供

---

❶ 荔湾区知识产权维权援助和知识产权保护工作站成立［EB/OL］．［2021 – 03 – 30］．https：//www. gdkjb. com/view – 12919. html．

高效服务。"引进来"即积极邀请企业代表到维权援助中心参观，向企业代表具体讲解业务操作流程和中心的建立对广州知识产权发展的意义。"走出去"即维权援助中心定期为企业开展培训，邀请相关专家讲解外观设计专利，为企业普及专利审查、快速维权等方面的知识，指导并严格规范企业提交的外观设计专利申请文件，提高审查通过率。

（三）进一步促进知识产权运用

深入贯彻落实国家、省有关加强知识产权运用的文件精神，积极落实《广州市开展知识产权运营服务体系建设实施方案（2018—2020 年)》，加快推进运营服务体系建设，提高知识产权运用水平。

1. 提升知识产权产业化运用水平

知识产权产业化运营可以包含两种情况，一是企业将知识产权作为产业化的对象，二是知识产权与产品产业化的融合。前者如自有专利技术的实施和应用；后者如专利信息的检索分析，为产品研发提供参考和借鉴，在产品开发、生产过程中进行的专利布局等。这些产业化方面的知识产权运营活动能够提升产业化效率和质量、保障产业化安全、降低产业化风险，最终实现经济利益的创收和增收。❶ 广州市可以从知识产权的利益分配、风险承担、人才流动制度等方面建立健全知识产权转化运用的政策体系，完善企业主体、市场导向、产学研结合的知识产权产业化运用机制。组建产业知识产权联盟，推动知识产权产业化。推动企业组建产业专利联盟，通过联合授权、交叉许可、运营合作等方式实现知识产权商业化运用，获得具有行业核心竞争力的专利资产池；建立健全专利技术产业化评估考核机制和配套奖励措施。

2. 继续完善知识产权密集型产业发展体系

大力培育知识产权密集型产业，重点支持一批核心关键技术、创新领先技术、高价值专利的产业化项目实施，对重点领域、重点企业、重点项目进

---

❶ 从国务院机构改革看企业知识产权的市场化运营［EB/OL］.［2021 - 04 - 17］. http：//www.iprdaily.cn/article_18536.html.

行重点扶持，推动产业转型升级，引导形成知识产权密集型产业集群。进一步完善知识产权转化运用激励政策，对行业内的龙头企业、标杆企业的研发创新给予政策支持，完善知识产权市场运行体制机制，大力发展专利密集型产业，持续提升知识产权质押融资额、合同成交额、使用费进出口额等关键指标，带动产业结构升级。

3. 积极完善知识产权运营服务体系

积极开展国家重点产业知识产权运营服务试点工作，发挥财政资金引导作用，带动社会资本共同设立重点产业知识产权运营基金；支持建立多层次的知识产权交易市场，重点推动广州知识产权交易中心等服务机构开展知识产权运营服务。通过出政策、投资金、搭平台等方式积极完善知识产权高效运营，划拨专项资金，设立知识产权保护、维权援助资助项目，促进知识产权与市场、资本、人才、服务等要素对接，加速知识产权转移转化。推动建设全国首家知识产权金融服务中心、全省首家重点知识产权运营中心和广东军民融合知识产权运营平台，支持广州知识产权交易中心与新加坡知识产权交易所合作共建国际知识产权交易平台，构建多层次知识产权运营平台。

4. 完善知识产权投融资服务体系

逐步完善市场化的知识产权投融资服务体系，通过知识产权质押融资服务平台引导银行、服务机构加强合作，开展知识产权证券化试点，完善知识产权价值评估、企业融资增信和知识产权质押融资等制度，拓宽知识产权融资渠道，促进科技成果资本化。❶ 支持开展知识产权证券化交易试点，共同为企业开展专利质押融资提供服务；大力发展产业金融新业态，推动广州科技型中小微企业知识产权金融服务快速发展；鼓励金融机构创新知识产权金融产品，引导企业积极通过市场机制解决融资需求；发挥知识产权质押融资风险补偿基金作用，支持银行、评估、保险等机构广泛参与知识产权金融服务，促进知识产权质押融资工作实现规模化、常态化发展；加快培育和规范专利

---

❶ 科技部、深圳市人民政府：支持深圳开展知识产权证券化试点［EB/OL］．［2021 - 04 - 17］．http：//www. iprdaily. cn/article_27166. html.

保险市场，着力推广专利申请险、侵权险、维权险以及专利代理师责任险等险种。

（四）进一步提升知识产权质量

1. 促进知识产权创造提质增量

充分发挥企业的主体作用，全面提高优质专利、驰名商标、精品著作权的产出与供给；赋予科研人员职务科技成果所有权或长期使用权、技术要素市场化配置、专业化技术转移机构建设、技术经理人培养、科技成果展览展示、科技成果评价等方面创新机制，明确质量导向，加大知识产权要素在各类科技项目中的权重，进一步激发科研人员创新积极性，促进科技成果转移转化。❶ 高度重视知识产权培优工作，进一步增强全市知识产权优势、示范企业的创造能力，在支柱产业、战略性新兴产业培育一批创新水平高、市场价值大的专利、商标和著作权。

2. 培育知识产权强企和示范单位

支持企事业单位贯彻实施知识产权管理规范国家标准；在政策上激励已经获得国家、省知识产权优势（示范）企业维持其竞争优势，并扶持新一批国家、省知识产权优势（示范）企业。鼓励企业在关键技术、核心领域、新兴产业方面进行专利布局，支持有条件的企业探索推进知识产权跨国并购，以知识产权优势增强国内外市场竞争力。

3. 培育知识产权密集型产业

配套国家级保护中心建设和运营专项预算资金。对新设立的国家级保护中心、快速维权中心给予资金扶持。鼓励新一代信息技术、人工智能、生物与健康、新材料与高端装备制造、新能源与节能环保等战略性新兴产业形成产业集聚，构建以集聚区企业为主导，科研院所、高等学校、金融机构、中

---

❶ 赋予科研人员职务科技成果所有权或长期使用权试点工作推进会在京召开 [EB/OL]. [2021 – 04 – 17]. http：//www. most. gov. cn/kjbgz/202101/t20210114_160732. htm.

介服务机构等多方参与的知识产权运用体系，大力培育高价值专利组合，打造知识产权密集型产业集聚区，发挥集聚优势，强化技术性贸易壁垒应对，形成产业竞争新优势。

4. 推动知识产权集聚核心区的建设

鼓励和支持全市重点科技园区逐步建成知识产权创造核心区、知识产权产出特色区；重点支持广州高新区、中新广州知识城、科学城、民营科技园、智慧城、琶洲互联网创新集聚区、生物岛、大学城、国际创新城、南沙明珠科技城、番禺节能科技园等科技园区建设知识产权创造、运用、服务集聚核心区，推进国家商标品牌创新创业（广州）基地建设，发挥知识产权创造运用的集聚辐射效应，打造广州园区知识产权创造长廊。

（五）进一步加强知识产权人才培养与交流

1. 加强知识产权人才培养

（1）强化知识产权人才法制化思维

立足法治化、以法学教育为中心来开展知识产权人才培养。在贸易全球化的今天，涉外知识产权法律人才的培养是当务之急。要与海外高校建立知识产权人才交流互访机制，学习和研究知识产权的国际知识和国际规则。要建立知识产权人才从事国际知识产权事务的渠道和机制，推进知识产权人才走出去，在国际舞台上发挥更加积极的作用。善于运用法治思维，依据国际知识产权法律规则来应对跨国贸易的知识产权问题，防范法律风险，更好维护国家主权、安全和企业自身利益。

（2）提升知识产权人才国际化水平

积极探索海外高层次人才的引进机制和激励机制，畅通与海外知名高校的知识产权人才流入通道。积极拓展中新广州知识城与新加坡在人才培养领域的合作。以北京大学粤港澳大湾区知识产权发展研究院为基础，引入美国加州大学伯克利分校、新加坡知识产权学院等教育资源，创新知识产权人才培养模式，培养具有国际视野和较强实战能力的知识产权运营类高端人才。

（3）增强知识产权人才科技能力

建立与现代科技企业联合培养知识产权人才的联动机制，与前沿科技领域的研发深入结合。通过校企合作，建立实务专家库制度，大量吸收各科技领域的知识产权实务专家，发挥专家们精通前沿科技知识，又具备丰富的知识产权实务经验的优势，是确保产教融合的知识产权人才培养模式富有成效的关键。广泛建立科技前沿领域的知识产权实务专家授课制度，邀请实务专家进高校担任课程导师和培养导师，由实务专家来设立相关科技领域的知识产权课程，如量子技术、生物技术知识产权专题等实践课程，着重培养知识产权技能人才。

（4）开展知识产权人才学习培训

在方法上，引导知识产权人才务求实效。● 通过"走出去、请进来"，通过参观、会议研讨、国际交流合作等途径开阔视野、开拓思路。鼓励"学思践悟"相结合，提倡结合本职撰写工作思考、体会文章和学术论文，把感性认识上升为理性认识。在内容上，以课题研究为牵引，比如加强知识产权信息化、智能化基础设施建设；研究实行差别化的产业和区域知识产权政策；健全大数据、人工智能、基因技术等新领域新业态知识产权保护制度，及时研究制定传统文化、传统知识等领域保护办法；深度参与世界知识产权组织框架下的全球知识产权治理；加强事关国家安全的关键核心技术的自主研发和保护，依法管理涉及国家安全的知识产权对外转让行为等，以培训方式加强知识产权人才主动学习研究的能力。

2. 提高知识产权交流合作水平

将中新广州知识城打造成为中新两国与时俱进的全方位合作伙伴关系新典范，成为"一带一路"建设和粤港澳大湾区建设的重要平台载体。● 深化中新广州知识城与新加坡的科技创新和产业合作，推进知识城制度创新与政策创新，发挥新加坡在科技创新、产业发展方面的特色优势，依托腾飞广州

● 中国知识产权报. 大力加强知识产权人才队伍建设 [EB/OL]. [2021 - 03 - 30]. http：// www. iprchn. com/cipnews/news_content. aspx？ newsId = 126847.

● 广东省人民政府关于印发中新广州知识城总体发展规划（2020—2035 年）的通知 [EB/OL]. [2021 - 03 - 30]. http：//www. gd. gov. cn/xxts/content/post_3116521. html.

科技园、中新国际联合研究院、新加坡国际制造创新中心、中新国际智慧产业园等标志性项目，重点开展新一代信息技术、人工智能、生物医药、新材料新能源等领域的科技合作研究。鼓励和引导新加坡企业、高校、科研院所建立高水平协同创新平台，加快中新国际科技创新合作示范区建设，加大双方在全球战略性新兴产业及总部经济方面的招商引资力度和资源投入，引导符合中新广州知识城发展方向的投资项目优先落户。扎实推进中新广州知识城与新加坡在知识产权领域的合作。落实中国和新加坡政府间知识产权领域合作谅解备忘录中的相关事项，促进两国相应的知识产权机构和组织在中新广州知识城开展业务交流与合作，支持新加坡专利代理等服务机构试点设立常驻代表机构，在依法合规前提下，支持新加坡金融机构在知识城开展知识产权金融创新，打造"国际知识产权创新服务中心"，进一步开放双边跨境知识产权服务领域。

第 5 章　深圳市知识产权报告

2020 年，为了贯彻落实习近平总书记关于深圳改革发展的重要指示批示精神和《中共中央　国务院关于支持深圳建设中国特色社会主义先行示范区的意见》有关要求，积极稳妥做好综合授权改革试点工作，中共中央办公厅、国务院办公厅印发了《深圳建设中国特色社会主义先行示范区综合改革试点实施方案（2020—2025 年）》，明确要把深圳打造成为保护知识产权的标杆城市。2020 年，一方面，深圳市努力打造知识产权先行示范样板，取得了丰硕成果。深圳市国内专利授权量为 222412 件，居全国首位，同比增长 33.49%；每万人口发明专利拥有量达 119.1 件，约为全国平均水平的 8 倍，有效发明专利 5 年以上维持率达 83.77%；PCT 专利申请量为 20209 件，连续 17 年居全国首位。在第 21 届中国专利奖评审中，深圳市获中国专利金奖 3 项、外观设计金奖 2 项，获广东省专利金奖 8 项。商标申请量为 584659 件，同比增长 16.72%；累计有效注册商标量达 1730268 件，同比增长 23.88%；商标申请量和注册量等指标均居全国首位。此外，深圳市获全国版权示范单位（软件正版化）2 项、全国版权示范园区（基地）1 项。另一方面，深圳市出台了一系列与知识产权相关的地方性法规和政策措施，进一步完善了深圳市知识产权保护的政策和法规体系。

一、深圳市知识产权制度和政策

为了更好地推动知识产权创造、运用及保护，解决知识产权发展路上的各类"拦路虎"，2020 年，深圳市先后出台了一系列促进深圳市知识产权发展的法规政策，其主要包括如下七个方面。

（一）加强知识产权保护立法

为了适应深圳市知识产权保护的实际需要，激发知识产权创新发展的潜力，深圳市对 2018 年《深圳经济特区知识产权保护条例》（以下简称"旧条例"）进行了修正，形成新的《深圳经济特区知识产权保护条例》（以下简称"新条例"），并于 2020 年 6 月 30 日经深圳市第六届人民代表大会常务委员会会议表决通过，修正内容主要如下。

1. 新增司法保护的规定

旧条例在第二条将"适用范围"限定为"特区知识产权保护工作机制、行政执法、公共服务、自律管理、信用监管等适用本条例"，对"司法保护"没有明确提及，而新条例在第二条"条例适用范围"中加入了"司法保护"的表述，并增加一章"司法保护"作为第四章，以彰显司法保护的重要性。与此同时，增加相应的条文对条例中涉及司法保护的内容进行补充，首先，为了强化知识产权司法保护，在新条例中增加一条作为第 31 条，"人民法院、人民检察院、公安机关应当依法履行知识产权保护职责，在办理知识产权案件中分工负责，互相配合，强化知识产权司法保护；加强知识产权行政执法与刑事司法衔接，建立行政机关和司法机关信息共享、案件移送、协调配合、监督制约、责任追究等工作机制，保证涉嫌知识产权犯罪案件依法及时进入司法程序。"其次，为了强化司法保护的公开性，在新条例中增加一条作为第 32 条，"人民法院、人民检察院、公安机关应当依照有关规定协商统一知识产权刑事案件的立案、追诉和裁判标准，并向社会公开。"最后，为深入推进知识产权民事、刑事、行政案件"三合一"审判机制改革，在新条例第 33 条明确规定"人民法院应当深入推进知识产权民事、刑事、行政案件'三合一'审判机制改革"。

2. 加强与粤港澳大湾区的知识产权保护交流合作

为了加强与粤港澳大湾区的知识产权保护交流合作，新条例增加了第 9 条的规定："市人民政府应当加强与粤港澳大湾区其他城市的知识产权保护交流与合作，推动知识产权保护跨境协作、纠纷解决、信息共享、学术研究、人才培养等工作。"

3. 设立技术调查官制度

近年来，深圳法院受理的知识产权案件数量大、专业性强，审判任务繁重。在知识产权案件审判实践中，亟需技术调查官为知识产权案件审理活动提供专业技术支持，以缓解审理压力，提升审判质量和效率。因此，新条例规定，深圳市中级人民法院可以配备技术调查官，并明确其具体职责，包括对技术事实调查范围、顺序、方法等提出意见；参与调查取证、勘验、保全，并对其方法、步骤和注意事项等提出意见；参与询问、听证、庭前会议、开庭审理；提出技术调查意见；协助法官组织鉴定人、相关技术领域的专业人员提出意见；根据需要列席合议庭评议等有关会议；完成其他相关工作。而技术调查官的具体管理办法则由深圳市中级人民法院另行制定。

4. 完善知识产权"行政禁令"制度

如何以"短"周期解决"快"维权，一直是司法实践中关注的焦点，这也是新条例修正的重点之一。知识产权相关立法对知识产权行政执法的直接责令停止侵权作出规定，但条件比较严格，适用范围比较窄。而新条例完善了行政禁令制度，落实知识产权"快保护"的要求。新条例第28条规定："权利人或者利害关系人投诉知识产权侵权行为，市主管部门或者其他管理部门对有证据证明存在侵权事实的，可以先行发布禁令，责令涉嫌侵权人立即停止涉嫌侵权行为，并依法处理。发布禁令前，可以要求权利人或者利害关系人提供适当担保。经调查，侵权行为不成立的，应当及时解除禁令。

"涉嫌侵权人对禁令不服的，可以依法申请行政复议或者提请行政诉讼。

"涉嫌侵权人拒不执行禁令停止涉嫌侵权行为，经认定构成侵权的，按照自禁令发布之日起的违法经营额的两倍处以罚款。违法经营额无法计算或者违法经营额五万元以下的，处以三万元以上十万元以下罚款。"

此外，新条例还规定在行政禁令中电子商务平台经营者，须配合采取删除、屏蔽、断开链接、终止交易等措施。

5. 建立知识产权惩罚性赔偿制度

知识产权侵权损害赔偿过低一直是困扰我国知识产权保护的难题。近年来，我国修改知识产权相关法律，对故意侵犯知识产权情节严重的行为建立了惩罚性赔偿制度。该修正在依照国家法律规定的幅度确定惩罚性赔偿数额的基础上，结合深圳实际情况，规定了六种侵权情形，从重确定惩罚性赔偿数额，以强化针对性和可行性。包括：与权利人之间的代理、许可关系终止后，未经权利人同意继续实施代理、许可行为构成侵权并造成重大损失的；拒不履行人民法院行为保全裁定继续实施相关侵权行为；在人民法院作出认定侵权行为成立的裁决后再次实施相同侵权行为；拒不执行新条例第28条规定的禁令，导致权利人损失扩大；在行政机关作出认定侵权行为成立的行政处理决定后再次实施相同侵权行为；其他需要从重确定惩罚性赔偿数额的情形。

6. 建立知识产权侵权投诉处理机制

为了解决旧条例应对知识产权侵权投诉"无门"的情况，新条例建立知识产权侵权投诉处理机制，在第54条规定电子商务平台经营者应当建立知识产权侵权投诉处理机制，以加强知识产权保护。

7. 规定重复侵犯同一知识产权的加重处罚

为了解决旧条例中对重复侵犯同一知识产权的处罚过轻的问题，新条例第57条规定，参展方在同一展会主办单位举办或者承办单位承办的展会活动上再次侵犯他人知识产权，或者在展会期间两次以上侵犯他人知识产权的，展会主办单位或者承办单位应当在两年内禁止该参展方参加其举办或者承办的展会活动。

8. 构建知识产权失信联合惩戒机制

旧条例第47条建立了失信惩戒机制，但此种机制已经难以应对不断发展的实践需要，于是新条例将失信惩戒机制修改为失信联合惩戒机制。新条例第59条规定，深圳市主管部门应当建立健全知识产权信用评价、诚信公示和失信联合惩戒机制，将自然人、法人和非法人组织的下列知识产权失信违法信息纳入公共信用信息系统：①知识产权司法裁判和行政处罚；②涉嫌侵犯他人知识产权，隐匿证据、拒不接受调查，妨碍行政执法；③在政府投资项目、政府采购和招标投标、政府资金扶持、表彰奖励等活动中被认定侵犯他人知识产权；④在政府投资项目、政府采购和招标投标、政府资金扶持、表彰奖励等活动中提供虚假知识产权申请材料或者违背知识产权合规性承诺；⑤其他应当纳入的侵犯他人知识产权的信息。此外，建立知识产权失信违法重点监管名单制度。市主管部门可以根据自然人、法人和非法人组织知识产权失信违法严重程度，确定重点监管名单，并向社会公布。

（二）鼓励科技创新发展

为补齐科技创新发展短板，鼓励科技创新，《深圳经济特区科技创新条例》经深圳市第六届人民代表大会常务委员会第四十四次会议于 2020 年 8 月 26 日通过，并于 2020 年 11 月 1 日起实施。该条例的创新规定主要如下。

1. 重视基础研究，规定投入不低于市级科研资金的 30%

该条例在全国率先以法规形式规定，深圳市人民政府投入基础研究和应用基础研究的资金应当不低于市级科技研发资金的 30%，支持企业及其他社会力量通过设立基金、捐赠等方式投入基础研究和应用基础研究。企业用于资助基础研究和应用基础研究的捐赠支出，可以按照有关规定参照公益捐赠享受有关优惠待遇。

2. 强化对科技人员的激励

该条例第 37 条将对科技人员的激励由"先转化后奖励"转变为"先赋权后转化"，明确规定："全部或者主要利用财政性资金取得职务科技成果的，高等院校、科研机构应当赋予科技成果完成人或者团队科技成果所有权或者长期使用权，但是可能损害国家安全或者重大社会公共利益的除外。

"依据前款规定，赋予科技成果完成人或者团队科技成果所有权的，单位与科技成果完成人或者团队可以约定共同共有或者按份共有。约定按份共有的，科技成果完成人或者团队持有的份额不低于百分之七十；赋予科技成果完成人或者团队科技成果长期使用权的，许可使用期限不少于十年。"

3. 确立公司"同股不同权"制度

由于大多数科技企业创业时注册资本比较少，发展过程中经历多轮股权融资，导致企业创始股东及其他对公司科技创新有重大影响股东的持股比例不断被稀释，逐渐失去对公司的控制权。该条例第99条不同于《公司法》关于公司实行"一股一权""同股同权"的规定，在国内法规中首次确立公司"同股不同权"制度，规定在深圳市依照《公司法》登记的科技企业可以设置特殊股权结构，在公司章程中约定表决权差异安排，在普通股份之外，设置拥有大于普通股份表决权数量的特别表决权股份。有特别表决权股份的股东，可以包括公司的创始股东和其他对公司技术进步、业务发展有重大贡献并且在公司的后续发展中持续发挥重要作用的股东，以及上述人员实际控制的持股主体。设置特殊股权结构的公司，其他方面符合有关上市规则的，可以通过证券交易机构上市交易。这一制度的确立，有利于保护公司创始股东权益，激发引进资本积极性，吸引全球创新人才来深圳市创业，对深圳市的科技创新具有重要意义。

4. 建立科技成果决策尽职免责机制

科技成果决策的不确定因素较多，决策风险较高，为了解决高等院校、科研机构科技成果决策的后顾之忧，该条例建立了科技成果决策尽职免责机制，在第40条规定，高等院校、科研机构有关负责人履行勤勉尽职义务，严格执行决策、公示等管理制度，没有牟取非法利益或者恶意串通的，可以免予追究其在科技成果定价、自主决定资产评估以及职务科技成果赋权中的决策失误责任。

5. 推动知识产权质押融资和证券化

该条例规定，市、区人民政府可以建立知识产权质押融资风险补偿机制，设立知识产权质押融资坏账补偿和贴息专项资金，支持金融机构开展知识产权质押融资业务。企业以知识产权开展质押融资，符合条件的，可以由财政性资金给予贴息贴保。推动知识产权证券化，推进以知识产权运营未来收益权为底层资产发行知识产权证券化产品。企业成功发行知识产权证券化产品的，市、区人民政府可以给予适当补贴。证券化产品中的知识产权许可在税收管理中视为融资行为。

6. 加强粤港澳大湾区科技创新合作

为了加强与粤港澳大湾区其他城市的科技创新合作，该条例支持开展跨行政区科学技术攻关、共建科技创新平台、知识产权保护等工作，支持发起或者参与国际大科学计划和大科学工程建设。

该条例还首次通过经济特区法规规定，支持香港、澳门高等院校、科研机构承接深圳市财政性资金设立的科技项目，建立和完善财政科技资金跨港澳使用机制。

（三）推动数字经济产业创新发展

为深入贯彻落实《中共中央 国务院关于支持深圳建设中国特色社会主义先行示范区的意见》《国家数字经济创新发展试验区实施方案》《深圳市建设中国特色社会主义先行示范区的行动方案（2020—2025 年）》等文件精神，抢抓数字经济产业密集创新和高速增长的战略机遇，加快推动城市数字经济产业创新发展，着力打造国家数字经济创新发展试验区，深圳市工业和信息化局于 2020 年 12 月 25 日牵头推动出台了《深圳市数字经济产业创新发展实施方案（2021—2023 年）》。该实施方案主要内容分为总体要求、重点领域、重点任务、保障措施四个部分。

1. 总体要求

总体要求分为产业定义、发展思路和发展目标。产业定义明确了数字经济产业主要包括软件和信息技术服务业，互联网和相关服务业，电信、广播电视和卫星传输服务业及其与各行各业融合衍生出的新兴业态。发展思路是以"数字产业化"和"产业数字化"为主线，从供给侧和需求侧双向发力，大力培育数字经济产业新技术、新业态新模式，强化创新驱动，培育应用市场，优化空间布局，完善产业生态，发展数字生产力。发展目标是产业规模持续扩大、创新能力显著提升、支撑体系更加完善和集聚效应明显增强。

2. 重点领域

该实施方案提出深圳市数字经济产业发展的 12 个重点领域，包括高端软件产业、人工智能产业、区块链产业、大数据产业、云计算产业、信息安全产业、互联网产业、工业互联网产业、智慧城市产业、金融科技产业、电子商务产业、数字创意产业。由于数字经济产业涉及的领域较广，国家和各省市有关政策文件关于数字经济产业划分的情况也不尽相同，尚未有统一的划定。该实施方案根据深圳市战略性新兴产业实施方案中对数字经济产业的描述，围绕信息服务业的新兴业态，重点考虑深圳市的产业定位、发展优势，对有一定产业基础的细分领域予以重点扶持。

3. 重点任务

该实施方案围绕数字经济产业发展的难点问题，提出深圳市数字经济产业发展的 9 项重点任务，包括提升科技创新引领能力、推动信息技术应用创新、深化制造业数字化转型、加快服务业数字化应用、优化数字经济产业布局、发挥数据要素核心价值、夯实新型信息基础设施、打造数字经济公共服务平台、深化国内外合作与交流等。

4. 保障措施

为确保重点领域和重点任务的顺利推进实施，该实施方案提出了强化组织领导、创新体制机制、加强资金支持、注重人才引培等保障措施。

（四）促进工业设计发展

为贯彻落实《中共中央 国务院关于支持深圳建设中国特色社会主义先行示范区的意见》，进一步完善深圳市工业设计创新发展支撑体系，在更高的起点上，全局性、系统性地推动工作落实，培育工业设计骨干领军企业和领军人才，促进深圳市工业设计高质量发展，更好地发挥工业设计对深圳市制造业转型升级和提质增效的引领作用，基于党中央、国务院对深圳市经济社会发展的最新定位和产业发展实际，立足当前，更着眼未来，深圳市工业和信息化局于 2020 年 5 月 16 日牵头推动出台了《关于进一步促进工业设计发展的若干措施》，具体措施如下。

第一，培植更高能级的工业设计创新能力。加强工业设计基础研究，强化工业设计创新载体建设，争创国家级工业设计研究院。

第二，推动更高质量的工业设计创新发展。提升深圳工业设计的辐射能力，实施"深圳工业设计"品牌战略，推动工业设计国际化发展，推动工业设计产业集聚发展。

第三，发挥更强有力的耦合贯通引领作用。引领先进制造业向服务型制造加速转型，引领优势传统产业转变增长方式，引领中小微制造企业加快成长步伐，深化工业设计与社会、文化和环境建设的引领融合。

第四，构建更多元化的人才培育体系。改革工业设计人才教育模式，完善工业设计特色培育体系，创新工业设计人才成长激励机制，加大高端人才引进力度。

第五，搭建更加完善的公共服务支撑网络。建立工业设计研究服务体系，搭建协同创新服务支撑平台，搭建交流合作展示交易平台，营造良好的工业设计文化风尚。

第六，营造更加优化的产业发展生态。落实财政资金与金融政策支持，建立和完善知识产权保护与激励机制，建立工业设计产业统计调查制度，加强工业设计的宣传推广。

（五）打造中国特色社会主义科技创新先行示范区

为贯彻落实《中共中央 国务院关于支持深圳建设中国特色社会主义先行示范区的意见》，推动深圳在科技创新治理体系上率先破题，率先建成国际化创新型城市和具有国际竞争力的创新创业创意之都，率先形成现代化经济体系，发挥科技创新在中国特色社会主义先行示范区建设中的支撑引领作用，科技部、深圳市人民政府于 2020 年 7 月 4 日联合印发《中国特色社会主义先行示范区科技创新行动方案》，具体内容如下。

1. 总体目标

到 2025 年，深圳市全社会研发投入占地区生产总值（GDP）比重力争达到 4.8%，PCT 专利申请量超过 2.5 万件，战略性新兴产业增加值占 GDP 比重超过 38%，建成现代化国际化创新型城市，为落实 2030 年可持续发展议程提供中国经验。到 2035 年，深圳市高质量发展成为全国典范，全球高端创新人才、创新要素和高科技企业高度集聚，形成若干具有创新竞争优势的全球性产业集群，建成具有全球影响力的创新创业创意之都。

2. 建设国际科技创新城市

支持深圳市对标全球创新型城市前列，以深圳国家自主创新示范区为主要载体，加快建设重大科技创新平台和载体，集聚全球高端创新资源，形成世界一流的科技创新能力，为新时代国家创新型城市建设树立标杆。包括支持深圳市强化产学研深度融合的创新优势，以深圳市为主阵地建设综合性国家科学中心，加大国家重点实验室和国家重大科技基础设施等在深圳市的统筹布局和建设力度；支持深圳市建设光明科学城、河套深港科技创新合作区深圳园区、西丽湖国际科教城、坪山—大鹏粤港澳大湾区生命健康创新示范区，加快组建全新机制的医学科学院；支持深圳市建设全球海洋中心城市，加快组建海洋大学和深海科考中心；创新河套深港科技创新合作区管理机制等。

3. 建设国际领先的现代产业技术体系

统筹推进基础研究和应用基础研究、关键核心技术攻关、新产业新业态培育，建设具有国际竞争力的创新高地，为现代化经济体系建设提供经验、树立榜样。包括支持深圳市创新主体承担国家重大基础研究项目，建设国家级重大基础科研平台；支持深圳市强化关键核心技术攻关，优化和创新支持方式；支持深圳市以国家高新技术产业开发区"一区两核多园"为主阵地等。

4. 建设国际可持续发展先锋城市

加快构建绿色技术创新体系，建设国家可持续发展议程创新示范区，为落实 2030 年可持续发展议程提供中国经验。包括研究制定绿色技术创新企业认定标准规范和配套支持政策措施，培育绿色技术创新企业；支持深圳市高校设立绿色技术相关学科专业，选择部分职业教育机构开展绿色技术专业教育试点，加强绿色技术创新人才培养；支持深圳市在绿色技术领域加强重点实验室、工程研究中心、技术创新中心、企业绿色技术中心等国家级创新基地平台建设；支持深圳市部署实施一批科技重大任务，推动关键核心绿色技术攻关，研发一批具有自主知识产权、达到国际先进水平的关键核心绿色技术，提升原始创新能力。

5. 建设科技创新治理样板区

以系统推进全面创新改革试验为统领，完善科技创新法律法规和政策，深化科技体制改革，建设科技创新治理样板区。包括支持深圳市制定新型研发机构项目申请、分类支持等配套政策；支持深圳市开展知识产权证券化试点，完善知识产权价值评估、企业融资增信和知识产权质押融资等制度，拓宽知识产权融资渠道，促进科技成果资本化；支持深圳市建设知识产权和科技成果产权交易中心。推动国家技术转移南方中心建设。以及综合应用大数据、云计算、人工智能等技术，开展社会治理智能化试验示范，加快形成大数据与人工智能驱动下的智慧城市示范应用。

（六）支持深港科技创新合作区深圳园区科研及创新创业

《中共中央　国务院关于支持深圳建设中国特色社会主义先行示范区的意见》中提出，"加快深港科技创新合作区建设，探索协同开发模式，创新科技管理机制，促进人员、资金、技术和信息等要素高效便捷流动"。深圳市为了落实中央设立深港科技创新合作区的决策部署，推动合作区科技创新体制机制改革，利用好香港国际化科研资源和人才优势，争取成为深圳市国际化创新先导区，利用跨境国际化优势，主动在体制机制改革方面进行探索。深圳市福田区人民政府于 2020 年 8 月 10 日通过了《深港科技创新合作区深圳园区科研及创新创业若干支持措施》。

该若干支持措施对深圳园区科研活动进行体制机制创新，重点支持符合深圳园区重点科研领域和方向（医疗科技、大数据及人工智能、机器人、新材料、微电子、金融科技六大领域）以及面向未来的前沿科技探索。鼓励境内外知名科研院所、研发型企业等创新主体投资建设国际化基础研究和应用基础研究机构、高端技术创新平台、科技企业孵化器等创新平台。鼓励深圳园区科研人才队伍建设工作，提供全方位配套服务支持。

此外，该若干支持措施着力推动科技体制机制改革，全面接轨国际科研管理体制机制。在管理模式、项目准入、经费管理、人才决策权和评价机制等方面对接国际，有利于在合作区营造良好的科技创新生态环境，吸引国际一流科研机构与人才入驻合作区。

最后，深圳园区可充分发挥其独特的"平台"和"通道"作用，推动建设国际一流的科研实验设施集群，集聚全球高端创新要素资源，汇聚国际顶尖科技人才，加快创建高度国际化的综合性国家科学中心。

（七）规范适用知识产权侵权纠纷惩罚性赔偿

《深圳建设中国特色社会主义先行示范区综合改革试点实施方案（2020—2025年）》明确要求深圳市要打造成为保护知识产权标杆城市，建立知识产权侵权惩罚性赔偿制度。《深圳建设中国特色社会主义先行示范区综合改革试点首批授权事项清单》在清单事项第17条关于开展新型知识产权法律保护试点任务中，明确要求建立惩罚性赔偿制度，归纳"恶意"情形，将"情节严重"视作确定惩罚性赔偿金倍数的依据，赔偿数额充分反映知识产权市场价值。为此，深圳市中级人民法院积极推进授权清单事项的落地落实，于2020年12月14日制定出台了全国首个《关于知识产权民事侵权纠纷适用惩罚性赔偿的指导意见》。

该指导意见规定惩罚性赔偿需由权利人主动提出请求，权利人对其主张侵权人承担惩罚性赔偿责任负有举证义务，应当证明以下事实：侵权行为是否成立、侵权人是否存在主观故意、侵权行为是否属于情节严重、惩罚性赔偿的基数能否确定。该指导意见还明确了"故意"是指侵权人主观上明知自己的行为会导致侵权结果的发生，而希望或放任这种结果发生。侵权人因过失导致侵权的，一般不构成"故意"，并具体规定了故意和情节严重的认定因素。

该指导意见确定了惩罚性赔偿的基数，包括权利人因被侵权所受到的损失、侵权人因侵权所获得的利益，许可使用费的合理倍数，但不包括权利人的维权合理开支。详细规定了计算各个项目时的考虑因素，以及综合裁量确定赔偿基数时的考量因素。明确赔偿倍数的确定应与侵权人的主观恶意程度及情节严重程度相适应。惩罚性赔偿的倍数应在法定倍数范围内，可以不是整数，并规定了确定赔偿倍数的考虑因素。此外，还规定了惩罚性赔偿与行政罚款及刑事罚金的关系等。

该指导意见的出台，为司法实践适用惩罚性赔偿提供有效指引，有力打击和遏制恶意侵权、重复侵权行为，为建立健全符合知识产权审判规律和本质要求的诉讼制度体系提供有益试点经验，为贯彻创新驱动发展战略、保障"双区"建设提供有力司法保障。目前，适用惩罚性赔偿判决各类案件赔偿额已超亿元。

二、深圳市知识产权发展状况

近年来，深圳市深入实施创新驱动发展战略，深圳市政府为实现共创知识产权强国建设高地的战略目标，坚持实施制度创新、政策创新、机制创新等改革标杆工程，推动中国（深圳）知识产权保护中心、国家海外知识产权纠纷应对指导中心深圳分中心等"四中心一基地"等国家级平台落户，建设国家知识产权强市和运营服务体系试点城市，知识产权发展取得显著成就。

（一）知识产权优势企业发展状况

1. 国家级知识产权优势企业和示范企业

截至 2020 年，深圳市累计培育国家知识产权优势企业 73 家，国家知识产权示范企业 19 家，为实现知识产权强企发展目标、实施创新驱动发展战略、实现经济高质量发展提供有力支撑。

2. 广东省知识产权优势企业和示范企业

为深入贯彻创新驱动发展战略和知识产权战略，加快知识产权强省建设，广东省加强知识产权强企培育工作，突出企业的创新主体地位，并于 2020 年底，评选出 478 家企业为"2020 年度广东省知识产权示范企业"。其中，深圳市的菲鹏生物股份有限公司、丰宾电子（深圳）有限公司、广东百事泰医疗器械股份有限公司等 67 家公司获评"2020 年广东省知识产权示范企业"称号。

（二）知识产权取得状况

1. 专利申请和授权量

2020 年，深圳市知识产权产出继续保持稳定增长，数量和质量均有所提高，多项指标居全国前列。如表 5-1 至表 5-3 所示，2020 年深圳市国内专利申请量达 310206 件，同比增长 18.62%，其中，发明专利申请为 89869 件，同比增长 8.47%；实用新型专利申请量为 149430 件，同比增长 31.27%；外观设计专利申请量为 70907 件，同比增长 9.39%。2020 年深圳市国内专利授权为 222412 件，占全国专利授权总量 6.32%，占广东省专利授权量 31.34%，同比增长 33.49%，其中，发明专利授权量为 31138 件，同比增长 19.53%；实用新型专利授权量为 121613 件，同比增长 39.09%；外观设计专利授权量为 69661 件，同比增长 31.13%。深圳市有效发明专利量为 160046 件，占全省总量的 45.66%，占全国总量的 7.02%，同比增长 15.53%。深圳市每万人口发明专利拥有量达 119.1 件，约为全国平均水平的 8 倍，有效发明专利 5 年以上维持率达 83.77%；PCT 专利申请量为 20209 件，连续 17 年居全国首位，有效激发了深圳市创新创业活力，提升了创新主体的获得感。

2020 年 7 月 14 日，国家知识产权局发布了《国家知识产权局关于第二十一届中国专利奖授奖的决定》，第 21 届中国专利奖获奖单位中，深圳市获奖单位共计 70 项，其中，中国专利金奖 3 项、中国外观设计金奖 2 项、中国专利银奖 4 项、中国外观设计银奖 2 项、中国专利优秀奖 55 项、中国外观设计优秀奖 4 项，深圳市知识产权局获得第 21 届中国专利奖优秀组织奖。2020 年 9 月，大疆创新、中兴通信、中科院深圳先进院、光峰科技、先健科技等 8 家深圳企业和科研院所的专利项目被授予"第七届广东省专利金奖"。

表 5-1 2020 年深圳市专利数据总体情况

指标		总量/件	增速/%
专利申请量	发明	89869	8.47
	实用新型	149430	31.27
	外观设计	70907	9.39
专利授权量	发明	31138	19.53
	实用新型	121613	39.09
	外观设计	69661	31.13
末期有效发明量		160046	15.53

表 5-2 2020 年深圳市各区专利申请情况

区域	申请总量/件	发明/件	实用新型/件	外观设计/件	发明增速/%	实用新型增速/%	外观设计增速/%	申请总量增速/%
全市	310206	89869	149430	70907	8.47	31.27	9.39	18.62
宝安区	75606	11384	45441	18781	13.77	33.23	12.32	24.28
南山区	72917	37518	23830	11569	0.89	16.20	1.59	5.55
龙岗区	52789	14981	23401	14407	26.15	37.63	15.21	27.56
龙华区	37760	6324	21177	10259	37.54	34.84	20.50	31.03
福田区	23116	7966	10962	4188	-12.78	25.15	-10.24	2.47
光明区	21074	4771	12238	4065	25.52	43.72	26.12	35.62
罗湖区	12314	2922	4670	4722	11.02	23.74	-12.65	4.25
坪山区	11473	3201	6417	1855	9.10	37.88	12.90	24.29
盐田区	1932	332	639	961	40.68	78.99	41.74	52.01
大鹏新区	1071	430	563	78	4.88	50.53	18.18	26.00
深汕特别合作区	154	40	92	22	5.26	22.67	120.00	25.20

表 5 – 3 2020 年深圳市各区专利授权情况

区域	授权总量/件	发明/件	实用新型/件	外观设计/件	发明增速/%	实用新型增速/%	外观设计增速/%	授权总量增速/%
全市	222412	31138	121613	69661	19.53	39.09	31.13	33.49
宝安区	58345	2589	37141	18615	29.13	41.09	41.75	40.72
南山区	46269	12901	21365	12003	18.07	31.42	27.47	26.42
龙岗区	39932	7656	18661	13615	39.17	48.47	39.20	43.38
龙华区	26997	1131	16264	9602	10.34	33.99	43.04	35.83
福田区	16976	3440	9064	4472	– 3.61	43.49	15.29	23.33
光明区	14714	1465	9348	3901	8.28	41.87	53.76	40.41
罗湖区	8616	434	3415	4767	25.43	7.73	– 16.10	– 6.33
坪山区	8317	1251	5341	1725	28.84	54.14	19.29	41.40
盐田区	1512	166	488	858	– 31.40	90.63	76.54	53.66
大鹏新区	650	101	460	89	– 9.82	43.75	85.42	35.42
深汕特别合作区	84	4	66	14		135.71	180.00	154.55

2. 商标申请和注册量

2020 年，深圳市商标申请达 584659 件，同比增长 16.72%；累计有效注册商标量达 1730268 件，同比增长 23.88%，商标申请量和注册量等指标均居全国首位。根据有关统计，2020 年商标申请量全国排名前三的申请人中，深圳市企业占据了两个席位，分别是腾讯科技（深圳）有限公司（4223 件）和华为技术有限公司（3754 件）。2020 年，全国各市马德里商标国际注册申请量，深圳市以 653 件排名第一。从马德里商标国际注册指定国家次数看，2020 年广东省指定国家次数最多的申请人为华为技术有限公司，达到 5474 次，远超排名第二的申请人，第二名和第三名依次为江苏中烟工业有限责任公司（377 次）、深圳顺丰泰森控股（集团）有限公司（358 次）。

3. 著作权登记量

著作权登记能帮助著作权人确定和明确权利归属，保护权利人的相关经济利益。我国实行著作权自愿登记制度，著作权登记量不仅可以反映出当地各类作品和软件的创造、创新能力,而且可以体现出当地公众的著作权保护意识。从我国软件著作权登记地域排名情况来看,2020年广东、北京、江苏、上海、浙江、山东牢固占据全国省市排名前列,约占我国软件著作权登记总量的57%。2020年我国软件著作权登记过万件城市数量增长至30个,其中,深圳市排名第三,约占我国软件著作权登记总量的8%。深圳市单位荣获2020年全国版权示范单位(软件正版化)2项、全国版权示范园区(基地)1项。

(三)知识产权运营状况

2020年,深圳市积极进行知识产权转化运用机制优化创新,不断优化知识产权运营体系,建成市场化运作的中国(南方)知识产权运营中心,构建高价值专利培育、知识产权金融创新运营生态圈,出台全市知识产权质押融资、专利保险扶持政策,建立质押融资坏账补偿机制及风险补偿基金,创设重点产业知识产权运营及知识产权证券化试点,推进知识产权和科技成果产权交易中心建设,成立全国首家知识产权金融全业态联盟,推出全国首单线上知识产权质押融资保险业务,成立知识产权联盟累计达24家,数量居广东省首位。深圳市福田区建成广东省唯一"国家知识产权服务业集聚发展示范区",知识产权转化运用效益不断提高。

据统计,2020年深圳市共进行专利权质押登记337件,专利质押金额达96.71亿元,惠及企业300家,涉及专利1211件,平均每件专利权质押登记涉及的专利量为3.6件,其中,发明专利和实用新型专利占94.96%,共1168件。2020年深圳市商标质押登记12件,商标质押金额5.86亿元,涉及商标255件,平均每件商标质押金额229万元。

深圳市在国内首创以企业知识产权质押融资债权及附属担保权益作为底层资产、由市属国有企业小贷公司作为原始权益人的知识产权证券化发行模式,2020年发行知识产权证券化产品5单,发行总金额达14.28亿元。2020年3月20日,深圳市南山区高新投知识产权资产支持专项计划第一期"疫情专项产品"正式成立,发行规模3.2亿元,这是深圳市首单疫情防控专项知识产权证券化项目,也是南山区首单知识产权证券化产品。基础资产质押的知识产权共计 50 件，其中发明专利为 39 件，实用新型专利为 11 件。2020 年 4 月，深圳市坪山区百合隆知识产权质押融资顺利放款，标志着 2020 年坪山区首单纯知识产权质押融资业务成功落地。百合隆项目是中国（南方）知识产权运营中心金融创新产品"知易贷"成功落地的项目之一，具有低成本、高效率、短周期的特点，贷前成本低至 4.25%，15 个工作日可完成。项目以"企业＋平台＋金融机构"的融资创新模式，省去第三方增信机构，并为企业免费提供知识产权评估报告、知识产权风险诊断、质押知识产权风险预警、贷后知识产权价值跟踪服务、专项知识产权金融规划顾问服务等八大服务，降低企业的融资成本。2020 年 8 月，深圳市龙岗区首个知识产权证券化产品"龙岗区—平安证券—高新投知识产权 1－10 号资产支持专项计划"在深圳证券交易所成功获批，可发行金额 10 亿元。龙岗区知识产权证券化政策方向为：通过对完成知识产权资产证券化融资的民营企业给予补贴，加快推进龙岗区知识产权证券化产品落地，助力企业解决融资难、融资贵的问题。2020年 8 月 18 日，深圳市南山区高新投知识产权资产支持专项计划第二期"中小企业专场"正式成立，发行规模 2 亿元。这是深圳市首单中小企业专项知识产权证券化产品，项目基础资产质押的知识产权共计 59 件，其中发明专利 29件，实用新型专利 24 件，外观专利 1 件，软件著作权 5 件。2020 年 9 月 17日，由深圳市高新投集团发起的南山区高新投知识产权 3 期资产支持计划（5G 专场）正式成立。这是南山区知识产权证券化系列产品的第 3 期，也是国内首单 5G 专场资产证券化产品，发行规模为 4.55 亿元。

发行知识产权证券化产品，有助于有效满足轻资产运营的科技企业的融资需求，打通知识产权创造过程中的融资、交易、运营业务链条，促进企业知识产权的交易及运用。深圳市将按照中央关于全面深化资本市场改革的部署安排，持续推进市场债券和资产支持证券品种创新以及知识产权证券化发展。

（四）知识产权保护状况

为践行党的十九大"倡导创新文化，强化知识产权创造、保护、运用"的战略部署，深圳市在全国率先提出实施最严格的知识产权保护制度，打造具有全球竞争力、影响力的创新先行区，建立市、区、街道三级知识产权保护架构，实施专利、商标、著作权一体化管理，设立专业知识产权稽查机构，聚焦侵权纠纷新特点、新趋势，实施精准保护措施，开展跨区域、多部门联合专项行动，引进香港陪审员制度，推动诉讼案件赔偿额大幅提高，打造汇聚全市资源的"一站式"协同保护平台，建设行业知识产权保护网，初步构建行刑衔接顺畅、仲裁调解、专业机构、社会力量、行业自律多元联合的知识产权大保护体系。

1. 知识产权司法保护状况

据统计，2020年深圳市市公安机关受理知识产权案件621件，立案597件，破案499件，刑事拘留1298人。检察机关受理审查案件329件、逮捕552人。深圳市两级法院新收知识产权案件69661件，同比增长63.29%，审结69602件，首次下达关于对标准必要专利全球许可费率享有管辖权的裁定，充分发挥司法职能，服务和推动"一带一路"建设，为粤港澳大湾区建设、国家自主创新示范区建设、具有全球竞争力和影响力的创新先行区建设提供有力司法服务和保障。

值得一提的是，为了进一步加大知识产权刑事打击力度，强化电子商务、战略性新兴产业等重点领域执法，建立知识产权快速协同保护体系，深圳市中级人民法院加强与公安、检察以及行政执法机关协调配合，联合印发《关于办理侵犯知识产权刑事案件侵权产品价格认定相关问题的意见（试行）》《办理侵犯知识产权刑事案件若干问题的会议纪要》，统一知识产权犯罪案件证据审查、事实认定和法律适用标准，促进行政执法和刑事司法衔接。

2020年，深圳市南山区人民法院审理了全国首例认定人工智能生成的文章构成作品案，全国首例认定开发、运营虚假微信截图生成软件构成著作权侵权及不正当竞争案，全国首例针对用户交互式综合平台提起的垄断诉讼案等，规范互联网空间治理；依照法定赔偿额顶格判决案件7件，全额支持原告诉讼请求判决16件，加大民事保护力度和加强惩治犯罪行为；全年共审结涉外案件845件、涉港澳台知识产权案件837件，依法作出首个关于中国法院具有标准必要专利全球许可费率管辖权的裁定等。

2020年，深圳市中级人民法院还推行多项改革，构建三梯次知识产权审判工作机制，发出全国首例先行判决＋诉讼禁令；通过进行集中快速审理制度改革，使得快审案件审限从六个月缩减到两个半月，极大地提升了案审质效；通过建立多渠道相互支持的技术查明体系，更精准落实案件审理工作；建立了涉及各技术领域的专家库，在可不用鉴定的案件中聘请专家参与案件审理；为常态化介入案件审理，法院自行招聘了技术调查官，在技术查明环节基本形成了包括外部专家、技术调查官介入和鉴定的多角度支撑技术查明体系。

2. 知识产权行政保护情况

2020 年 3 月，深圳市被确定为第一批专利侵权纠纷行政裁决示范建设工作试点，开展专利侵权纠纷行政裁决示范建设工作，根据专利侵权纠纷行政裁决示范建设工作要求，从夯实制度基础、畅通受理渠道、创新工作方式、做好衔接协调、健全工作体制、加强能力建设六个方面细化形成试点推进方案。同时深圳市通过加强对试点工作的组织领导，积极协调解决试点工作中的困难和问题，大力做好条件保障，扎实推进完成各项试点任务，其专利行政裁决示范试点建设工作入选全国典型经验做法。

2020 年以来，深圳海关持续加强知识产权边境保护，组织开展了"龙腾""净网""蓝网"等知识产权保护专项行动。据统计，2020 年，深圳海关共查扣侵权货物 8188 批次、2123 万件，案值达 6133.3 万元，查扣侵权货物数量和案值均列全国海关第一。2020 年，深圳海关先后出台包括强化知识产权海关保护措施在内的一系列帮扶措施，联合行业协会开展提升保护意识、加强客户侵权风险管控等培训，覆盖企业 900 余家。依托 12360 海关热线，快速解决企业在打假维权、知识产权货物进出口、复工复产等环节的相关问题。同时，深圳海关加入深圳市知识产权"一站式"保护平台，与深圳市烟草专卖部门联合销毁侵权香烟 3000 多万支，与深圳市市场监督管理局签署关于建立知识产权协同保护机制的合作备忘录，在执法合作、宣传培训、企业培塑、侵权判定技术支撑等方面开展合作，与深圳市中级人民法院知识产权庭建立司法协助联系，就证据保全、证据调取等加强合作，有效营造尊重知识价值的营商环境，助推经济高质量发展，助力深圳市在全国城市知识产权行政保护绩效考核中取得排名第一的成绩，在全国营商环境评价"知识产权创造、保护和运用"一级指标考核中取得排名第二的成绩。

为了发挥市知识产权联席会议作用，推动加大知识产权办案力度，深圳市市场监督管理局部署开展"铁拳""剑网"等专项行动，加强对电商、网络知识产权违法行为打击力度。2020 年，深圳市市场监督管理局查处侵权案件 1483 件，罚没款达 574.85 万元，移送涉嫌犯罪案件 53 件。深圳市"扫黄打非"办立案 79 件，打击知识产权侵权"有为行动"（华为注册商标被侵权系列案）、涉案金额达 5000 余万元的侵犯苹果公司注册商标打击知识产权侵权制假售假走私案、大千视界网络侵权案、一九七九科技公司侵犯著作权案等多起大要案，其中，"流浪地球"网络侵权案获得国家市场监督管理总局网络行政执法典型案例一等奖、国家版权局立功案件。

2020 年，深圳市市场监督管理局还构建了知识产权保护高效联动"鸿蒙协同云平台"，该平台以成熟先进的网络执法"云上稽查"平台为核心，对接权益单位、中国（深圳）知识产权保护中心、主流网络数据传播公司、主流电商平台、计算机司法鉴定机构、深圳知识产权庭等机构，将知识产权保护过程中可能涉及的各个具体职能部门或资源进行串联，形成了涵盖违法目标监测、网页固证、移动端固证、在线证据提取、数据库前置分析、数据证据鉴定、在线侵权判定、违法行为在线拦截处置以及现场打击等一整套专业且高效的网络知识产权执法保护机制。"鸿蒙协同云平台"获得了华为、腾讯等多家专业领域企业的高度认可，被中国工商出版社评为第三届市场监督管理领域社会共治优秀案例及市场监管十大智慧监管典型举措。

根据《广东省市场监督管理局关于进一步加强商业秘密保护工作的通知》的要求，2020 年 7 月 22 日，南山知识产权保护中心建立商业秘密保护基地，成为广东省首个商业秘密保护基地。南山商业秘密保护基地不断创新实施商业秘密保护举措，通过将侵权受理工作前置、上门引导企业建立商业秘密保护措施、建立部门间商业秘密保护工作联席会议和建立社会智库等途径，实现对商业秘密的"快速""自我""联动""共同"保护，探索出可复制、可推广的南山经验，为全省乃至全国提供可参考、可借鉴的商业秘密保护模式。

2020 年，深圳市南山区获批全国唯一区县级国家知识产权信用体系重点推进地区，有效地推动了南山区加强知识产权信用体系建设，设立科学合理的分级分类指标，做好知识产权领域信用信息记录，完善分级分类信用监管机制。

3. 知识产权人民调解保护情况

2020年，深圳市依法备案知识产权领域人民调解组织共12个（工作室2个）。知识产权纠纷调解组织受理纠纷5920件，调解成功754件；各知识产权纠纷人民调解组织主动开展知识产权相关法律法规宣传工作，为群众提供法律服务，在知识产权纠纷多元化解机制中发挥了人民调解的基础性作用。

2020年6月16日，深圳市宝安区智能制造行业协会知识产权人民调解委员会正式挂牌，这是宝安区落实深圳市发展和改革委员会关于优化营商环境重点改革任务工作清单中的一项内容。宝安区智能制造行业协会知识产权人民调解委员会成立后，通过与行政、司法途径的知识产权保护方式形成合力，为企业提供高效、便捷、低成本的纠纷解决渠道。宝安区智能制造行业协会还与宝安公证处签署战略协议，为保护知识产权开辟出高效率的纠纷化解路径。

4. 海外知识产权维权

作为我国改革开放前沿阵地，深圳市高新技术企业密集，外向型经济发达，众多本地企业在参与国外市场竞争时，面临着专利和商标侵权诉讼等知识产权问题的挑战。2020年，涉及我国的美国地方法院专利诉讼立案案件中，深圳企业涉案186件，占全国71%，深圳企业海外维权形势严峻。

为提升深圳企业海外维权意识和能力，中国（深圳）知识产权保护中心应势而动，主动申报并成功获批全国首批10家国家海外知识产权纠纷应对指导中心地方分中心。2020年4月27日，国家海外知识产权纠纷应对指导中心深圳分中心正式挂牌运行，成为深圳首个公益性海外维权综合服务平台。深圳分中心创新工作机制，开展多维度、立体化的海外维权服务，取得显著工作成效。在国家知识产权局、国家海外知识产权纠纷应对指导中心指导下，深圳分中心不仅通过主动对接迈瑞医疗、科曼医疗等企业，编写呼吸机、额温枪等产业专利分析预警报告，开展海外专利分析预警，为企业"出海"布局提供指引，而且加大海外知识产权布局资助力度，鼓励企业开展海外知识产权布局。中国（深圳）知识产权保护中心同时探索"快速预审+巴黎公约+PPH"通道，累计推动 300 余件预审专利进行国际布局，将海外专利布局周期从原来的 3 年以上缩短至 1 年以内。为了全程跟踪指导，强化海外维权能力，深圳分中心建立市、区两级"337 调查"、涉美诉讼案件监测和快速响应机制，累计监测涉外案件 88 件，为企业争取到 2~3 个月诉前准备时间，同时为了增强中小企业海外知识产权保护意识，累计开展 11 场海外知识产权培训，覆盖近 1000 家企业，累计举办 4 期海外维权沙龙，组织大型科技企业分享海外维权实务经验，参与分享的企业达 80 余家。

为了完善深圳海外维权体系建设，中国（深圳）知识产权保护中心还与 13 家保护中心、快速维权中心签署协议。搭建印度、埃及等 6 国"深商圈"。构建涉外商事法律服务专家库，与新加坡国际调解中心签署备忘录，举办《新加坡公约》与多元化纠纷解决主题研讨会。

（五）知识产权中介机构发展状况

1. 知识产权代理机构

知识产权代理服务是自主创新成果知识产权化的桥梁和纽带，不仅促进创新成果知识产权化的转化实施，而且帮助市场主体维护自身合法权益。知识产权代理服务包括专利代理和商标代理，以及著作权、软件登记、集成电路等代理申请授权服务。2020 年，深圳市专利代理机构达 265 家，执业专利代理师 1478 人。2020 年，深圳市有 7 家专利代理机构的中国发明授权专利量位居全国专利代理机构前 100 名，另外有 7 家商标代理机构的商标申请量位居全国商标代理机构前 100 名。

2. 知识产权保护中心建设

2020 年，中国（深圳）知识产权保护中心入选第四批世界知识产权组织技术与创新支持中心。该中心成立以来，一直致力于支持地方支柱型产业发展，积极推动高价值专利培育合作，开展了一系列保障产业创新发展的举措，制度建设和人才队伍建设日趋完善、"一站式"协同保护平台取得突破。该中心还在制订知识产权海外维权保护指引、搭建涉外知识产权维权技术支撑体系、建设企业知识产权保护网、发挥知识产权保护资助作用等方面做了大量工作。

中国（深圳）知识产权保护中心依托中心专家团队，破解行政执法侵权判定难题和电商侵权维权难题；完善知识产权侵权调解机制，推动纠纷多元化解；推动海外维权工作，为企业出海保驾护航。2020年，中心累计接收专利申请预审案3692件，同比增长514%，位居全国副省级及市级保护中心第一名；预审合格专利授权率高达92.3%，平均预审周期压缩至4.9天，各项指标均位居全国保护中心前列。近年来该中心的服务广度不断拓展，中心备案企业数量达1717家，注册代理机构达307家，预审受理分类号扩充至131个，累计为深圳市745家创新主体提供快速预审服务。为推进知识产权申请便利化，深圳市依托该中心建设涵盖专利、商标、著作权、集成电路的知识产权服务专业大厅，推动设立专利代办处商标受理分窗口，初步搭建"全门类"知识产权专业服务大厅，业务达210万笔，快速预审专利3692件，专利平均授权周期缩短至55天，全年受理商标业务2.4万件，居全国前列。

（六）知识产权人才培养和引进情况

2020年，深圳市在知识产权人才培养和引进方面也做了一系列的工作，多途径培养高层次知识产权人才。为满足海外知识产权维权援助的需要，中国（深圳）知识产权保护中心选聘了168名专家加入第一批海外知识产权维权援助专家库，聘用专业技术人员8人。深圳市市场监督管理局根据《深圳市标准专家库管理办法》（深市监规〔2019〕3号）有关规定，聘请58人作为深圳标准专家库第三批专家。此外，深圳市还积极举办了知识产权高层次人才会议，联合香港知识产权交易所举办知识产权首席运营官公益培训，而且设立了知识产权培训课程和意识提升资助项目。

深圳大学被遴选为2020年度国家知识产权试点高校，累计开展了7期知识产权高级研修班。2020年，深圳大学还入选第二批高校国家知识产权信息服务中心，在深圳市市场监督管理局（知识产权局）的支持下，深圳大学高标准建成了高校知识产权大数据平台，该平台囊括全球3000多所高校的2000

多万条专利数据，为深圳市知识产权信息公共服务体系建设提供了数据支持。深圳大学以高校知识产权大数据平台为基础，面向全国各高校师生，积极开展各类知识产权信息服务，发布了《深圳大学年度专利申请授权情况统计报告》《深圳大学有效专利分级分类报告》等研究报告，为高校高价值专利培育和地区产业发展提供决策参考，培养了高校师生的知识产权意识，提升了师生进行专利信息检索和分析的能力，为高校知识产权人才的培养，以及推动高校及区域的科技创新与成果转化等方面提供了很好的服务支撑作用。

三、建议和展望

2020 年，深圳市作为全国知识产权创新发展的龙头城市，就知识产权保护相继出台了一系列的政策制度，取得了较为显著的效果，不仅推动了数字经济产业创新和工业设计的发展，而且深化了本地科技创新合作区的科研及创新创业，强化了深圳整体的科技创新发展，也促进了深圳知识产权运营的实践。深圳市取得的成绩越大，所肩负的责任也就越大，如何深入建设成为知识产权强市，为我国建设知识产权强国提供更多可借鉴的深圳经验，是深圳市所应肩负的使命和任务。要实现这一目标需要认清深圳市知识产权发展的形势，总结成绩和查找不足，并加以完善。

1. 进一步完善知识产权保护制度

"有法可依"是社会主义法制建设的重要前提和基础，如上所述，近些年，深圳市结合本市知识产权实际发展状况，逐步建立和健全了与之相匹配的知识产权保护制度。但是，在有些领域还有进一步完善的必要。例如，在反不正当竞争领域，深圳市有必要在现行的《深圳经济特区实施〈中华人民共和国反不正当竞争法〉规定》的基础上制定《深圳经济特区反不正当竞争条例》，强化反不正当竞争法律对知识产权的附加保护，以规范市场行为、维护市场秩序、制止不正当竞争行为。条例应增加与知识产权相关的内容，尤其要强化商业秘密保护，加大对侵犯商业秘密的不正当竞争行为的打击力度，鼓励和保护知识产权公平竞争，更好地推动知识产权创造、运用及保护。又如，要围绕深圳关键核心技术攻关的集成电路、人工智能、生物医药、合成生物、关键新材料、基础软件等领域，有针对性地加强立法，明确相关权利的取得、权利的归属、权利的内容，以及权利的行使，更好地为新技术的产生和运用保驾护航。

2. 构建高标准的知识产权综合保护体系

"徒法不足以自行"，除了进一步完善立法，深圳市还应加强构建高标准的知识产权综合保护体系。首先，应强化知识产权执法力度，通过惩罚性赔偿、强制执行等多种保护手段和措施，对知识产权侵权行为，特别是恶意侵权、重复侵权等予以严厉打击。其次，应加强司法机关与行政机关的协调配合，例如，深圳市中级人民法院加强与公安、检察以及行政执法机关协调配合，联合印发《关于办理侵犯知识产权刑事案件侵权产品价格认定相关问题的意见（试行)》《办理侵犯知识产权刑事案件若干问题的会议纪要》，促进了统一知识产权犯罪案件证据审查、事实认定和法律适用标准，促进行政执法和刑事司法衔接，这些文件无疑是在知识产权执法领域的一个重大突破。深圳市应在已有经验上进一步强化司法机关与行政执法机关的协调配合，提高知识产权保护的效率。最后，深圳市应加强社会监督共治，不断完善知识产权保护链条，统筹协调、综合施策，推动多方参与，形成知识产权保护合力，综合运用法律、技术、资金、考核、社会治理等多种手段，推进知识产权实现"严、大、快、同"保护，最终构建高标准的知识产权综合保护体系。

3. 探索实施新型知识产权法律保护试点

《最高人民法院关于支持和保障深圳建设中国特色社会主义先行示范区的意见》中明确指出深圳市应加快推进新型知识产权法律保护试点，深圳市作为全国知识产权创新发展的龙头城市，具备探索实施新型法律保护试点的必要条件。深圳市应顺应政策之趋，通过立法、执法、司法等法律手段，探索实施新型法律保护试点，以强化对知识产权的保护。

深圳市两级法院是落实推进新型知识产权法律保护试点的主力军，应积极探索人工智能、互联网信息、生命信息等新类型数字化知识产权财产权益法律保护新模式；完善知识产权侵权事实查明认定体系，推进区块链技术在知识产权审判中的广泛应用；推动建立更符合知识产权特点的诉讼证据规则，探索在部分知识产权案件中实行举证责任转移制度；完善重点领域核心技术专利保护规则，加大侵权赔偿数额的实施，推动惩罚性赔偿制度的适用等。

深圳市还应探索完善互联网信息等数字知识产权保护，在依托区块链技术的基础上建立"一站式"数字知识产权服务平台，为深圳市企业提供各种知识产权的服务，平台可以对接国家知识产权局、版权局等主管部门，并推动商标审查服务机构入驻数字平台，提高商标注册便利化。数字服务平台还可以直接对接私募股权机构、投资银行，实现知识产权质押融资、直接股权融资等业务，也可以从事直接投资业务，助力知识产权成果的转化。

4. 加大企业知识产权维权援助力度

加强企业知识产权维权援助，也是完善知识产权保护工作的重要一环，要将维权援助工作与行政执法、行政裁决、司法保护、仲裁调解、诚信体系建设等工作有机衔接起来，实现全方位、无死角的知识产权维权援助。加强企业知识产权维权援助，要着眼于深圳市外向型经济发达，高新技术企业密集的特点，有针对性地开展工作。

首先，深圳市外向型经济发达，众多企业在参与海外市场竞争时，面临着专利、商标侵权诉讼等知识产权问题的挑战，因此，加强海外维权援助力度是当务之急。要加强国家海外知识产权纠纷应对指导中心地方深圳分中心的建设，构建专班服务、人才培养、宣传培训、资金支持、信息支撑为一体的海外维权援助服务模式。加强对企业的海外知识产权纠纷应对指导，引导企业开展知识产权涉外风险防控工作。继续加大海外知识产权布局资助力度。强化海外知识产权纠纷预警防范，建设海外信息服务平台，推进海外维权援助资源与信息共享，提升企业海外知识产权风险防控意识和纠纷应对能力。

其次，深圳市中小微高新技术企业密集，帮助中小微企业克服在技术创新中面临的知识产权保护难题，保护其技术创新的积极性也是刻不容缓的。加强对符合国家创新驱动发展战略、经济高质量发展政策的中小微企业的维权援助。强化对众创空间、小型微型企业创业创新示范基地、科技企业孵化器等创业创新基地的维权援助服务，积极推进维权援助分中心进区进园，提供快速反应、快速处理的知识产权维权援助服务，以降低企业的维权成本和延伸维权援助触角，扩大知识产权维权援助覆盖面。引导知识产权中介服务机构针对中小微企业开展知识产权保护专项培训。推动充分利用公共法律服务实体、热线、网络等平台，为企业提供优质、高效知识产权法律服务。加强小微企业知识产权纠纷仲裁调解力度，鼓励小微企业选择人民调解和仲裁途径解决知识产权纠纷，提高知识产权纠纷处理解决效率。

最后，积极推动深圳市高等院校、社会组织等社会力量参与知识产权维权援助工作，探索社会共治模式，加强知识产权保护。发挥深圳市高等院校法律、知识产权等学科优势和人才优势，建立企业知识产权法律援助专家库，推动开展知识产权咨询、培训、宣传、志愿等公益服务。加强对社会组织维权援助工作的指导和支持，鼓励行业协会、商会等社会组织建立知识产权管理机构，开展行业自律和维权工作，及时化解行业知识产权纠纷。

第6章　东莞市知识产权报告

2020年广东省经济运行总体保持平稳，延续了稳中向好的态势。如表6-1所示，2020年广东省实现地区生产总值110760.94亿元，比2019年增长2.3%。其中，深圳市2020年的GDP达27670.24亿元，GDP增速为3.1%；广州市2020年的GDP为25019.11亿元，比2019年增长2.7%；佛山市2020年的GDP为10816.4亿元。

东莞市是我国改革开放的前沿地区之一，充分抓住了改革开放的宝贵时机，大力发展经济，成为全国经济高速发展的代表性城市。《2021年东莞市政府工作报告》指出，2020年，全市实现GDP为9650.19亿元，同比增长6.5%，增长水平高于全国平均水平。全市一般公共预算收入为694.7亿元、税收总额为2153.2亿元，分别是2015年的1.3倍和1.5倍。社会消费品零售总额、规模以上工业增加值分别突破3000亿元、4000亿元，是2015年的1.4倍和1.5倍。本外币存款、贷款余额分别突破1.8万亿元和1.2万亿元，是2015年的1.8倍和2.1倍。五年实际利用内外资5326.7亿元，完成固定资产投资总额为9615.2亿元。外贸进出口总额超1.3万亿元，稳居全国第五位。全市市场主体超过134万户，是2015年的1.8倍，占全国总量1%。高新技术企业总数6381家，是2015年的6.5倍。主营业务收入超千亿元企业实现零的突破。

东莞市在2020年能够在经济上取得上述成就，知识产权的创造、转化和运用在其中发挥了重要的作用，先进制造特色更趋明显。2020年，东莞市积极出台了多项促进知识产权发展的制度和政策，并且在知识产权企业发展、专利的申请和授权、商标的申请和注册，知识产权的司法、行政和会展保护，知识产权代理机构以及知识产权人才培养等方面具有突出建树。本章就2019—2020年东莞市知识产权上述各方面的状况作详细的描述和分析，并对东莞市未来的知识产权事业发展提出一些展望和建议。

表 6 - 1　2020 年第 1—4 季度广东各市 GDP 排行榜❶

排名	地区	GDP/亿元	增速/%
1	深圳	27670.24	3.1
2	广州	25019.11	2.7
3	佛山	10816.4	1.6
4	东莞	9650.19	1.1
5	惠州	4221.79	1.5
6	珠海	3481.94	3
7	茂名	3279.31	1.5
8	江门	3200.95	2.2
9	中山	3151.59	1.5
10	湛江	3100.22	1.9
11	汕头	2730.58	2
12	肇庆	2311.65	3
13	揭阳	2102.14	0.2
14	清远	1777.2	3.8
15	韶关	1353.49	3
16	阳江	136.44	4.5
17	梅州	1207.98	1.5
18	潮州	1096.98	1.3
19	汕尾	1123.81	4.6
20	河源	1102.74	1.3
21	云浮	1002.18	4.1

一、东莞市知识产权制度和政策

自 2017 年广东省发布了《广东省知识产权事业发展"十三五"规划》，

---

❶　2020 年广东省各市 GDP 排行榜 ［EB/OL］．［2021 - 03 - 14］．https：//www.sohu.com/a/
455527807_120153926.

提出了"十三五"时期的知识产权事业发展目标：到 2020 年，知识产权重要领域和关键环节改革取得决定性成果，知识产权保护体系进一步完善，知识产权创造、运用、保护、管理和服务能力大幅提升，形成适应我省创新驱动发展要求的知识产权制度环境和政策法律体系，成为具有世界影响力的知识产权创造中心和知识产权保护高地，基本建成制度完善、创造领先、转化高效、环境优良的引领型知识产权强省。该规划为广东省知识产权事业的发展指明了方向。

2018 年 9 月，广东省政府印发的《关于强化知识产权保护推动经济高质量发展的行动方案》，对"强化知识产权海外布局和维权"作了重点部署，提出"支持外向型企业、行业协会和服务机构联合建立知识产权海外纠纷应对机制，组建企业海外知识产权维权联盟"等内容，为开展企业知识产权海外维权工作、解决企业海外知识产权维权问题提供了政策指引。

为贯彻落实《广东省知识产权事业发展"十三五"规划》，促进东莞市知识产权事业更进一步的发展，东莞市在 2018 年出台了《东莞市推动规模以上工业企业研发机构建设行动计划（2017—2019)》，为推动东莞市工业企业研发机构的创新研发能力进一步提升，促进东莞市企业的知识产权进一步发展，提出了八个方面的扶持措施，包括加强建设扶持，加强外商企业研发落户，加强管理服务和产学研合作，加强研发、金融、用地、人才扶持等。其中，加强知识产权保护，落实对专利申请的有关资助，鼓励企业研发机构申请发明专利，加强知识产权行政执法队伍建设，加大对侵权假冒行为打击力度，支持行业和企业建立知识产权联盟，鼓励企业研发机构专利技术在东莞市进行产业化、市场化运用，对贯彻《企业知识产权管理规范》国家标准达标的企业予以资助，对获得国家级、省级、市级专利奖的企业予以奖励。该计划有利于促进规模以上工业企业建设研发机构，加大研发投入，研制先进适用工艺装备，开发适销对路新产品，提升技术创新能力和市场竞争能力，推动东莞市企业知识产权创新和产业转型升级实现更高水平发展。

（一）制定《关于打造创新驱动发展升级版的行动计划 (2017—2020 年)》

2017 年 9 月，东莞市委、市政府联合出台《关于打造创新驱动发展升级版的行动计划（2017—2020 年)》，提出力争用 3 年时间，将东莞市打造成为粤港澳大湾区的创新高地和具有全国影响力的科技产业名城，力争 2020 年前入选全国创新型城市，为全国创新驱动发展提供支撑中作出更大贡献。其中有关知识产权的内容主要有以下几点。

1. 建设莞深高速知识型创新走廊

东莞市作为广州市和深圳市之间的重要枢纽，将重点推进广深科技创新走廊东莞段建设，加强与广州市、深圳市的合作，以全面深化改革为契机，打破跨区域跨领域的制度障碍，推动创新走廊产业提质增量，推动创新走廊沿线环境提升，称其为"一廊"。东莞市还突出建设"两核"，依托莞深高速，北接中新广州知识城，南联深圳龙华区，重点建设松山湖国家自主创新示范区、中子科学城等主要节点，加快建设松山湖大学创新城、东莞台湾高科技园海峡两岸青年创业基地、"901 两岸青创联盟"海峡两岸青年就业创业示范点、松湖智谷科技产业园等一批创新载体（园区），注重发展科技研发、创新服务和总部基地等知识型经济。其中，"两核"分别指打造松山湖创新核心和打造滨海湾创新核心，前者将以综合性国家科学中心为目标，后者则以东莞市开放型经济引领区为目标，打造一条知识型产业创新带。

2. 实施"十大行动计划"

实施"十大行动计划"具体包括：创新型城市"提速计划"、重大科学基础设施"鲲鹏计划"、科技创新平台"支撑计划"、核心技术攻关"攀登计划"、龙头科技企业"倍增计划"、新兴产业"引领计划"、创新人才"领航计划"、国际科技交流合作"联网计划"、知识产权"护航计划"、院士成果转化"玉兰计划"。

3. 实施知识产权"护航计划"

第一，申报国家知识产权强市，积极争取国家知识产权局支持，全面提升知识产权各项工作，争取 3 年内获准创建国家知识产权强市。

第二，构建知识产权大保护格局，建立创新成果保护机制，试点开展专利、商标、著作权管理体制改革，完善和提升广州知识产权法院东莞诉讼服务处职能,进一步完善东莞市知识产权维权援助中心和中国东莞(家具)知识产权快速维权援助中心的功能,争取设立智能手机知识产权保护平台,加大保护力度。

第三,建设知识产权大厦,强化知识产权交易服务中心功能,吸引一批优秀知识产权服务机构入驻,打造区域知识产权服务综合体,要提升知识产权创造运用水平,大力推动专利产业化,进一步活跃专利运营市场,培育发明专利大户,打造知识产权强企。

《关于打造创新驱动发展升级版的行动计划(2017—2020年)》的出台,有利于东莞市在知识产权技术创新和建设知识产权强市方面取得更大的进步和突破。

(二)制定《东莞市高新技术企业树标提质行动计划(2018—2020年)》

为落实《中共东莞市委 东莞市人民政府印发〈关于打造创新驱动发展升级版的行动计划(2017—2020年)〉的通知》和《广东省高新技术企业树标提质行动计划(2017—2020年)》的工作部署,进一步突出高新技术企业创新主体地位,加快培育发展高新技术产业,东莞市制定的3年行动计划,依托粤港澳大湾区和广深科技创新走廊的重大机遇,以高质量发展为目标,以高新技术企业"树标提质"和高新技术产业"四链融合"为手段,把东莞市高新技术企业的数量优势转化为高新技术产业的发展优势。

直至2020年,东莞市高新技术企业"树标提质"目标得到实现。具体体现在三个方面:❶一是高新技术企业数量持续增长。东莞市高新技术企业总数达6000家,高新技术企业培育入库企业累计达5000家,规模以上高新技术企业达2500家,高新技术企业境内外上市公司数量达到25家。二是高新技术企业质量大幅提高。东莞市高新技术企业科技活动经费支出占销售收入比例平均值达到6%,规模以上工业高新技术企业建设研发机构比例达到80%,

---

❶ 东莞市人民政府办公室关于印发《东莞市高新技术企业树标提质行动计划(2018—2020年)》的通知[EB/OL].[2021-04-17]. http://www.dg.gov.cn/zwgk/zfgb/szfbgswj/content/post_2421555.html.

高新技术企业发明专利授权量达 5000 件。三是高新技术产业结构优化升级。高新技术企业工业总产值占全市规模以上企业工业总产值比重超过 40%，高新技术企业工业增加值占全市规模以上企业工业增加值比重超过 40%。

2020 年东莞市制定"四链融合"政策，推动高新技术产业高速发展。

（1）搭建产业链条

第一，优选重点产业。结合东莞市现有产业基础和未来发展方向，开展高新技术产业创新规划研究，制作产业地理分布信息系统和产业技术路线图。

第二，补强核心环节。针对东莞市产业链的关键缺失环节引进一批优质、龙头高新技术企业，同时开展重大科技项目和高层次创新创业人才定向招引。

（2）部署创新链条

第一，加强基础研究。支持东莞理工学院建设高水平理工科大学，吸引国内外知名高校和科研机构进驻大学创新城，鼓励进驻机构加强对重点高新技术产业的基础研究工作。

第二，支持基础应用研究。支持高新技术企业参与产业核心技术攻关重点项目和前沿项目，市财政给予每个核心技术攻关项目最高 2000 万元资助。鼓励企业建立研发准备金制度，先行投入自筹资金开展研究开发活动，对设立研发准备金的企业给予研发补助。

第三，加强创新载体建设。加快规划建设东莞中子科学城，推动松山湖材料实验室、东莞材料基因高等理工研究院、东莞先进光纤应用技术研究院等一批重大科技创新平台载体建设，引导社会资源投资建设科技产业园区、科技特色小镇，推动有条件的综合性园区申报广东省高新技术开发区。

第四，推动科技成果转化。搭建科技成果供需双方相互转化的成果展示平台和科技众包平台，落实市财政资金出资组建的高校院所的科技成果自主使用权、处置权和收益分配权，完善科技成果评价制度和定价机制，加快培养一批熟悉科技成果转移转化全流程的技术经纪人。

第五，加强知识产权保护。支持高新技术企业及培育入库企业通过研发获得中国、欧洲、美国、日本发明专利和 PCT 专利，对其给予资助，对获得国家级、省级专利奖的企业给予奖励。支持高新技术企业建立产业知识产权联盟，鼓励产业知识产权交叉许可和共享使用，加强知识产权保护力度。

第六，创新政府采购。建立和完善以促进技术创新为目的的高新技术产品政府购买机制。

（3）完善资金链条

第一，引导研发投入。积极开展科技型中小企业评价工作，持续优化办理程序，进一步落实高新技术企业税收优惠政策。对高新技术企业向高校、科研院所、科技服务机构购买技术服务及开展产学研合作给予发放和兑现创新券资助。

第二，推动股权投资。引导国内优秀的创投机构与母基金共同出资成立产业投资子基金，撬动社会资本投向重点高新技术产业的重大产业项目、创新创业企业等。

第三，引导信贷投放。落实《东莞市信贷风险补偿资金和财政贴息资金管理试行办法》（东府办〔2015〕25号），鼓励驻莞金融机构通过新设或改造组建科技金融服务专营机构，面向高新技术企业开发新型金融产品，降低银行对科技担保贷款的风险和高新技术企业融资担保成本。

第四，推动企业上市。积极开展高新技术企业后备上市企业的筛选工作，建立高新技术企业挂牌上市数据库，实施分类指导、动态监测。

（4）配套政策链条

第一，完善扶持政策。协调各有关部门完善高新技术企业及培育入库企业的扶持政策，共同开展国家级、省级高新技术企业培育发展工作，研究解决高新技术企业在发展过程中遇到的共性问题。

第二，制订"一业一策"。出台针对重点高新技术产业的专项扶持政策，通过"一业一策"，加快产业创新要素的集聚，支撑全市重点高新技术产业的发展。

（三）出台《东莞市科技成果双转化行动计划（2018—2020年)》

为加快促进科技成果转化为先进生产力，有效推动科技成果供需之间相互转化，2018年3月，东莞市制定了《东莞市科技成果双转化行动计划（2018—2020年)》，对促进东莞市科技成果的转化作出了若干规定。

（1）明确双转化行动计划的目标任务

《东莞市科技成果双转化行动计划（2018—2020年)》明确双转化行动计

划的目标任务为搭建双转化平台、提升双转化效率、举办双转化活动、引培双转化人才和健全双转化体系，并且对每个目标任务都作了比较具体的要求。

（2）详细制定双转化行动计划的配套措施

具体包括制定双转化政策法规、强化双转化供给需求、搭建双转化线上平台、开展双转化线下登记、建设双转化实施载体、完善双转化市场机制、实施双转化科技项目、开展双转化各项活动、培养双转化人才队伍、加强双转化资金扶持共 10 项配套措施，在政策制度、平台、活动、市场和人才等方面予以全面的支持。其中，"搭建双转化线上平台"的具体要求为支持东莞市知识产权交易服务中心和科技众包平台的建设和发展，强化服务功能，积极推动与国家、省有关知识产权交易平台如国家技术转移中心、广州知识产权交易中心等对接，支持东莞市各类市场主体和个人在科技众包平台上发布技术需求，并按照有关政策给予配套支持。

《东莞市科技成果双转化行动计划（2018—2020 年）》的制定，有利于搭建科技成果供需双方相互转化的渠道网络，有效整合国内外优势科技资源，建立健全以市场需求为导向的科技成果双转化机制，推动了东莞市知识产权成果转化和全市产业转型升级。

（四）制定《东莞市培养高层次人才特殊支持计划》和《东莞市新时代创新人才引进培养实施方案》

为了深入实施人才强市战略，加强本土创新创业人才队伍建设，加快形成外有吸引力、内有凝聚力、更有竞争力的人才集聚机制，培养造就一批本土高层次人才队伍，2018 年 11 月，东莞市出台了《东莞市培养高层次人才特殊支持计划》，集中遴选约 60 名市内高层次人才进行培养支持，培养对象包括科技领军人才、企业经营管理领军人才、金融领军人才、社会建设领军人才四类人才，对入选该计划的高层次人才实行优先推荐、经费支持、人才入户、医疗保障和子女教育保障等支持政策与培养措施。

为了深入实施人才强市战略，集聚一大批新时代创新人才，为东莞市深化创新驱动、推进高质量发展提供强有力的人才支撑，2018 年 11 月，东莞市制定了《东莞市新时代创新人才引进培养实施方案》，提出实施新时代创新人才引进项目、实施新时代创新人才提升项目、实施新时代博士人才培养项目、打造招才引智工作平台、打造市内人才交流提升平台、打造专业人才服务平台六大主要任务。2019 年 6 月 19 日，东莞市人力资源和社会保障局发布了《2019 年东莞市培养高层次人才特殊支持计划申报公告》，该公告称，2019 年将针对四类人才开展高层次人才培养计划，培育名额共 60 名。

《东莞市培养高层次人才特殊支持计划》和《东莞市新时代创新人才引进培养实施方案》的制定，有利于营造激发人才创新创造活力的良好环境，加快引进培养创新人才，形成一支与东莞创新驱动发展相匹配的新时代创新人才队伍。

（五）发布《东莞市知识产权局专利行政处罚自由裁量权适用标准表》

在专利行政执法方面，2017 年 5 月，东莞市知识产权局发布了《东莞市知识产权局专利行政处罚自由裁量权适用标准表》，从法律依据、违法程度、违法情节、处罚裁量标准四个方面对假冒专利行为、为侵犯专利权提供便利条件行为、重复侵犯同一专利权行为、滥用专利权行为、违法从事专利服务行为等专利违法行为作统一规制。其中处罚裁量的标准具体内容如下。

第一，假冒专利行为，共有轻微、一般、较重、严重和特别严重 5 种违法程度。其中，轻微违法程度的处罚裁量标准为"责令改正并予以公告，没收违法所得"，特别严重的处罚裁量标准为"责令改正并予公告，没收违法所得，并处违法所得 3 倍以上 4 倍以下的罚款；没有违法所得的，处 15 万元以上 20 万元以下的罚款"。

第二，为侵犯专利权提供便利条件行为，其处罚裁量标准为责令停止违法行为。

第三，重复侵犯同一专利权行为，共有从一般、较重和严重 3 种违法程度。其中，一般违法程度的处罚裁量标准为"没收违法所得，并处违法所得 3 倍以下罚款；没有违法所得的，处以 1 万元以上 5 万元以下罚款"。严重违法程度的处罚裁量标准为"没收违法所得，并处违法所得 4 倍以上 5 倍以下罚款；没有违法所得的，处以 8 万元以上 10 万元以下罚款"。

第四，滥用专利权行为，共有轻微、一般和严重 3 种违法程度，其裁量标准相应地从"警告，责令改正"到"责令改正，处以 5 万元以上 10 万元以下罚款"。

《东莞市知识产权局专利行政处罚自由裁量权适用标准表》的出台，为全市相关部门提供了专利行政处罚自由裁量权的统一适用标准，有利于专利行政执法机关科学执法、高效执法和公平执法，有利于提高专利行政执法机关的专利行政执法水平。

（六）制定《东莞市知识产权局行政执法责任制度》

2020 年，东莞市知识产权局沿用 2017 年 9 月下发的《东莞市知识产权局行政执法责任制度》，对全局知识产权行政执法人员规定了以下若干制度。

第一，实行行政执法人员持证上岗、亮证执法制度。规定行政执法人员必须经执法培训，考试考核合格，取得相应的执法资格，方可从事行政执法活动。

第二，实行行政执法公开制度。规定行政执法所依据的法律、法规及规章、行政执法机关的职能和权限、案件处理结果等 8 项内容应予以公开。

第三，实行行政执法回避制度。规定了执法人员与被执法人员可以申请回避的情形。

第四，严格执行限时办结制度。要求专利侵权纠纷案件在立案之日起 3 个月内结案，假冒专利案件在立案之日起 1 个月结案。

第五，严格执行"收支两条线"、罚款决定与罚款收缴分离制度和认真落实执法案卷归档制度。

第六，全面规定了局长、分管执法工作副局长以及相关科室的岗位责任。

《东莞市知识产权局行政执法责任制度》全面明确了知识产权行政执法人员的执法要求和执法责任，推动行政执法机关及其执法人员依法行政，提高了执法机关及其执法人员的行政执法水平。

综上所述，通过政府牵头、其他有关单位具体落实的方式，东莞市出台了一系列的政策和制度，推动了专利行政执法和保护环境不断优化，推进了以企业为主的知识产权建设，增强了企业掌握和运用知识产权技术的能力，提高了自主技术的数量和质量，加快了知识产权技术资本化、市场化和产业化步伐，全面提高了东莞市知识产权技术创造、申请、保护、管理和运用的整体水平，有利于在整体、全局的高度上引导、促进有关企业、单位和个人进行知识产权创新。

（七）制定《东莞市专利促进项目实施办法》

提高东莞市专利促进项目专项资金使用效益，规范专利促进项目管理，推动东莞市专利事业发展，2019 年 11 月 21 日，东莞市司法局发布《东莞市人民政府办公室关于印发〈东莞市专利促进项目实施办法〉的通知》（东府办〔2019〕60 号）。

第一，专利促进项目专项资金，是指东莞市政府每年从"科技东莞"工程专项资金中安排用于加强东莞市专利事业发展的专项资金。专利促进项目包括发明专利资助项目、知识产权强企培育项目、专利运营资助项目、专利金融资助项目、专利奖配套奖励项目、高价值专利培育项目、专利公共服务项目和专利保护项目等。

第二，东莞市市场监督管理局（知识产权局）按分工负责专项资金的具体管理工作；负责专项资金具体管理办法的制定修订、专项资金设立申请、预算申报、编制专项资金分配使用计划、办理专项资金拨付，组织项目申报、资料审查、组织项目验收，项目评审工作等工作。

第三，按"谁使用、谁负责"的原则负责专项资金使用安全、专项资金监督检查、专项资金绩效评价、专项资金信息公开等。

第四，东莞市财政局负责制定财政专项资金的预算管理、组织专项资金预算编制及执行、审核、下达专项资金使用计划；组织实施专项资金财政监督检查和重点绩效评价等。

第五，规定了专利资助项目的范围，包括发明专利资助项目、知识产权强企培育项目、专利运营资助项目、专利金融资助项目、专利奖配套奖励项目、高价值专利培育项目、专利公共服务项目、专利保护项目 8 项。

第六，对于申报的主体、申请的条件和资助资金等加以明确规定。

第七，对发明专利资助、知识产权管理规范贯标资助、专利运营资助、专利金融资助、专利保护等后补助项目的申报和审批进行明确的规定。

第八，对专项资金的监督管理、绩效评价、信息公开及责任追究等按照市政府出台的关于市级财政的规定加以监督。

二、东莞市知识产权发展状况

为实现广东省知识产权事业发展"十三五"规划提出的到 2020 年"建成制度完善、创造领先、转化高效、环境优良的引领型知识产权强省"的目标，东莞市贯彻广东省知识产权事业发展"十三五"规划的指示精神，出台了一系列推动本市单位、企业和个人进行知识产权创新的制度和政策。在这些制度和政策的支持下，东莞市的知识产权事业得到了长足的发展，在知识产权企业、专利申请和授权、知识产权行政保护、会展和司法保护、中介机构、人才培养等方面均有突出的成绩。

（一）知识产权企业发展状况

1. 东莞市高新技术企业数量不断增长

东莞市科技局公布 2020 年度全市高新技术企业培育工作情况，东莞市申报高新技术企业达 3168 家，共有 2526 家企业通过认定。2020 年东莞市高新技术企业实际存量达 6381 家，继续稳居全省第三名。东莞市国内专利申请量和授权量分别为 95959 件和 74303 件；其中，发明专利申请量为 22045 件，比 2019 年增长 8.6%，占专利申请总量的 23.0%，居全省第三位；发明专利授权量为 8718 件，增长 8.9%，居全省第三位；东莞市 PCT 专利申请量为 3787 件，增长 15.9%，居全省第二位。

东莞市新型研发机构数量达 33 家，其中，省级 26 家。东莞市各级重点实验室和工程技术研究中心累计总数达 844 家，其中，国家级 2 家，省级 450 家，市级 392 家。科技企业孵化器达 118 家，其中，国家级 23 家，省级 21 家，市级 53 家；众创空间达 73 家，其中，国家级 24 家，省级 13 家，市级 12 家。规上工业企业设立研发机构比例达 43.3%。技术合同成交 275 项，合

同成交额 69.53 亿元。引进省级创新创业团队总数 38 个；市级创新科研团队
53 个。大力推进科技信贷、科技保险等工作，推动 16 家签约银行为东莞市
2778 家企业发放贷款 3724 笔，贷款金额 171.99 亿元。推动 430 家企业参与
投保，总保额 3879.83 万元，发放保费补贴共计 799.90 万元。2020 年东莞市
各区域 GDP 排名如表 6 - 2 所示。

表 6 - 2 2020 年东莞各区域 GDP 数据统计❶

区域	GDP/亿元	增速/%
松山湖园区	867.31	预计 11
长安镇	801.95	4.3
虎门镇	644.56	
南城街道	624.5	1.8
东城街道	600.64	0.3
塘厦镇	502.7	6.3
厚街镇	415.72	0.2
常平镇	374.46	1.3
大朗镇	358.4	1.1
寮步镇	344.9	3.2
清溪镇	319.2	2.5
凤岗镇	318.5	4.7
大岭山镇	302.1	6.2
麻涌镇	260	3.1
黄江镇	226.8	5
莞城街道	215.21	-0.5
石碣镇	205.3	1
沙田镇	195.3	9.5
东坑镇	179.3	5.6
桥头镇	174.6	
横沥镇	174.09	4.7
茶山镇	169.4	5.1
万江街道	168.7	4.6

❶ 东莞 GDP 各镇街排行榜 [EB/OL]. [2021 - 05 - 03]. https：//m. maigoo. com/news/
514273. html.

续表

区域	GDP/亿元	增速/%
高埗镇	164.27	4.6
石排镇	160.25	6
中堂镇	145.7	5
樟木头镇	132.79	0.3
道滘镇	121.98	4.3
石龙镇	116.19	5.6
企石镇	112.84	5.3
谢岗镇	108.2	4
洪梅镇	101.6	5.2
望牛墩镇	100.6	5.7

注：表中松山湖园区和石龙镇 GDP 数据为 2019 年数据。

初步核算，2020 年东莞市实现 GDP 为 9650.19 亿元，比 2019 年增长 1.1%。从产业看，第一产业增加值 30.27 亿元，增长 6.0%；第二产业增加值 5193.09 亿元，下降 0.9%；第三产业增加值 4426.83 亿元，增长 3.5%。第一、第二和第三产业占比分别为 0.3%、53.8% 和 45.9%。在第三产业中，交通运输、仓储和邮政业增长 7.9%，批发和零售业下降 6.4%，住宿和餐饮业下降 19.6%，金融业增长 9.9%，房地产业增长 8.8%。

2020 年东莞市农林牧渔业总产值 46.52 亿元，比 2019 年增长 6.2%。全市规模以上工业增加值 4145.65 亿元，比 2019 年下降 1.1%。全市建筑业实现增加值 224.53 亿元，比 2019 年增长 18.2%。全年固定资产投资比 2019 年增长 13.0%。全市批发和零售业实现增加值 751.59 亿元，比 2019 年下降 6.4%；住宿和餐饮业实现增加值 164.39 亿元，下降 19.6%。全年社会消费品零售总额 3740.14 亿元，比 2019 年下降 6.6%。全市进出口总额 13303.03 亿元，比 2019 年下降 3.8%。全市交通运输、仓储和邮政业实现增加值 209.49 亿元，比 2019 年增长 7.9%。全年接待国内游客 3851.70 万人次，下降 24.9%。旅游总收入 358.63 亿元，下降 30.2%。

东莞市历年 GDP 对比如表 6-3 所示。

表6-3 东莞市历年GDP对比

年份	GDP/亿元	增速/%
2020年	9650.19	1.1
2019年	9482.5	7.4
2018年	8278.59	7.4
2017年	7582.12	8.1
2016年	6827.67	8.1
2015年	6275.06	8

2. 东莞市知识产权优势企业和示范企业状况

2020年，东莞市的广东省知识产权示范企业有所增加，东莞百宏实业有限公司、东莞市奥能工程塑料有限责任公司等76家被广东省知识产权保护协会认定为广东省知识产权示范企业。仅次于广州、佛山，位居广东省第三位。

根据《高新技术企业认定管理办法》（国科发火〔2016〕32号）和《高新技术企业认定管理工作指引》（国科发火〔2016〕195号）有关规定，广东省在2020年有3507家企业认定高新技术企业●。东莞市新增贯标认证企业数量有264家❷，贯标认证企业数量排名全省第三，位于广州、深圳之后。

（二）知识产权取得状况

2019年上半年，东莞市专利授权为31109件，居全省第三位，仅次于深圳、广州。截至2020年7月，东莞市专利授权为43042件，总体比2019年同期增长72%，其中，发明为5088件，实用新型为26391件，外观设计为11563件。

2020年1—7月广东省部分城市专利授权情况如表6-4所示。

● 关于公示广东省2020年第一批拟认定高新技术企业名单的通知 [EB/OL]. [2020-12-01]. http：//gdstc.gd.gov.cn/zwgk_n/tzgg/content/post_3140374.html.

❷ 关于东莞市2020年度知识产权管理规范贯标资助项目的公示 [EB/OL]. [2020-09-14]. http：//www.dgysxx.com/165.html.

表 6 - 4　2020 年 1—7 月广东省部分城市专利授权情况❶　　　单位：件

城市	发明	实用新型	外观设计	合计
深圳	15561	67231	42220	125012
广州	7312	45297	32965	85574
东莞	5088	26391	11563	43042
佛山	2793	23663	14833	41289
中山	558	10482	12223	23263
珠海	1964	9104	2239	13307
惠州	903	7613	2595	11111
汕头	174	2265	10409	12848
江门	362	4770	4739	9871
潮州	65	693	4720	5478
揭阳	56	1054	4077	5187
肇庆	200	2192	879	3271
韶关	105	1842	473	2420
湛江	138	1272	1480	2890
清远	114	1737	905	2756
河源	44	1603	659	2306
阳江	35	754	2143	2932
汕尾	95	551	749	1395
梅州	73	1367	761	2201

　　2020 年，虽然受到疫情影响，但东莞市企业创新活跃度仍保持一定增长，各项主要指标位居全省前列。据统计，2020 年 1—3 月，全市发明专利申请量和授权量分别为 4881 件和 2055 件，同比增长分别为 0.45% 和 1.03%（均高于全省和全国平均水平），均居全省第三位；PCT 专利申请量为 899 件，同比增长 32.21%（高于全省和全国平均水平），占全省总量的 18.96%，居全省第二位。截至 2020 年 3 月，国内有效发明专利量为 31775 件，居全省第三位；每万人发明专利拥有量 37.54 件，居全省第四位。

　　2020 年 1—3 月，全市商标申请量和注册量分别为 22823 件和 18955 件，

---

　　❶　广东省发布 2020 年 1—7 月各市专利申请及授权情况 [EB/OL].[2021 - 05 - 30]. https://me. mbd. baidu. com/r/kVfWcF4bok? f = cp&u = 407ebbcd91fe6e4a.

均居全省第三位；截至 2020 年 3 月，全市商标有效注册量为 325271 件，居全省第四位，同比增长 27.38%；马德里国际注册商标累计为 661 件。此外，2020 年 1—3 月，全市专利权质押融资登记项目共 33 项，金额约 10.68 亿元，占全省总额的 24.67%，居全省第二位。

为促进企业知识产权创造、运用、管理等能力全面提升，东莞市开展了大量卓有成效的工作。一方面，实施知识产权促进政策，进一步强化对高价值专利培育、商标品牌建设、知识产权金融服务等方面的引导激励作用。另一方面，推动知识产权运用转化。优化知识产权质押融资办理流程，引导企业通过知识产权质押融资缓解资金困难；举办了专利质押融资业务对接会，搭建政府、银行、企业沟通交流的桥梁，降低企业融资成本。

（三）知识产权保护状况

1. 司法保护

司法是解决社会矛盾最后的、终局的手段，同样也是知识产权保护的最后一道防线。习总书记说过："努力让人民群众在每一个司法案件中感受到公平正义。"东莞市两级人民法院在审判活动中依法妥善处理知识产权相关的民商事纠纷，将是整个东莞市创新产业继续向前迈进的重要保证，也是东莞市打造国家知识产权强市战略的有力保障。

（1）东莞市两级法院知识产权案件收结整体情况

2020 年，东莞市两级法院充分发挥审判职能作用，创新审判工作机制，持续提高司法效率，为推进粤港澳大湾区建设、东莞深化和拓展质量强市建设等提供了强有力的司法保障。

2020 年，东莞中级人民法院知识产权案件总收案 1484 件，其中新收 1207 件，旧存 277 件。2020 年东莞市中级人民法院共审结各类知识产权纠纷案件 1378 件，结案率为 93.93%。2020 年东莞各基层法院知识产权案件总收案 3608 件，共办结 3209 件，结案率为 88.94%。2020 年东莞市第一人民法院知识产权案件新收案件 1520 件（民事案件 1491 件、刑事案件 27 件，司法确认案件 2 件），旧存案件 281 件（民事案件 271 件，刑事案件 10 件），合共计

1801 件。办结案件 1572 件（民事案件 1560 件，刑事案件 10 件，民特案件 2 件），结收比 103.4%。2020 年东莞市第二人民法院知识产权案件总收案 897 件，共审结知识产权案件 809 件，结案率为 90.19%。2020 年东莞市第三人民法院知识产权案件总收案 910 件，其中新收 847 件，旧存 63 件。2020 年共审结知识产权案件 828 件，结案率为 90.90%，调撤率为 31.60%。2020 年，东莞市中级人民法院和各基层人民法院，知识产权案件新收、结案数量较 2019 年同期均大幅下降。

东莞市两级法院不断对审判方式进行革新，提高审裁工作的效率。不仅在基层法院推进简单知识产权案件适用简易程序，推广著作权类系列案件裁判文书模板，还对知识产权案件二审裁判文书进行简化，做到繁简分流，速裁快审。

东莞市第一人民法院确定了适合知识产权案件特点的要素式庭审笔录、裁判文书等模板，大大提升了审裁效率。2020 年适用速裁简易审结民事案件 898 件，约占已结案件的 58.24%；通过速裁程序的推行，东莞市第一人民法院的知产案件平均审理时间同比缩短了 8 天。

东莞市第二人民法院制定了《东莞市第二人民法院民事案件速裁快审工作规程（试行）》，立案庭及人民法庭均成立专门的速裁快审团队，负责简单民事案件的速裁快审工作，以 4 成速裁法官分流 6 成案件速裁快审、6 成法官精审 4 成较难案件，基本达到繁简分流预定目标。2020 年全年通过速裁快审审结知识产权案件 598 件，占全部知识产权结案的 62.48%，平均审理周期为 67.1 天。

东莞市第三人民法院大力推进法官独任审理的简易程序，基本实现全部简单案件使用独任程序，大力推行要素化简易裁判文书模板。此外，还通过"直接送达""询问业务式送达"等方式，加快送达速度，提高送达成功率，实现案件的快速审结。

（2）东莞市中级人民法院知识产权保护状况❶

构建多元调解工作格局，一站式服务成效显著。东莞市两级法院全面推

---

❶ 2020 年，东莞法院知识产权审判质效持续提升［EB/OL］. https：//mo. mbd. baidu. com/r/m6ZWXni5e8? f = cp&u = c45b362790e32255.

进的诉调对接"1 + 2 + 3"模式，❶ 通过提前化解部分知识产权当事人之间的矛盾，从源头上有效减少了诉讼案件增量。协同东莞市委政法委、宣传部、司法局、文化广电旅游体育局，努力加强诉调对接平台建设，实行东莞市知识产权案件诉调对接，加强对非诉讼方式解决纠纷的支持和指导，依法做好司法确认，提供一站式解纷服务。

推广"诉调对接 + 网格化"，全面推行调解前置，促进矛盾纠纷多元化解。邀请版权协会、版权调解委员会、音集协、音著协和娱乐协会等社会组织共同参与调解工作。加强与东莞市版权局等行政机关以及市版权协会沟通与联络，搭建起以东莞市版权纠纷人民调解委员会为调解主体的著作权案件诉调对接平台，将批量 KTV 歌曲类著作权案件委托东莞市版调委组织各权利人以及各涉案 KTV 经营者进行诉前调解，成功调解了涉及多家 KTV 场所约270 首音乐作品著作权案件。

知识产权案件诉前联调工作也初显成效，2020 年东莞市两级法院参与诉前联调案件共8021 件，诉前联调成功化解3216 件。与2019 年同期相比，进入诉讼阶段的案件数有所减少，提前化解部分知识产权当事人之间的矛盾，取得了良好的效果。

加强多部门协调联动，严打知识产权犯罪。东莞市两级法院通过召开各类会议和交流合作，加强与检察机关、公安机关、行政执法机关以及知识产权保护行政部门之间的协调配合，协商解决知识产权刑事审判过程中遇到的重点难点问题，共同营造辖区良好的知识产权保护环境。

2020 年，东莞市两级法院紧紧围绕知识产权案件审判工作，全面提升识产权司法能力水平，为提升创新驱动发展动力，护航品质东莞高质量发展提供有力司法服务保障。

为深入贯彻落实习近平总书记关于加强知识产权保护的系列重要讲话精神，落实国务院《优化营商环境条例》及中共中央办公厅、国务院办公厅《关于强化知识产权保护的意见》，坚持人民法院"知识产权审判激励和保护创新、促进经济社会发展"的主要任务，切实发挥知识产权司法保护

---

❶ 诉调对接"1 + 2 + 3"模式，是指1 个诉调对接中心，线上线下2 个调解平台，行业调解、律师调解、专职调解3 个调解组织。

主导作用，积极打造知识产权司法保护高地，推进粤港澳大湾区国际科技创新中心和科技创新强省及"湾区都市、品质东莞"建设。2020年4月，东莞市中级人民法院出台了《东莞市中级人民法院关于加强知识产权司法保护优化营商环境助力粤港澳大湾区建设的意见》。具体内容包括以下几点。

第一，完善诉讼机制，提升知识产权审判质效。"三审合一"审判机制，加强综合保护力度。东莞市中级人民法院全面推进知识产权民事、行政和刑事案件"三审合一"，公正高效审理各类知识产权案件。进一步推动知识产权刑事案件定罪准则和量刑规范化，精准打击侵犯知识产权犯罪。依法严厉制裁涉及口罩、护目镜、防护服、消毒液等防疫物品以及食品、药品等与疫情防控相关的各类侵犯知识产权违法犯罪行为。

着力构建多元纠纷解决机制，提升司法救济实效。东莞市中级人民法院进一步构筑多元化、立体化的知识产权纠纷化解体系，探索"诉源治理"更多途径，把非诉讼纠纷解决方式摆在前面，广泛发动人民调解、行业调解、律师调解等各类调解主体参与调解，积极搭建和完善诉调对接平台，形成行政、司法、仲裁、调解、行业自律等多元解决机制。依托智慧法院建设平台，积极运用"移动微法院"等开展远程在线调解、网上庭审，低成本、高效率化解纠纷。

积极推进繁简分流机制改革，提高审判效率。东莞市中级人民法院完善知识产权案件"简案快审、繁案精审"审判机制，推动案件繁简分流，进一步探索知识产权案件速裁和简易程序审理，扩大一审知识产权案件简易程序适用范围，尝试以争议诉讼标的金额作为划分主要标准，同时参考案件数量并赋予当事人程序选择权。继续深化要素式等简式裁判文书和庭审方式改革，快速有效化解纠纷。加强重大、疑难复杂、新类型案件的说理，注重打造精品案件。

第二，强化审判职能，破解知识产权"维权难"困境。显著提高知识产权侵权损害赔偿金额，扭转"赔偿低"局面。东莞市中级人民法院坚持知识产权损害赔偿的市场价值导向，充分发挥法定赔偿制度全面补偿权利人损失和惩罚侵权行为的双重功能，综合考虑侵权事实和情节、因侵权行为导致的价格侵蚀、知识产权市场价值和合理开支等多方面因素，全面覆盖权利人的全部损失和维权成本，同时兼顾维护市场竞争公平、行业发展稳定的大局，注重均衡社会利益和个体利益。有证据证明因侵权行为导致的权利人损失或者侵权人获利已经超过法定赔偿额最高限额的，根据当事人请求及现有证据，在法定赔偿额上限以上合理确定赔偿数额。对恶意侵权、情节严重的，积极适用惩罚性赔偿。加大对知名品牌的保护力度和对与疫情防控相关侵权行为的惩戒力度。通过显著提高侵权违法成本，切实改善维权成本高、侵权代价低的现状，有效遏制侵权行为，维护公平竞争的市场秩序。

积极运用诉讼证据规则，解决"举证难"问题。东莞市中级人民法院健全有利于侵权事实查明的证据审查机制，积极引导当事人举证和充分运用证据披露规则，对权利人确因客观原因不能自行收集的证据，及时依申请出具调查令，必要时可以依申请调查取证。加大对妨碍事实查明行为的惩治力度，依法制裁毁损、隐匿和伪造证据、阻碍和抗拒保全等举证妨碍行为。

创新送达机制，化解"周期长"难题。东莞市中级人民法院充分采取电子送达、集中送达、直接送达等送达方式，有效缩短送达周期。针对小商户、电商、KTV 经营者等侵权主体送达难的情况，积极借助场所提供者、电商平台、行业协会、社区物业等提供有效送达方式，提高送达成功率，保障知识产权案件诉讼进程。

第三，健全配套制度，确保知识产权司法保护效能。提高审判组织专业水平，保证知识产权案件质量。东莞市中级人民法院加强与知识产权理论界、实务界的交流，加强知识产权审判团队的专业化建设，着力提升知识产权法官业务能力，紧紧围绕知识产权保护发展的新情况和知识产权法律更新步伐，优质高效审理各类知识产权案件，不断满足社会对加强知识产权司法保护的新需求和新期待。

发挥业务指导功能和加强沟通，确保裁判标准统一。东莞市中级人民法院积极发挥审判业务指导功能，加强东莞市两级法院知识产权审判态势调研、二审改判分析和典型案例推送工作，定期举办知识产权审判业务研讨会、工作座谈会，针对审判中存在的问题进行沟通交流，及时发现问题、总结经验，确保裁判标准统一。加强与上级法院的交流，进一步统一类型化案件裁判标准。

建立知识产权协同保护机制，推动多方位立体保护。东莞市中级人民法院完善法院与公安机关、检察机关以及知识产权行政执法机关的沟通联络机制，积极推动建立由行政机关、公安机关、检察机关、法院等相关部门共同参与的知识产权司法保护协调机制，探索粤港澳大湾区知识产权保护跨区域合作机制。

加强宣传和交流，提升知识产权司法保护影响力。东莞市中级人民法院定期发布东莞法院知识产权审判白皮书、知识产权保护状况和典型案件，做好"4.26 世界知识产权日"系列宣传活动，推进庭审网络直播和裁判文书上网，增进社会公众对东莞法院知识产权司法保护的了解和信任。加强对高新园区、品牌企业、高等院校的调研和交流。

东莞市中级人民法院公布知识产权典型案例。❶

典型案例一："尊爵铂爵婚纱"赔偿"铂爵旅拍"

基本案情：原告铂爵旅拍文化集团有限公司系 2014 年 12 月 31 日成立的从事摄影扩印服务、文化、艺术活动策划等业务的公司。原告自 2010 年开始使用"铂爵"字样对外经营。原告一直在持续、广泛使用"铂爵旅拍"作为自己字号、标识，并持续通过报纸、期刊、电视、网络视频及微博等进行广告宣传，获得了较强的知名度和美誉度。被告东莞某婚纱摄影店系 2019 年 3 月 26 日成立的从事摄影服务的个体工商户。被告的店铺字号为"尊爵铂爵"，其店铺门口招牌上含有"铂爵旅拍"字样，外墙装潢上有"铂爵婚纱摄影""铂爵全球旅拍婚纱摄影"字样，室内楼梯有"铂爵全球旅拍婚纱摄影"字样，内墙装饰有"铂爵婚纱摄影"字样，宣传海报中有"铂爵全球旅拍婚纱摄影强势入驻黄江"字样。原告认为被告作为同时从属摄影扩印服务行业，提供摄影服务的同业竞争者，在其店铺名称、店铺室内外装饰装潢及宣传海报中使用原告的"铂爵"字号，对原告构成不正当竞争。

经法院审理认定，认定原告的企业名称中的字号"铂爵"非通用词汇，较易为一般公众作为识别其企业的标志，原告享有"铂爵旅拍"注册商标，该商标申请注册在前。被告 2019 年才成立，店铺名称申请"铂爵旅拍"为注册商标。被告在门口招牌使用"铂爵旅拍"字样，外墙装潢使用"铂爵婚纱摄影""铂爵全球旅拍婚纱摄影"字样，室内楼梯有"铂爵全球旅拍婚纱摄

---

❶ 东莞法院公布知识产权周典型案例【不正当竞争篇】［EB/OL］．［2021 – 05 – 20］．http：// www. dgcourt. gov. cn/News/Show. asp？id = 2551.

影"字样,内墙装饰有"铂爵婚纱摄影"字样,宣传海报中使用"铂爵全球旅拍婚纱摄影强势入驻黄江"字样,会导致消费者对原告、被告的服务主体产生混淆,客观上达到了利用消费者混淆争夺潜在客户的效果。被告的行为构成对原告的不正当竞争。故判决被告赔偿原告的经济损失。

企业的名称、字号作为经营者的表征,是区分商品或服务的主体或来源的标志,是企业的重要无形资产,应受到法律保护。该案为不正当竞争纠纷,涉及国内知名摄影旅拍品牌,具有一定社会影响力,同时判决结果具有示范指导意义。

典型案例二:榜"三九"品牌侵权要停用并赔偿

基本案情:原告某润三九医药股份有限公司前身始于1999年3月,经营范围包括药品的开发、生产、销售等,经过持续经营和长期广告宣传推广,在市场上具有较高知名度和品牌影响力。第一被告某粤三九公司成立于2015年1月27日,经营范围包括批发、零售保健食品。第二被告某诚公司于2014年10月21日注册了"盛世某诚"商标,注册商标核定为第5类,包括人用药、医用营养品、营养补充剂等;其又于2015年8月14日申请注册"三九众康"为注册商标,申请注册为第5类,处理结果为"申请被驳回,不予受理等,该商标已失效。"但两被告合作生产的产品"三九众康™"盛世某诚牌钙咀嚼片(儿童型),在包装盒封面注明"某粤三九保健食品有限公司"。

原告主张第一被告某粤三九公司在公司名称中使用了"三九"字号构成不正当竞争。原告还主张第一被告某粤三九公司在生产的产品"三九众康™"盛世某诚牌钙咀嚼片(儿童型)上将其公司的名称在产品外包装上突出使用构成不正当竞争;第二被告某诚公司接受第一被告某粤三九公司的委托生产了案涉产品亦构成不正当竞争。

经法院审理认定,原告在不同商品类别上分别注册多个与其字号相同或相关的"三九"或"999"等系列商标。2013年12月27日,原告使用在第5类人用药商品上的"999"注册商标被国家商标局认定为驰名商标;截至案件审理前,原告在全国范围内成立了20余家子公司,近半数子公司均以"三九"作为企业字号。第一被告某粤三九公司在企业名称中使用"三九"二字、与第二被告某诚公司共同生产侵权产品的行为均构成不正当竞争。故判决第一被告某粤三九公司立即停止使用带有"三九"字号的企业名称,并立即办理企业名称变更登记手续；第一被告某粤三九公司、第二被告某诚公司立即停止生产和销售侵犯"三九"字号的侵权产品；第一被告某粤三九公司和第二被告某诚公司承担连带赔偿责任。

该案为不正当竞争纠纷，原告某润三九医药股份有限公司作为全国规模最大的医药制药企业之一，具有较强的社会影响力，同时判决结果具有示范指导意义。关于企业名称中的字号是否构成不正当竞争该如何认定的问题，主要审查以下四个方面：一是该字号是否已成为公司名称核心字号，其是否享有一定的知名度；二是公司间是否为同业竞争关系；三是对方使用字号为公司名称是否经过对方许可；四是使用行为是否容易使人误解是对方的产品。该案中就是通过以上四个方面的比较，最终认定被告在企业名称中使用"三九"二字构成不正当竞争。

典型案例三：攀附原东家，试图走捷径不可取

原告浙江某彩新材料有限公司成立于1993年，经营范围包括生态环境材料研发，粉末涂料生产、涂装、经销等。原告分别于2013年、2016年在深圳市、东莞市先后成立广东某彩粉末科技有限公司、深圳某彩新材料有限公司。被告东莞某彩新材料有限公司成立于2018年8月15日，经营范围包括研发、生产、销售生态环境材料、高性能环保粉末涂料。

由于两涉案企业经营范围、名称高度相似，原告主张被告在其企业名称中使用的"某彩"字样，属于侵害原告企业名称（商号）权的不正当竞争行为。

经法院审理认为，原告成立于1993年，其"某彩"的企业字号经过原告多年的经营宣传；原告在深圳市、东莞市还分别投资设立了子公司，且在子公司的企业名称中亦使用了"某彩"的字号；结合原告及其子公司获得的各项质量认证、荣誉及相关销售业绩证书。可证实原告使用的"某彩"字号在粉末涂料行业具有一定的影响力。被告的字号与原告的字号相同，且经营范围基本一致，在客观上很容易使他人误认为被告系原告在东莞市投资设立或与原告之间存在特定联系，可见被告在企业名称中使用"某彩"字样在主观上具有明显的攀附故意，属于擅自使用他人具有一定影响的企业名称（字号）的不正当竞争行为。故判决被告立即停止不正当竞争行为，并在判决生效之日起一个月内变更企业名称，变更后的企业名称中不得含有"某彩"字样；

被告赔偿原告经济损失及在全国性报纸中刊登声明消除影响。

该案对使用他人企业名称中的字号进行企业登记注册的行为，能否认定为不正当竞争行为具有一定的参考意义。使用他人的企业字号成功进行企业登记注册，并不一定获得当然的合法性。

典型案例四："搭便车"注册企业名称被判赔超百万元

2005 年 7 月 21 日，"某美"注册商标经核准注册，核定服务项目第 44 类"医院；整形外科"等。2015 年 11 月 27 日，该商标转让给原告成都某美公司。于 2019 年 1 月 18 日，成都某美公司授权广州某美公司在广东省范围内排他性使用注册商标。

被告东城某美门诊部成立于 2015 年 3 月 25 日，由东莞粤某公司投资设立，其在企业名称中使用"某美"作为企业字号，在由东莞粤某公司创办的"东莞某美整形美容"网站和"东莞某美"微信公众号，以及微博、经营场所、户外广告、宣传单等中大量使用带有"某美"字样的标识。原告成都某美公司、广州某美公司认为"某美"商标注册在先，东城某美门诊部成立在后。在东城某美门诊部注册前，广州某美公司已获得很多荣誉且刊登过很多广告，在整形医院和整形外科领域具有全国性的知名度和影响力。东城某美门诊部作为同业经营者，明知"某美"商标有极高知名度，仍将"某美"作为其字号注册使用，有明显攀附恶意，其行为构成不正当竞争，故上诉至法院。

经法院审理认为，东城某美门诊部在网站、微信公众号、经营场所、户外广告、宣传单等中大量使用带有"某美"字样的标识，与涉案注册商标构成近似。且原告与被告属于整形外科的同行业经营者，其使用"某美"的方式有可能导致相关公众对服务的来源产生误认或者认为二者之间存在某种特定联系，容易造成二者混淆。因此，东城某美门诊部构成侵害商标专用权。东莞粤某公司创办"东莞某美整形美容"网站和"东莞某美"微信公众号，并提供给东城某美门诊部使用属于侵权行为，与东城某美门诊部构成共同侵权。故判决被告东莞粤某公司和东城某美门诊部停止侵害，并于判决赔偿原告经济损失。

该案两个被告擅自将他人注册商标作为企业名称中的字号使用，造成混淆的不正当竞争行为。商事主体在经营活动中，对其同业经营者的知名注册商标应尽到合理注意和避让义务，如不在自身产品或服务中突出使用他人注册商标、不将他人在先注册商标登记为企业名称，以免因"搭便车"被认定为侵权行为。

（3）东莞市基层人民法院知识产权司法保护状况

东莞市基层人民法院在审判活动中，努力探索完善审判机制，深化审判方式改革。在案件量逐年上升、司法辅助人员严重不足的情况下，实施案件繁简分流，整合办案资源。在探索庭审方式改革过程中，积极推进法官助理参与办案，推动庭审方式和裁判文书改革，提高审判效率。对具备调解可能的案件，及时启动调解程序。自 2015 年以来，东莞市第一人民法院受理的知识产权民事纠纷案件的数量总体上呈较快增长趋势，案件收结数量均稳步上升。

截至 2020 年 3 月底，东莞市第一人民法院共受理知识产权类一审案件共计 15255 件，其中，民事案件 14955 件、刑事案件 296 件、行政案件 4 件；共计结案 14562 件，结案标的达 5.43 亿元。案件涉及民生各个领域，权利主体日益多元，关联案件增长迅猛，维权方式日趋专业化、规模化，而侵权方式则逐渐隐蔽化、复杂化。

侵权对象日益多元化，犯罪地域相对集中。在著作权案件中，除传统的文章、音乐、小说、摄影、图片、平面美术、影视等常见的作品形式之外，还出现了网络游戏、动漫形象、产品说明书等作品类型，这类案件著作权作品与被诉侵权作品之间的实质性相似比对难度较大。其中，中国音像著作权集体管理协会等电视、音乐、歌曲权利人起诉有关 KTV 业主，动漫设计衍生作品以及图片、文字作品等的商业化使用而产生的纠纷占了主要部分，特别是知名动画形象的著作权侵权纠纷，包括"喜羊羊""熊大""巴拉拉小魔仙""大嘴猴""铠甲勇士"等。

而侵犯知识产权犯罪案件涉及品牌多、知名度高，跨烟酒、服饰、硒鼓、油类、鞋类、手袋、手机配件、食品等十余种商品类别和数十种国内外知名商标，如中国驰名商标"茅台""小天鹅""步步高""张小泉"，国际知名品牌"LOUIS VUITTON""惠普""Canon"等。

与此同时，知识产权犯罪地域相对集中，被告人文化水平较低。犯罪地点在万江、寮步、东城、茶山、石排、南城的知识产权刑事案件约占 68%，多集中在城中村等租赁场所。被告人受教育程度普遍较低，高中以下学历占82%，法律意识薄弱。绝大部分被告人属于初犯、偶犯，认罪态度较好。其中仅有不到1%的被告人是东莞户籍。外国人罪犯案件涉及越南、叙利亚等国籍。

纠纷主体类型复杂。在商标侵权案件中，被控侵权主体80%为个体工商户或个人等终端零售商，此外也涉及大型商城、同行业公司及生产厂家等。涉诉主体地域分布广，经营地遍布辖区各个镇街，经营规模普遍较小，以临街商铺为主。

而在侵犯著作权案件中，既有如文学、摄影作品等享有著作权的个人或法人对其他公司、网站未经许可使用其作品提出侵权诉讼；也有文化公司作为继受权利人起诉其他公司、网站等。例如，基于其继受取得的信息网络传播权针对视频盗链、栏目抄袭、文章转载等行为提起诉讼。

东莞市基层民法院公布知识产权典型案例如下。❶

典型案例一：致敬"大白兔"不是侵权理由

原告上海冠某园食品有限公司是我国知名食品"大白兔"注册商标的权利人。被告东莞市某厨烘焙有限公司在开设的网店中销售大白兔油纸，油纸中间竖向及两侧竖向连续印制有"大白兔"图案。

原告认为被告长期大量销售印制有与原告案涉注册商标相同或近似图案的大白兔油纸给蛋糕生产经营者，并公然使用原告的驰名商标"大白兔"作为商品名称，生产产品帮助侵权获利数额巨大，主张案涉油纸中间图案与原告的注册商标构成近似，侵害了案涉注册商标的专用权。被告表示油纸中使用的图标整体画风不同，且油纸上明确标注有"此蛋糕非冠生园官方出品，仅代表此蛋糕售卖方致敬大白兔奶糖"的说明。

经法院审理认为，该案为侵害商标权纠纷，原告作为涉案注册商标的注册人，在该商标注册有效期限内，原告对该商标享有的专用权受我国法律保护。被告的行为属于销售伪造、擅自制造的注册商标标识的行为。故判决被告赔偿原告经济损失。

---

❶ 东莞市第一人民法院发布知识产权典型案例［EB/OL］.［2021 - 05 - 20］. https：//my. mbd. baidu. com/r/m6EyXLov4Y？f = cp&u = 7e11eae84a2b1c8a.

未经许可在非合理使用范围内使用他人知名商标的，构成商标侵权。大白兔奶糖在我国具有很高的知名度，其使用的大白兔形象及"大白兔"字样具有显著的识别性。被告在网络上销售的包装材料中使用与大白兔相关注册商标标识相同或近似的标识，虽然该包装材料并未与实质的商品完整使用，但在未获得权利人许可的情形下，即使冠以"致敬"之名，仍构成侵权之实，被告的行为已构成销售伪造、擅自制造的注册商标标识的行为，侵害了大白兔相关注册商标的专用权。

典型案例二：互联网关键词搜索竟"货不对板"

原告东莞某旅行社的简称为"东莞某旅"，经过多年宣传推广，享有一定市场影响力和知名度，为相关公众所熟悉。被告深圳某旅行社的3家营业部，未经原告许可，通过在某度搜索引擎中设置与东莞某旅行社企业名称相同的关键词，使相关公众在搜索"东莞市某旅行社"或"东莞某旅"关键词时，将被告3家营业部的网站链接直接置于搜索结果首位或排名优先于原告的网站链接。

原告认为被告的行为使网络用户在网络搜索查询中产生误认和混淆，继而使用户进入被告网站，发生购买被告服务的可能性，导致消费者对原告、被告的服务主体产生混淆，客观上达到了利用互联网用户的初始混淆争夺潜在客户的效果，其行为构成不正当竞争。

经法院审理认为，原告、被告存在同业竞争关系。被告擅自将原告的企业名称或简称作为互联网竞价排名关键词，主观上具有使相关公众在网络搜索、查询中产生误认的故意，通过利用网络用户的初始混淆，使公众产生混淆误认，利用他人的知名度和商誉，达到宣传和推广自己的目的，达到争夺潜在客户的效果。被告的行为损害了原告的合法权益，属于不正当竞争行为，应承担停止侵权、消除影响、赔偿损失的民事责任。

根据《反不正当竞争法》的相关规定，对于企业长期、广泛对外使用，具有一定影响的企业名称（包含简称、字号等），受法律保护。经营者不得擅自使用他人有一定影响的企业名称（包括简称、字号等），引人误认为是他人商品或者与他人存在特定联系的不正当手段从事市场交易，损害竞争对手。因此，经营者擅自将他人的企业名称或简称作为互联网竞价排名关键词，会让消费者认为商品或者服务的来源以及不同经营者之间具有关联关系，从而产生混淆误认，可能导致归属于权利人的交易机会和合法权益受到损害，被告行为构成不正当竞争行为，应当予以禁止。

典型案例三：发微信推文维权，被诉商业诋毁

原告企业名称带有"飞蚂蚁"字号，也获得深圳路某公司授权使用"飞蚂蚁"商标和推广销售产品。被告微信公众号发布《Lurefans｜春季打假》文章，"我公司已开始网络维权，一些淘宝商家罔顾商誉，以次充好，坑蒙钓友，销售 X 路人、X 蚂蚁等仿冒我公司专利产品。对这种坑害钓友利益，并损害我公司合法权益的行为，我公司已开始联合淘宝知识产权执法。"其中文章中使用的"X 蚂蚁"（鱼饵产品）以次充好、仿冒专利等内容，原告认为被告文章诋毁了原告企业名称字号"飞蚂蚁"的商业信誉和"飞蚂蚁"商品声誉。被告则认为文章中没有明确表述原告的企业名称，没有完全指出任何一类产品，并表示称其本意是维护自身合法权益的维权表达，非恶意诋毁特定指向的某商家。

经法院审理认为，被告发布的微信推文内容说明被告观点及意见明确，并已锁定淘宝网上的对应商家，与被告向淘宝网投诉原告授权的网店销售商品有专利侵权的情形对应。法院认为，原告"飞蚂蚁"字号获深圳路某公司授权使用，对相关的鱼饵产品进行了推广，"飞蚂蚁"字号、飞蚂蚁鱼饵产品与原告已产生对应的关联关系，而被告发表文章"X 蚂蚁"均会让行内人及消费者联想到"X 蚂蚁"与原告之间的关系。微信推文中的"X 蚂蚁等仿冒我公司专利产品"等用语内涵均未经合法鉴定和有效法律文书认定，属编造误导性信息；涉案文章阅读量达数千次，多人评论。一审判决被告立即停止侵害原告的不正当竞争行为，删除其涉案微信文章，并在其微信公众号发文向原告赔礼道歉，消除不良影响，被告赔偿原告经济损失。

在多种自媒体平台发布信息时，应注意言而有证、言之有据，不得胡编乱造，不能侵害他人的合法权益。作为同行业的竞争者，不应以对比、贬损方式进行市场推广、抢占先机，应当遵守公平竞争原则，诚信守法合规经营。

（4）广州知识产权法院东莞巡回审判法庭成立

2019 年 12 月 26 日，广州知识产权法院东莞巡回审判法庭、东莞市中级人民法院巡回审判法庭在东莞松山湖知识产权综合服务中心揭牌成立。广州知识产权法院东莞巡回审判法庭是继惠州、佛山后，全省设立的第三个知识产权巡回审判法庭，将集中审理东莞及周边地区属广州知识产权法院管辖的各类知识产权民事案件，为当事人就近提供案件受理、开庭审判、查询咨询、诉调对接、来访接待、法治宣传等诉讼服务。成立东莞巡回审判法庭，是开展知识产权司法、行政多层次多领域协作模式，强化知识产权保护力度，提升知识产权服务水平，保护知识产权权利人的合法权益，更好地落实粤港澳大湾区建设纲要要求的重要举措，支持东莞建立知识产权司法、行政双层保护机制。广州知识产权法院东莞巡回审判法庭的成立，充实了东莞市知识产权保护的司法力量，是完善东莞市知识产权保护体系建设的重要一环。

2. 行政保护

东莞市在"十二五"期间严厉打击专利侵权行为、建立知识产权保护直通车制度、加强会展知识产权保护、加强执法协作和交流培训，建立东莞市知识产权维权援助中心工作站等，推进知识产权产权强市建设。

行政执法是知识产权保护不可替代的重要部分，行政执法能够主动、快捷地制止知识产权的侵权行为。行政执法部门既可以依权利人的申请及时制止有关侵权行为，也可以依自身职权主动搜集证据、展开调查，并对侵权纠纷进行处理。同时配合上门查处、扣押等执法措施，以及没收、罚款等行政处罚手段，保障知识产权权利人的合法权益。在东莞市知识产权局的统筹指导下，各级知识产权行政执法部门加大了知识产权的执法、普法工作，初步建立了知识产权执法协作机制。一方面，东莞市知识产权局积极组织开展全市重大经济活动知识产权特别审查，并负责知识产权预警机制的建立和研究分析工作；开展专利行政执法及市场监督管理工作，处理和调解专利纠纷案件，查处假冒专利行为；承办专利行政复议、行政诉讼应诉工作；负责知识产权维权援助工作，保障知识产权行政执法的效益。另一方面，东莞市知识产权局联合科学技术局组织协调全市知识产权的有关工作，在重大涉外知识产权纠纷与争端上协调有关机构研究合理解决的方案，并负责维权援助中心有关工作，推动东莞市知识产权保护体系的建设。

（1）设立保护场所

东莞市设立了中国（东莞）知识产权维权援助中心、中国东莞（家具）知识产权快速维权援助中心、广州知识产权法院东莞诉讼服务处 3 个知识产权保护镜，并建立 6 个知识产权维权援助中心工作站，形成了知识产权保护体系。

（2）制定保护文件

制定出台《东莞市知识产权工作十三五规划》《东莞市知识产权强市创建工作方案（2017—2019 年)》等政策文件。建立专利指标考核体系和商标品牌战略联席会议制度，支持镇街（园区）建立工作领导小组和商标品牌指导站。实现镇街（园区）商标品牌指导站覆盖率已达 76%。加大政府财政投入，市财政 3 年间累计投入 2.7 亿元专项资金，从专利申请授权资助、优势企业认定、企业贯标、专利信息分析利用、专利权质押融资、公共服务体系等方面全力支持知识产权事业发展。

（3）知识产权建设体系不断完善

据统计，2020 年 1—3 月，全市发明专利申请量和授权量分别为 4881 件和 2055 件，同比增长分别为 0.45% 和 1.03%（均高于全省和全国平均水平），均位居全省第三位；PCT 专利申请量为 899 件，同比增长 32.21%（高于全省和全国平均水平），占全省总量的 18.96%，位居全省第二。截至 2020 年 3 月底，国内有效发明专利量为 31775 件，位居全省第三；每万人发明专利拥有量 37.54 件，位居全省第四。

2020 年 1 至 3 月，全市商标申请量和注册量分别为 22823 件和 18955 件，均位居全省第三；截至 2020 年 3 月底，全市商标有效注册量 325271 件，位居全省第四，同比增长 27.38%；马德里国际注册商标累计 661 件。此外，2020 年 1—3 月，全市专利权质押融资登记共 33 项，金额约 10.68 亿元，占全省总额的 24.67%，位居全省第二。

东莞市强企队伍也在不断壮大，国家、省、市知识产权优势、示范企业达到 419 家，培育了广东欧珀移动通信、维沃（vivo）移动通信、东阳光药业、生益科技等一批知识产权强企。获得第二十一届中国专利奖 22 项、第六届广东省专利奖 5 项；通过知识产权贯标认证企业 1419 家，居全省地级市第一。市知识产权交易活跃，建设金融科技产业融合创新综合试验区，是全省唯一齐备港澳台资银行的地级市。截至 2020 年 10 月，市专利权质押融资登记金额达到 279945 万元，位居全省第二。

随着知识产权建设体系的不断完善，市区域品牌正逐步形成。依托区域产业特色，东莞打造大朗毛织、道滘食品、东莞莞香、大岭山家具等一批区域知名品牌，不断提升区域品牌价值，为区域经济产业发展提质增效。如"大朗毛织"区域品牌成功引领大朗镇产业转型升级，成为全国最大的毛织生产基地和毛织原料集散地。

（4）建设知识产权服务集聚区域，不断完善全市知识产权公共服务体系

以建设知识产权服务集聚区域为抓手，不断完善全市知识产权公共服务体系，逐步提升全市整体知识产权服务水平，充分激发创新创业活力，为推动东莞经济高质量发展提供了新的强劲动能。依托东莞市深化商事制度改革综合试验基地，搭建知识产权综合服务平台和商标品牌服务平台，设立东莞市商标品牌研究院，全力打造市级知识产权服务业聚集发展区。此外，东莞市还推动松山湖高新区获批建设广东省知识产权服务业集聚发展示范区，目前国家知识产权局专利局广州代办处已批复同意于松山湖知识产权综合服务中心设立东莞服务站。

（5）推动知识产权保护规范化建设

东莞市不断提升知识产权保护能力和执法协作水平。在加强执法方面，2020年，东莞市开展"护航""雷霆"专项行动，每季度对重点行业、重点地区开展打击假冒专利整治。"西门子案""荣华月饼案"分别被评为全国和全省十大知识产权案例。近年来，东莞市专利办案量年均增长20%以上，查处假冒专利案件结案率达到95%以上，专利行政执法绩效考核位于全国同类城市前列。

在打造高效维权平台方面，东莞市建立重点企业知识产权保护及维权援助直通车服务机制，全面提升中国东莞（家具）知识产权快速维权援助中心服务能力。上线运行5年来，快速维权中心累计调解438起家具领域专利侵权纠纷。

（6）加强国内和国际知识产权合作

国内深耕与国际推广相结合，深入开展知识产权交流合作，引导企业加强商标海外布局，主动参与国际品牌经济的竞争，积极增创开放竞争新优势。一方面，加快商标品牌国际化布局，与WIPO中国办事处建立知识产权品牌战略合作关系，就知识产权保护服务、国际合作开发、学习培训交流、信息互联互通等方面开展合作。

另一方面，东莞市积极参与知识产权国际合作，先后成功举办国际（东莞）智能终端产业知识产权保护论坛、粤港知识产权与中小企业发展（东莞）研讨会等重大知识产权交流活动，进一步深化粤港澳大湾区及"一带一路""海上丝绸之路"的区域知识产权交流合作，加快优质莞企"走出去"步伐。

东莞市还设立东莞商品南非展销中心和东莞品牌迪拜展销中心，面向非洲、中东等新兴市场重点推广东莞名优产品，打造"东莞制造"的集体品牌，更好地为东莞产品"走出去"提供服务和支持。

（7）建立知识产权专家库

依托高校院所、新型研发机构、创新型企业集聚发展优势，积极培养和引进从事知识产权研究、管理、运用、法务的高端人才、紧缺人才，夯实知识产权发展基础。

东莞市建立知识产权专家库，依托东莞理工学院知识产权学院累计培养400多名以理工科背景为主的知识产权应用型人才。举办专利质押融资宣讲、WIPO 巡回研讨论坛、知识产权总裁班、知识产权保护维权、品牌宣传等宣传培训24场，服务企业参加人数达到3700多人次，为知识产权事业发展提供强有力的支撑。

（四）知识产权中介机构发展状况

在国家知识产权局制订《专利代理行业发展规划（2009—2015 年)》后，2008—2012 年，全国专利代理机构数量以平均每年 50 家左右的数量平缓增长。从 2013 年开始，全国代理机构数量突破1000 家，专利代理机构数量开始呈现大幅增长趋势，之后的几年，每年新增代理机构均在 100 家以上。2017 年增长最为迅速，较 2016 年增加 313 家，增长率为 20.71%。截至 2017年底，专利代理机构总量达到 1824 家，与 2008 年相比增加了 159.09%。知识产权代理主要是指专利、商标、版权、商业秘密、植物新品种、特定领域等各类知识产权"获权—用权—维权"等相关服务及衍生服务的集合，知识产权代理能够更好地促进智力成果权利化、商用化、产业化。知识产权代理等相关服务已是现代服务业和生产性服务业的重要内容、高技术服务业发展的重点领域。知识产权代理服务作为"催化剂""助推器"，有利于充分发挥知识产权创造、运用、保护和管理的作用，提高创新效益，推动经济高质量发展。

1. 东莞市专利代理机构数量较多

一个地区的专利代理机构数量是该区域专利保护意识、知识产权保护意识专利市场活跃度的直接体现。专利代理机构越多，表明该区域在专利申请、专利技术交易市场上表现得也越突出、越活跃，同时也表明当地在知识产权保护意识上较为重视，专利保护意识知识普及工作开展做得比较出色。

根据国家知识产权局（专利代理管理系统）的网站显示，目前广东仅有350家机构享有专利代机构资格。而持有双证的广东省内律师事务所仅有31家，其中，东莞市有10家，数量位居全省第二。

广东省双证律师事务所统计分布如表6－5所示。

表6－5　广东省双证律师事务所统计

城市	数量/家	城市	数量/家	城市	数量/家
深圳	14	东莞	10	广州	8
佛山	2	中山	2	珠海	1

东莞市作为一个以打造知识产权强市为目标的城市，近年来，格外注重知识产权产业的发展。东莞市科学技术局于2018年8月20日发布了东莞市专利代理机构名录。根据统计数据显示，截至发布日，东莞市全市登记在东莞市科学技术局下的知识产权专利代理机构（含分支机构）共有63家。

2. 东莞市知识产权代理机构知识产权代理授权数量较大

在专利代理方面，根据广东省知识产权公共信息综合服务平台，2017年1月1日至2019年10月31日，东莞市专利代理机构共获专利授权106694件，其中，发明授权为447件，发明专利为31593件，实用新型为57759件，外观设计为16895件。根据广东省知识产权局公布的数据，截至2018年5月7日，东莞市共有16家专利代理机构专利代理授权情况获公布。2017年上述16家专利代理机构代理专利授权数量共计19080件，其中，发明为1029件，实用新型为 8847 件，外观设计为 9222 件。

（五）成为国家知识产权运营服务体系建设重点城市

东莞市成功获批为 2019 年度国家知识产权运营服务体系建设重点城市，成为广东省唯一入选的城市。全国知识产权运营服务体系建设重点城市（东莞）启动仪式暨 2019 年东莞市市场监管发展战略论坛——知识产权专场活动于 2019 年 9 月在东莞市举行。

1. 《东莞市知识产权运营服务体系建设实施方案（2019—2021 年)》

2019 年 12 月，东莞市政府办公室印发了《东莞市知识产权运营服务体系建设实施方案（2019—2021 年)》，明确了 2019—2021 年东莞知识产权事业发展的行动纲领。方案提出到 2021 年，建成政策完善、要素完备、体系健全、运行顺畅、特色鲜明的知识产权运营服务体系，"一体八翼十六项工程"全部完成，基本实现知识产权创造高质、运用高效、保护严格、管理科学、服务优良、人才集聚，知识产权与产业、科技、金融发展深度融合，知识产权对创新驱动发展的作用充分显现，对推进营商环境改革、深化供给侧结构性改革、构建开放型经济新体制的作用凸显。

按照广深港澳科技创新走廊东莞段"两核三带多节点"规划布局，构建以东莞为中心、辐射粤港澳大湾区的具有东莞特色的知识产权国际运营中心。推进"2 核 +2 特色主题"运营及创新平台工程建设，在东城黄旗南打造高端服务业集聚区知识产权运营平台，在松山湖高新区打造集交易、管理、运用、维权、服务为一体的运营平台，为企业提供全链条知识产权运营公共服务。

东莞市还将重点围绕家具、模具等产业集群，促进传统产业与知识产权深度融合，培育知识产权密集型产业，支持知识产权强企建设。积极探索与高等院校合作打造知识产权运营智库，培育一批知识产权强校、强所。

2. 构建完善的知识产权运营服务体系

推进高价值专利培育，引导企业打造知名商标品牌。构建完善的知识产权运营服务体系，质量品牌也是重要环节。东莞市将强化制造业实体经济主体地位，利用产学研优势推进高价值专利培育，建立东莞市商标品牌发展研究机构，为企业创建自主品牌提供指导服务，设立商标品牌战略专项资金，引导企业打造知名商标品牌，加快促进产业提质增效升级。

实施知识产权金融普惠工程，引导社会资本共同设立知识产权运营基金，探索知识产权证券化，推动知识产权金融服务创新，实现专利、商标质押融资金额、质押次数和知识产权保险金额大幅增加，促进知识产权与金融深度融合，增强创新驱动发展新活力。

此外，东莞市将建设高端智库报告发布机制，编制发布东莞市知识产权运营白皮书、专利创新企业排行榜、品牌企业排行榜等，助推东莞市企业提升国际影响力和竞争力。

三、建议和展望

（一）建立知识产权管理体制

2019 年 12 月，东莞市发布《东莞市知识产权运营服务体系建设实施方案（2019—2021 年）》，建立知识产权综合管理改革，建立行政、司法相辅相成的执法模式，建立知识产权纠纷调解机构，使其权界清晰、分工合理、权责一致、运转高效的综合管理机制；建立健全行业协会知识产权管理制度，加强企业知识产权战略规划，重视行业知识产权管理培训，推动建立行业知识产权联盟、加强企业的知识产权建设。要促进东莞市企业的知识产权创新、转化和应用，促进企业知识产权成果效益更进一步的提升，东莞市必须加强企业的知识产权建设，建立健全企业知识产权管理体系，制定和完善企业中长期发展规划与知识产权战略。

（二）加强知识产权成果转化

东莞市以专利为核心的知识产权成果显著，专利的申请量和授权量均位居全省第三，为广东省地级市之首，且专利申请量和授权量的增长率高于全省平均水平。

　　但是，东莞市以专利为核心的知识产权成果数量和质量仍然存有不足。一方面，与排在前面的深圳、广州相比，东莞市的专利申请和授权在数量和质量上还是存在不小的差距。另一方面，东莞市在发明、实用新型和外观设计的申请量和授权量的分布特征也体现了以专利为核心的知识产权成果数量和质量存在不足。数据显示，科技对东莞市经济增长的贡献率超过55%，彰显了东莞市知识产权技术成果转化和应用能力相对较强。但是，东莞市在知识产权成果转化方面仍然存有不足。

　　从东莞市的实际情况来看，东莞市高等院校及其相关科研机构是知识产权创造的主要力量，也是科研项目的主要承担者。《关于〈东莞市科技成果双转化行动计划（2018—2020年）〉的政策解读》中指出，《东莞市科技成果双转化行动计划（2018—2020年）》是解决东莞市高校院所在科技成果转化中所面临问题的需要，据不完全统计，大部分高校院所的科技成果转化率不足20%，有的甚至不足10%。可见，东莞市高校院所的科技成果转化率较低的问题亟待解决。

　　科技成果转化率较低的主要有三个方面。首先，由于高等院校及其相关科研机构并非完全的市场主体，并非处于市场的中心，往往会缺乏专利成果转化实施的经验和能力，不足以承担起知识产权成果转化和应用的任务。其次，承担科研项目的高校和企业之间沟通和交流存在不足，并未建立一个信息畅通的技术交流平台，两者在知识产权的转让和实施方面也没有行之有效的制度建设。最后，大部分的产学研合作仅仅立足于某个项目，合作目标比较单一，没有深化到高校科研方向以及企业生产制度的合作中，合作始于项目也终于项目，难以保证知识产权成果的进一步深入研究和持续发展。评价一个地区的知识产权发展实力，除了要看知识成果创造总量，更要重视知识产权成果的转化和应用。因此，未来东莞要促进知识产权事业的进一步发展，就必须加强知识产权成果转化，构建完善的转化运用体系，开展知识产权成果转化的各项活动，贯彻落实知识产权成果转化制度和政策。

（三） 各镇街的知识产权高速发展

1. 2020 年各镇经济发展状况

2019 年东莞市长安镇生产总值首次突破 700 亿元大关，达到 760 亿元，远高于虎门镇的 648 亿元。2020 年，长安镇生产总值一跃成为东莞市首个突破 800 亿元的镇街。排名第二的虎门镇为 644.56 亿元。

2019 年，东莞市南城街道异军突起，首次超越东城街道，2020 年，南城街道生产总值稳占市区各街道第一、全市第三。2019—2020 年，南城街道与虎门街道的生产总值差距由 35 亿元缩小为 20 亿元。

2. 大项目牵引中小镇街持续发力

2020 年，东莞市东城街道生产总值首次突破 600 亿元大关，牢牢占据全市第四名，并且超过排名第五的塘厦镇约 100 亿元。而塘厦镇亦继续发力，保持增长优势，在 2020 年冲进 500 亿元大关。

2020 年，万江街道、茶山镇、横沥镇相继超越生产总值达 164.27 亿元的高埗镇，进入前 25 名。2020 年，东莞各镇街生产总值排名居后的洪梅镇、望牛墩镇的生产总值首次突破百亿大关，实现了历史性突破！

（四） 完善知识产权执法维权机制

2020 年，东莞市知识产权的行政保护和司法保护成果显著，知识产权执法部门和司法部门在知识产权纠纷收案和结案数量都增长较快，但是，东莞市知识产权的行政保护和司法保护仍然存在一些问题。

首先，知识产权保护环境有待进一步优化。东莞市知识产权行政保护与司法保护的协同机制应进一步完善，尤其是执法机关与司法机关在处理知识产权案件时应当统一事实认定标准、证据认定标准、裁量标准等。

其次，司法机关应对新型案件的解决机制需进一步完善。东莞市经济高速发展，知识产权案件呈现侵权对象新兴化、多元化；纠纷主体类型复杂、利用信息网络侵害知识产权案件高发、商业维权和批量维权的比例较大等特点，法院面对这些新特点、新类型的案件应当及时完善应对机制。

最后，知识产权执法和司法力量有待充实。由于知识产权专业性较强，对于执法人员的素质要求较高，东莞市知识产权审判队伍的业务能力、专业素养、知识结构等方面有待进一步加强，现有的执法队伍总体上还不能满足知识产权行政执法的要求。因此，为了构建健全的知识产权行政保护和司法保护体系，促进东莞市知识产权事业健康快速发展，需尽快打造专业的知识产权执法和司法队伍。

（五）加强知识产权会展保护

以中国加工贸易产品博览会和广东 21 世纪海上丝绸之路国际博览会为代表的会展取得硕大成果，加强了东莞市企业与国内外企业高新技术和知识产权的交流，东莞市在知识产权会展保护方面也取得了一定的成果，在会展期间受理并快速处理若干专利侵权投诉案件。但是，东莞市在知识产权会展保护方面依然存在一些问题。

一方面，利用会展实施恶意竞争的情况时有发生。例如，部分参展商参加会展时存在打探行业内其他竞争者的最新产品和技术，进而进行模仿或假冒的行为；有参展商故意登记与权利人相同或近似的字号，生产相同的产品进行销售，以达到市场混淆的目的；部分参展商在参加会展期间通过虚假宣传、商业诋毁等行为，恶意排挤、诋毁竞争对手，以获得不正当的竞争优势。

另一方面，会展主办方对于会展期间的知识产权保护缺乏积极性和主动性。在会展行业竞争日益激烈化背景下，有的主办方主要精力用于招揽更多参展商，为了有更多的参展商参加，对于某些侵犯知识产权的行为睁一只眼闭一只眼，对知识产权保护重视不足；另外，由于要对庞大的会展产品和技术进行管理，某些主办方可能在管理方面捉襟见肘，在知识产权保护方面缺乏人力、物力资源支持，难以对会展期间的知识产权保护进行全面有效管理。

会展是加强知识产权交流、引进高新技术的重要途径，为优化知识产权会展保护的环境，吸引更多的企业和个人参加会展活动，促进东莞市企业与国内外企业的高新技术和知识产权交流，东莞市必须进一步加强知识产权会展保护，加强对参展方有关知识产权保护和参展项目知识产权状况的审查，明确会展主办方的法律地位以及权利义务，完善涉会展知识产权纠纷的及时有效审理机制，加强涉会展知识产权典型案件的全方位宣传。

（六）加大知识产权人才培养力度

东莞市出台了培养高层次人才特殊支持政策，制定了新时代创新人才引进培养实施方案，但知识产权人才数量和质量方面都严重不足。无论是高层次知识产权人才，还是实务型知识产权人才，东莞市知识产权人才缺口都相对较大。

一是通过专利代理师考试的专利代理人才比较少。东莞市通过专利代理师考试的人数仅为广州的 13%，深圳的 17%。二是知识产权人才整体素质有待提高。知识产权人才除了掌握知识产权相关的技术知识之外，还要掌握国内外法律知识、外语知识、业务知识、管理知识等，以缓解知识产权人才知识结构单一，整体素质不能满足市场的需求的困境。三是知识产权人才培养体系不够健全。目前，东莞市开展了一定数量的政府机构以及知识产权行业协会组织的培训会、交流会和研究会，但仍然不能满足培养知识产权人才的需求。

此外，东莞市仍然需要增加在高等院校建设知识产权人才培养基地的数量，进一步改善高等院校的知识产权教学与合作。也需要健全高等院校知识产权师资培养，仍需要加快高等院校知识产权人才培养基地的计划和培养机制的制定和实施。知识产权人才是知识产权事业得以发展的重要支撑，因此，东莞市必须加大知识产权人才培养力度，加强知识产权实务人才培养，完善高校知识产权人才培养体系，建设知识产权人才培养基地，以支撑东莞知识产权事业取得进一步发展目标的实现。

第7章 佛山市知识产权报告

佛山市是粤港澳大湾区最重要的城市之一，经济规模仅次于深圳、广州和香港，是粤港澳大湾区的西部枢纽和制造业创新中心。2019年2月，中共中央、国务院印发的《粤港澳大湾区发展规划纲要》要求粤港澳大湾区逐步成长为具有全球影响力的国际科技创新核心，形成以创新为主要支撑的经济体系和发展模式，佛山市则被确定为粤港澳大湾区的"重要节点城市"和"珠江西岸先进装备制造产业带"的"龙头"。科技创新产业是佛山市的经济支柱，知识产权是科技创新的重要基础。因此，摸清佛山市知识产权各方面工作的"家底"不仅有利于各级政府制定切实可行的政策，而且可以为社会各界的知识产权工作提供一定的指引和参考。

2020年，国家知识产权一系列政策接连出台，进一步深化知识产权保护制度，知识产权工作从重视"量"向重视"质"转变。尤为突出的是，2020年5月8日，国家知识产权局发布的《关于深化知识产权领域"放管服"改革 优化创新环境和营商环境的通知》要求各地要在2021年6月底前全面取消专利、商标申请阶段的资助和奖励，推动知识产权工作由追求数量向提升质量转变，这不仅将影响佛山市知识产权制度和政策的调整，更直接影响佛山市各项知识产权的发展状况。本书在2019年报告的基础上，着重分析2020年佛山市知识产权制度和政策的调整及其对各项知识产权工作的影响、2020年佛山市各项知识产权的发展状况。

一、佛山市知识产权制度和政策

2020年，随着国家高质量发展的要求和宏观知识产权政策的调整，尤其是2020年初国家知识产权局印发《关于深化知识产权领域"放管服"改革营造良好营商环境的实施意见》之后，佛山市知识产权制度和政策也在逐渐变化，除了原有大部分的知识产权制度和政策继续执行之外，佛山市制定了《佛山高质量发展综合绩效评价体系（试行）》《佛山市粤菜（名店、名菜、名点）品牌建设管理办法》等促进高质量发展的文件。各区进一步制定了促进知识产权转化运用的文件，例如，佛山高新技术产业开发区管理委员会制定了《佛山高新技术产业开发区管理委员会关于促进科技成果转移转化的资助实施细则》《佛山高新技术产业开发区管理委员会关于加强知识产权创造、保护和运用的资助实施细则》，佛山市禅城区人民政府制定了《佛山市禅城区推进品牌和技术标准战略工作扶持奖励办法》，佛山市顺德区人民政府制定了《关于推进科技创新引领高质量发展若干政策》和《佛山市顺德区促进知识产权发展专项资金管理办法（修订）》，佛山市南海区人民政府制定了《佛山市南海区促进知识产权工作发展扶持办法》和《佛山市南海区关于实施"名标工程"推动商标战略的意见实施细则（修订）》，佛山市三水区人民政府制定了《佛山市三水区促进专利高质量发展资助办法》，佛山市南海区人民政府制定了《佛山市高明区质量提升与经济发展奖励办法》和《佛山市高明区经济和科技促进局产学研结合项目成果转化专项扶持资金管理实施细则》，这些文件均旨在促进知识产权高质量发展。2020年佛山市知识产权具体制度和政策的调整表现在以下几个方面。

（一）制定《佛山高质量发展综合绩效评价体系（试行）》，促进高质量发展

2020年11月17日，佛山市发布《佛山高质量发展综合绩效评价体系（试行）》，充分发挥绩效评价的激励和导向作用，实现更高质量、更有效率、更加公平和更可持续的发展。该评价体系主要遵循尊重规律、系统思维、问题导向、客观公正、上下一致、有所侧重六大原则，因地制宜建立起一套系统的评价体系。根据全市主体功能区规划，结合各区发展定位、发展阶段、发展任务、发展要求、资源禀赋、经济结构等方面的差异，将五区分为珠三角核心区、生态涵养区两个评价类型，不同类型区域在指标权重上有所不同，体现出差异化和精准化的特点。对禅城区、南海区、顺德区等珠三角核心区

突出创新驱动、开放水平。创新和开放的一级指标权重相对较高，创新和开放指标分别为 18% 和 14%，高于高明的 15% 和三水的 13%。对高明、三水则更加突出城镇化水平提升、协调发展和环境保护。创新指标是和知识产权具有紧密联系的指标，主要包括研发经费占地区生产总值比重、专利产出指数、国家级高新技术企业数量和增速、规模以上工业企业设立研发机构比例、拥有省级及以上创新平台数量、国家级高新区综合排名、技术合同成交额和人才发展指数。

（二）知识产权运用转化促进政策进一步深化、细化和下沉

2020 年，佛山高新技术产业开发区（以下简称"佛山高新区"）管理委员会和各行政区多制定了进一步促进知识产权运用转化政策的文件，知识产权运用转化促进政策进一步深化、细化和下沉。

（1）佛山高新区

佛山高新区管理委员会制定《佛山高新技术产业开发区管理委员会关于促进科技成果转移转化的资助实施细则》和《佛山高新技术产业开发区管理委员会关于加强知识产权创造、保护和运用的资助实施细则》。前者旨在鼓励企业积极参与科技成果转移转化工作，加快推动重大科技成果在佛山高新技术产业开发区转移转化，培育壮大具有国际竞争力和影响力的高新技术产业；后者旨在鼓励佛山高新区企业加强技术创新和知识产权保护，加大知识产权运用力度，拓宽融资渠道，完善区域创新生态环境。两个文件均共有七章，分别为总则、职责分工、申报条件、申报程序及资助政策、资金拨付及管理、责任追究和附则，根据其规定，对获得科技成果转移转化项目资助的单位，按照实际发生技术交易额的 20% 给予后补助，单个项目资助额度不超过 50 万元。同时，鼓励佛山高新区各园管理局根据实际给予配套支持。后者在知识产权创造方面，主要包括三个方面的资助：一是对上年度获得发明专利授权的申报单位，每件给予 3000 元后补助。二是对上年度成功提交 PCT 国际专利申请且具有符合实施细则规定的 PCT 国际检索报告和国际检索单位书面意见的申报单位，每家单位给予 2 万元后补助。三是对上年度新增拥有海外商标的申报单位，每家单位给予 6000 元后补助。在知识产权运用方面，对符合条

件的申报单位通过知识产权质押贷款进行融资的，按照实际贷款利息的40%给予贴息支持，单家单位年度补贴金额不超过50万元。同时，鼓励各园管理局根据实际情况给予配套支持。

（2）佛山市禅城区

佛山市禅城区制定了《佛山市禅城区省以上科学技术奖培育项目管理办法》，旨在鼓励科学技术创新，激发广大科技人员的积极性和创造性，营造良好的科技创新和科技成果转化氛围。禅城区省以上科学技术奖培育主要是选择禅城区范围内技术创新性强、经济和社会效益显著、产业发展带动力和示范效应强的项目进入项目库，并对当年入库项目给予扶持，经辅导和培育，将符合条件的项目向上级科技主管部门推荐提名省科学技术奖或国家科学技术奖。每年用于禅城区省以上科学技术奖培育项目的扶持资金总规模不超过200万元，由区、镇（街道）级财政按照区、镇（街道）税收分成比例承担，其中镇（街道）负担的资金先由区财政统一垫付，再从划拨给各镇（街道）的税收分成款中结算。入库项目的资助方式为后补助：一档资助10万元、二档资助8万元、三档资助6万元。

（3）佛山市顺德区

佛山市顺德区制定了《关于推进科技创新引领高质量发展若干政策》，旨在加快实施创新驱动战略，积极融入粤港澳大湾区国际科技创新中心建设，实现顺德区高质量发展的目标，设立5亿元的"科技顺德"建设专项资金，用于推动"科技顺德"建设。该若干政策从重奖科学技术奖项目、鼓励开展重大关键技术攻关、支持国际科技合作、支持高水平研发机构建设、支持专业化科技成果转化平台建设、支持科技企业孵化载体建设、鼓励科技企业上市、鼓励企业通过并购做大做强、大力引进科技和金融人才、降低科技型中小企业融资成本十个方面着手，重在培育科技型企业主体、加强科技成果转移转化以及缓解中小科技型企业融资难、融资贵三大板块主动发力，使得顺德区区域创新体系更加健全，创新人才加速集聚，创新要素配置效率大幅提升，综合科技实力显著提升，进一步实现顺德区实体经济高质量发展。该若干政策中绝大部分是新增的扶持政策，为极大激发企业创新活力，提高政策的有效性，扶持方式以事后一次性（连续）资金补贴和贷款贴息为主，以创新企业融资路径为辅。该若干政策覆盖面广、针对性强、扶持力度大。在覆盖面上，覆盖中小型企业、骨干企业、大型企业等不同规模企业，在针对性上，从核心技术攻关、科技成果转化、创新全球化、金融支持科技创新和创新资源集聚五个方面对企业进行扶持，在扶持力度上，单个项目最高补助达到 1000 万元。

佛山市顺德区还制定了《佛山市顺德区促进知识产权发展专项资金管理办法（修订）》，主要目的是加快形成促进知识产权发展的政策体系，强化顺德区知识产权保护工作，提升知识产权创造和运用能力。该管理办法和此前政策相比的不同之处在于有以下 5 点。

第一，加强海外知识产权保护。一是对 PCT 申请每件资助由 2500 元调整到 5000 元；获得美国、日本、欧洲发明专利授权的，每项资助专利权人由 25000 元调整到 40000 元；获得其他国家及地区发明专利授权的，每项资助专利权人由 15000 元调整到 20000 元。二是增加企业通过马德里体系申请国际商标注册的资助项目。具体为："通过马德里体系取得国际商标注册的，在获取《商标注册证》并通过各指定国核准注册后一次性申领资助，资助金额为每件商标 1 万元。"三是增加对国外知识产权维权成功单位的扶持条款及经费保障。每年该项预算不超过 100 万元资金，用于支持企业开展知识产权海外维权。四是在外国（地区）提起侵权诉讼资助。顺德区域内企业获得外国（地区）专利授权后，在外国（地区）提起专利侵权诉讼，最终判定专利侵权成立的，美国、日本、欧盟国家每件案件一次性给予 20 万元资助，其他国家或地区每宗案件一次性给予 10 万元资助。五是在国外（地区）积极应对侵权诉讼。资助顺德区域内企业在国外（地区）应对专利侵权诉讼，最终判定专利侵权不成立的，美国、日本、欧盟国家每件案件一次性给予 20 万元资助，其他国家或地区每宗案件一次性给予 10 万元资助。

第二，融合商标品牌战略方面的资助项目。对获得驰名商标认定保护的，给予每件商标 50 万元支持，成功注册地理标志证明商标或获得地理标志保护产品批复的，给予每件商标或每个地理标志产品 30 万元支持。

第三，增加知识产权示范企业、优势企业的创新激励标准。对获得国家知识产权示范企业和优势企业及广东省知识产权示范企业的，一次性给予 10 万~30 万元资金支持。其中，获国家知识产权示范企业的，给予 20 万元资金支持，若当年发明专利申请数比上年增长 15% 或有效发明专利增长 20% 以上的，增加支持 10 万元，共给予 30 万元；获国家知识产权优势及省知识产权示范企业的，一次性给予 10 万元资金支持，当年发明专利申请数比上年增长 15% 或有效发明专利增长 20% 以上的，增加支持 10 万元，共给予 20 万元。

第四，调整企业知识产权质押贷款补贴标准。将贷款贴息和评估费用两个资助项目融为一体，分设扶持档次，且所有扶持资金直对贷款企业，便于政策的实际操作和执行。同时，提高了贷款贴息的最低额度为 200 万元，并分设了 6 个扶持档次，细化了知识产权质押融资贴息条款的补贴范围和标准，鼓励企业培育高价值专利，促进创新和高质量发展。同时，为扩大政策普及面，在政策实施有效期内，每家企业最多可申请 1 次知识产权质押融资贴息补贴。

第五，支持知识产权运用和保护。管理办法的修订增加了对顺德区探索开展专利保险试点工作提供资金支持的条款，鼓励企业加强知识产权保护，对购买专利保险的单位，在享受市级专利保险资助的基础上，按实际支出保费的 20% 给予资助，每个单位资助总额最高不超过 15 万元。

（4）佛山市三水区

佛山市三水区制定了《佛山市三水区促进专利高质量发展资助办法》。该资助办法制定的背景是，在市、区两级专利政策废止后，2018 年佛山市三水区发明专利申请量下跌明显，专利申请人申请信心明显受到政策导向影响，专利申请积极性不高。因此，需要重新出台新的资助政策文件，继续推动专利工作向高质量方面发展。具体资助项目和标准如下。

第一，发明专利资助。发明专利资助包括发明专利快速授权资助、中国发明专利年费资助、外国发明专利授权资助和国际专利申请资助。一是发明专利快速授权资助。通过中国（佛山）知识产权保护中心预审服务备案申请主体名单的企事业单位，其通过预审快速通道获得发明专利授权，每件资助 1000 元。二是中国发明专利年费资助。发明专利授权后的年费，每件按当年实际缴纳年费的 20% 给予资助。三是外国发明专利授权资助。获得美国、日本、欧盟国家授权的发明专利，每件资助 2 万元；获得其他国家及地区授权的发明专利，每件资助 1 万元；同一项发明专利被多个国家或地区授予专利权的，最多可申请不超过两个国家或地区的发明专利资助。四是国际专利申请资助。提交 PCT 专利申请，获得专利申请国际检索报告和国际检索单位书面意见的，每件资助 5000 元。

第二，专利保护资助。专利保护资助包括在中国提起侵权诉讼资助、提出专利无效请求资助、专利海外维权资助。一是在中国提起侵权诉讼资助。对三水区企业获得中国发明专利授权后，在法院提起发明专利侵权诉讼，最终判定专利侵权成立的，每件给予维权费用的 30%（最高不得超过 3 万元）资助。二是提出专利无效请求资助。对三水区企业在市知识产权主管部门或者法院被告专利侵权，向国家知识产权局提出专利无效请求并成功判定专利权全部无效的，每件给予 1 万元资助。三是专利海外维权资助。在外国（地区）提起侵权诉讼资助。对三水区企业获得外国（地区）专利授权后，在美国、日本、欧盟国家提起专利侵权诉讼，最终判定专利侵权成立的，每件给予维权费用的 30%（最高不得超过 20 万元）资助；在其他国家或地区提起专利侵权诉讼，最终判定专利侵权成立的，每件给予维权费用的 30%（最高不得超过 10 万元）资助。在外国（地区）积极应对侵权诉讼资助。对三水区企业在美国、日本、欧盟国家应对专利侵权诉讼，最终判定专利侵权不成立的，每件给予维权费用的 30%（最高不得超过 20 万元）资助；对三水区企业在其他国家或地区应对专利侵权诉讼，最终判定专利侵权不成立的，每件给予维权费用的 30%（最高不得超过 10 万元）资助。

第三，国家级和省级知识产权项目配套资助。国家级和省级知识产权项目配套资助包括国家知识产权示范企业和优势企业资助、省知识产权示范企业资助、国家级和省级专利奖资助。一是国家知识产权示范企业和优势企业资助。对获得国家知识产权示范企业和国家知识产权优势企业称号的（不含通过复验），分别一次性资助 30 万元和 20 万元。二是省知识产权示范企业资助。对获得广东省知识产权示范企业称号的（不含通过复验），一次性资助 20 万元。三是国家级和省级专利奖资助。对获得中国专利（含外观设计）奖金奖、银奖、优秀奖的项目，分别一次性资助 50 万元、35 万元、30 万元。对获得广东省专利金奖、银奖、优秀奖的项目，分别一次性资助 30 万元、20 万元、15 万元。对获得广东省发明人奖的个人，一次性资助 2 万元。对获得中国专利奖、广东省专利奖均只接受第一顺序专利权人申请该项配套资助。

第四，专利密集型培育项目资助。实施知识产权强企工程，每年通过项目立项申报方式，接受三水区经营的企事业单位、各类研发中心（具备独立法人资格）申报专利密集型培育项目计划，培育周期为 2 年。培育期满后，凡满足条件的，由三水区市场监督管理局（知识产权局）或委托专家评审，项目评审合格后，资助 60 万元。该资助年度累计总额不超过 1200 万元。

第五，企业专利质押融资资助。鼓励三水区企业充分利用拥有的专利权进行质押融资，发挥科技金融引导作用，缓解融资难问题。该资助年度累计总额不超过 500 元（可用于贷款贴息及评估费用）。一是企业实际获得贷款金额在 200 万元以上 300 万元以下（含本数，以下类同）的，一次性给予 10 万元资助。二是企业实际获得贷款金额在 300 万元以上 600 万元以下的，一次性给予 15 万元资助。三是企业实际获得贷款金额在 600 万元以上 800 万元以下的，一次性给予 30 万元资助。四是企业实际获得贷款金额在 800 万元以上 1000 万元以下的，一次性给予 40 万元资助。

第六，促进知识产权服务机构工作资助。促进知识产权服务机构工作资助包括新设立专利代理机构（含分支机构）资助、代理发明专利授权资助、企业（高校）知识产权托管项目资助、服务机构培训资助。一是新设立专利代理机构资助。对在三水区注册且在广东省知识产权局备案的新设立的专利代理机构（含分支机构），需出具在三水区经营不少于 3 年的承诺书，有固定办公场所和人员，且当年代理三水区发明专利不少于 20 件的，给予专利代理机构一次性资助 10 万元，给予专利代理分支机构一次性资助 5 万元。二是代理发明专利授权资助。对专利代理机构代理三水区内专利申请人的中国发明专利获得授权的，每件资助 1000 元。三是企业（高校）知识产权托管项目资助。符合条件的知识产权代理服务机构，每托管一家企业（高校），给予该托管服务机构资助 5000 元，同一机构同一年度资助最高不超过 10 万元。四是服务机构培训资助。服务机构在三水区开展各类知识产权培训项目，培训项目举办前 1 个月需到三水区市场监督管理局（知识产权局）备案，备案成功后，每期培训人数不少于 30 人，举办方式不限。资助标准为每举办一期培训资助 3000 元，同一机构同一年度资助最高不超过 6 万元。

（5）佛山市南海区

佛山市南海区制定了《佛山市南海区促进知识产权工作发展扶持办法》和《佛山市南海区关于实施"名标工程"推动商标战略的意见实施细则（修订）》，制定的主要原因是此前的相关文件《佛山市南海区推进发明专利工作扶持办法（修订）》（南府〔2015〕40 号）、《佛山市南海区企业知识产权质押融资扶持专项资金管理办法》（南府〔2014〕54 号）及《佛山市南海区推进品牌战略与自主创新扶持奖励办法（修订）》（南府〔2016〕36 号）已分别于 2018 年和 2019 年失效，国家、省、市知识产权政策正在调整。该扶持办法的知识产权政策调整主要包括取消原政策有关发明专利申请及授权等的扶持，以及对 PCT 专利申请、发明专利侵权诉讼进行调整后保留。

第一，新增知识产权快速授权扶持，推动南海区创新主体通过广东及佛山知识产权保护中心的预审快速通道申请专利，大幅缩短专利申请审查及授权周期，促进专利申请质量提升。该项扶持年度预算金额不超过 200 万元。

主要扶持项目包括：一是知识产权快速授权扶持。已被纳入中国（广东）知识产权保护中心、中国（佛山）知识产权保护中心预审服务主体备案名单的企事业单位，其通过预审快速通道获得发明专利授权，每件给予 1000 元扶持。二是 PCT 专利申请扶持。按照 PCT 专利申请，获得 PCT 国际检索报告和国际检索单位书面意见，且至少一项权利要求同时获得新颖性、创造性、实用性的肯定意见，每件给予 5000 元扶持。三是中国发明专利侵权诉讼扶持。创新主体获得中国发明专利授权后，向法院提起专利侵权诉讼，最终判定专利侵权成立的，每件按维权费用的 30%（最高 3 万元）给予扶持。

第二，鼓励企业开展知识产权融资，拓宽融资渠道。该扶持办法在继续给予企业知识产权质押融资贴息扶持的基础上，新增企业知识产权证券化融资扶持，对通过知识产权证券化产品实现融资的企业给予扶持，鼓励企业发展自主知识产权，促进知识产权运用，为创新型企业融资提供新的路径。该项扶持年度预算金额不超过 1500 万元。具体扶持项目和标准包括：一是企业知识产权质押融资贴息扶持。企业获得知识产权质押融资并还本付息的，按企业实际支付贷款利息的 50% 给予补贴，最高 60 万元。每笔融资贴息期限最长 1 年。在扶持办法有效期内，每家企业可申请 1 次知识产权质押融资贴息扶持。二是企业知识产权证券化融资扶持推动知识产权证券化，对企业通过知识产权证券化产品实现融资并按时还本付息的，每家企业每年按其实际融资金额的 1% 给予扶持，最高 100 万元。每笔融资扶持期限最长 3 年。

第三，着力提升企业核心竞争力，推动知识产权工作高质量发展。该扶持办法对获得国家知识产权示范企业，中国专利奖和广东省专利奖金奖、银奖和优秀奖，湾高赛金奖、银奖和优秀奖的创新主体给予大力扶持，促进企业培育高价值专利，推动企业知识产权工作高质量发展。该项扶持年度预算金额不超过 500 万元。具体扶持项目和标准包括：一是国家知识产权示范企业扶持。对获得国家知识产权示范企业的，给予最高 50 万元扶持。二是国家和省专利奖扶持。对获得中国专利奖（含外观设计）金奖、银奖、优秀奖项目的，分别给予最高 100 万元、30 万元、15 万元扶持，对获得广东省专利奖金奖、银奖、优秀奖项目的，分别给予最高 50 万元、15 万元、10 万元扶持。三是湾高赛扶持。对获得湾高赛金奖、银奖、优秀奖项目的，分别给予最高 20 万元、10 万元、5 万元扶持。

第四，实施商标品牌战略，强化商标和地标培育。该扶持办法对获得中国驰名商标、地理标志证明商标及地理标志产品的创新主体给予扶持，持续提升高价值商标的核心竞争力，加速培育农业品牌，优化地理标志发展环境。该项扶持年度预算金额不超过 300 万元。具体扶持项目和标准包括：一是对获得中国驰名商标行政认定的，每件给予最高 50 万元扶持。二是对成功注册地理标志证明商标的，每件给予最高 50 万元扶持。三是对获批地理标志产品的，每件给予最高 30 万元扶持。

第五，促进专利代理行业提质增效，完善知识产权服务体系。该项扶持年度预算金额不超过 126 万元。具体扶持标准为，对年度代理南海区发明专利申请量 40 件以上（含 40 件）和发明专利授权量 10 件以上（含 10 件）的专利代理机构，每年根据发明专利申请量（占比 30%）、发明专利授权量（占比 60%）、发明专利授权量增长率（占比 10%）进行综合计分排名，对前 20 名分五个档次给予扶持，其中第一档 1 家，给予 20 万元扶持；第二档 2 家，分别给予 15 万元扶持；第三档 3 家，分别给予 10 万元扶持；第四档 6 家，分别给予 5 万元扶持；第五档 8 家，分别给予 2 万元扶持。

（6）佛山市高明区

佛山市高明区制定《佛山市高明区质量提升与经济发展奖励办法》，对上级有关部门不再组织开展的项目取消奖励，增加一批适应发展需要的奖励项目，对继续保留的部分项目上调扶持奖励金额。具体奖励项目和标准变化包括：中国驰名商标奖励标准 20 万元提升至 100 万元，因广东省不再评定而取消广东省著名商标资助，集体商标资助标准由 8 万元提升至 20 万元。新增商标注册奖励，注册国内商标每件奖励 0.05 万元（同一申请人当年不得高于 1 万元）；国际商标注册（通过马德里商标国际注册体系取得注册的）最高奖励 5 万元；在欧盟或非洲知识产权取得注册的，奖励 1 万元；在单一国家取得注册的，奖励 0.3 万元；在我国台湾、香港和澳门取得注册的，每件奖励 0.2 万元。取消中国名牌产品、广东省名牌产品、中国商业名牌奖励，主导制定 1 项国际标准奖励由 30 万元提升到 50 万元，协助制定 1 项国际标准奖励由 10 万元提升到 20 万元。新增主导修订 1 项国际标准和协助修订 1 项国际标准，奖励标准分别为 30 万元和 15 万元。主导制定 1 项国家标准奖励由 10 万元提升到 20 万元，协助制定 1 项国家标准奖励由 5 万元提升至 10 万元。新增主导修订 1 项国家标准和协助修订 1 项国家标准，奖励标准分别为 10 万元和 3 万元。主导制定 1 项行业标准奖励由 6 万元提升到 10 万元，协助制定 1 项行业标准奖励由 3 万元提升到 5 万元。新增主导修订 1 项行业标准和协助修订 1 项行业标准，奖励标准分别为 4 万元和 2 万元。主导制定 1 项地方标准、协助制定 1 项地方标准和主导制定 1 项联盟标准奖励不变，分别为 4 万元、2 万元和 3 万元。新增中国政府质量奖（含获得提名奖）、广东省政府质量奖、佛山市政府质量奖和佛山市细分行业龙头企业，分别奖励 200 万元、80 万元、50 万元和 5 万元。

总的说来，佛山市制定的旨在促进高质量发展的知识产权奖励制度，侧重对于高质量知识产权的取得、知识产权转化运用等方面的奖励，知识产权转化运用促进政策进一步细化并下沉到区级。

（三）品牌扶持进一步深入具体行业

在品牌扶持政策方面，继续执行《佛山市扶持企业创驰（著）名等商标奖励实施意见》和《佛山市知识产权局商标品牌战略资金扶持办法》。2020 年，佛山市制定了《佛山市粤菜（名店、名菜、名点）品牌建设管理办法》，品牌建设政策从对集体商标、证明商标、地理标志、驰名商标的奖励进一步深入具体产业和行业。该管理办法的制定基础是广东省人力资源和社会保障厅《关于印发〈广东省"粤菜师傅"工程实施方案〉的通知》（粤人社发〔2018〕187 号）和《佛山市人民政府办公室关于印发佛山市粤菜师傅工程建设实施方案（2019—2021 年）的通知》（佛府办函〔2019〕360 号）等文件精神，该管理办法的宗旨是推进佛山市粤菜品牌体系建设，促进餐饮业健康有序发展，积极评定一批"名店、名菜、名点"，加快形成以佛山美食为引擎的产业经济生态链，带动文化、旅游、商贸等众多关联产业的协同发展，让美食产业成为佛山市重要的支柱性和代表性产业。该管理办法评审的范围包括名店评审、名菜评审、名点评审。名店评审包括主体资质、合法经营、经营规模、经营年限、经营资质、人才队伍、菜品研发、出品稳定、制度建设、阳光餐饮建设、管理体系、消费者权益保护、品牌商标、外部美誉、品牌成果等评分标准。名菜评审包括主体资质、合法经营、食品安全、成品特征、制作标准化、营养价值、文化特色、市场价值、创意创新、顾客满意度、荣誉或奖励、品牌宣传等评分标准，还包括知名度、满意度、吸引度、认同度的网络投票部分。评审认定标准详细、科学、可操作性强、可量化，同时也符合佛山市粤菜餐饮产业发展的客观实际。

二、佛山市知识产权发展状况

2020 年，随着佛山市知识产权制度和政策的调整，佛山市的知识产权工作也发生了一定的变化，国家和广东省知识产权示范企业和优势企业数量继续增加，各种知识产权数量继续增长，知识产权质量有所提升，知识产权实施效果进一步显著，知识产权保护继续加强。在 2020 年 12 月 26 日科学技术部和中国科学技术信息研究所公布的《国家创新型城市创新能力监测报告2020》和《国家创新型城市创新能力评价报告2020》中，佛山市在 72 个国家创新型城市创新能力排名中位列第 27 位，较 2019 年上升 7 位。

（一）佛山市知识产权示范企业发展状况

2020 年，佛山市知识产权示范企业和优势企业建设取得了一定的成绩，新增国家知识产权示范企业 3 家，累计获评国家知识产权示范企业 30 家。新增国家知识产权优势企业 17 家，累计获评国家知识产权优势企业 168 家，数量均排名全省首位。2020 年，佛山市新增广东省知识产权示范企业 107 家，累计获评广东省知识产权示范企业 250 家。

（二）佛山市知识产权取得状况

2020 年，佛山市知识产权取得活动仍然比较活跃，专利申请和授权数量均获得大幅度增长，质量继续提升，商标注册申请虽然下降，但有效注册量仍然在增长。

1. 专利方面

2020 年，佛山全市专利申请总量为 94526 件，其中，发明专利申请量为 18006 件。全市专利授权总量为 73870 件，同比增长 25.74%。截至 2020 年底，全市有效发明专利量为 27694 件，同比增长 20.17%，每万人口发明专利拥有量为 33.94 件；PCT 专利申请总量为 745 件。2020 年佛山市共有 48 项专利获得第二十一届中国专利奖，继续居全省第二位，其中，广东美的制冷设备有限公司荣获中国专利奖金奖，实现佛山市中国专利奖金奖零的突破。佛山市知识产权局更是首获优秀组织奖，是全国唯一作为非省会城市获奖的地级市局。获得第七届广东省专利奖共 24 项，其中，广东省专利金奖 2 项，获奖数量居全省第二位。根据国家知识产权局提出的高价值发明专利统计范围，包括战略性新兴产业的发明专利、在海外有同族发明专利权的发明专利、维持年限超过 10 年的发明专利、实现较高质押融资金额的发明专利、获得国家科学技术奖或中国发明专利奖的发明专利，佛山市拥有高价值发明专利共 1.78 万件，占全市有效发明专利的 60%，总体质量较高。高价值发明专利以战略性新兴产业专利为主，占 72%，其次是授权 10 年以上有效发明专利。佛山市高新企业及规模以上企业拥有的有效发明专利占全市有效发明专利的 69%，且集中在龙头企业当中，但也存在一些不足之处，集中表现在佛山市全市尚有 61% 的高新企业和 76% 的规模以上企业没有有效发明专利。

2. 商标方面

2020 年，佛山市新增商标申请量为 97675 件，比 2019 年下降 4.58%，注册商标量为 67790 件，占全省新增申请量 5.56%，占全国新增申请量的 1%。历史累计申请量为 670443 件，注册量为 444452 件，现存有效注册量为 404122 件，比 2019 年增长 12.62%。在各区商标数据中，顺德区新增商标申请量为 35669 件，累计 263918 件，南海区新增商标申请量为 37236，累计 230550 件，禅城区新增商标申请量为 18098 件，累计 124347 件，三水区新增商标申请量为 4046 件，累计 25519 件，高明区新增商标申请量为 2234 件，累计 15265 件。2020 年，佛山市有 45615 家企业或市场主体进行申请商标，累计有 146988 家企业或市场主体进行过申请商标，占全省 8.4%，排名第三。申请量前十的公司中入围全省申请百强的有 9 家。

佛山市在 2020 年中国地级市品牌综合影响力指数前 100 名城市名单中位列第二名。截至 2020 年底，佛山市累计获批创建全国知名品牌示范区 13 个，中国驰名商标数量达 163 件，位列全省第二，继续保持全国地级市首位。佛山市共有广东省名牌产品总数 580 个，占全省总数的 26.1%，连续多年位居全省第一；共有 11 家企业累计 18 个产品获得"广东优质"品牌认证，数量位居全省第一。佛山市共有 18 家企业品牌上榜世界品牌实验室发布的 2020 年"中国 500 最具价值品牌"，美的、冠珠陶瓷和新中源陶瓷位居前三，品牌价值分别达到 1352.62 亿元、468.45 亿元和 307.08 亿元。

3. 著作权方面

2020 年，佛山市一般作品著作权登记达 11370 件，同比增长 51%。对佛山市疫情防控主题作品和市内医务工作人员作品实施"零费用"登记，全年共登记相关作品 450 件，为抗击新冠肺炎疫情鼓劲加油。2019 年 12 月 20 日，国家版权局正式批复同意佛山市创建全国版权示范城市。2020 年 4 月 26 日，佛山市召开了创建全国版权示范城市动员大会，创建工作被列为 2020 年佛山市委、市政府落实广东省委、省政府"1＋1＋9"工作部署重点项目和佛山市重点改革项目。2020 年 4 月，国家版权局授予佛山创意产业园"全国版权示范园区（基地）"称号，这是佛山市首次获得国家级版权示范称号。同时，佛山市版权局开展了首批"佛山市版权示范单位（基地、园区）"认定，佛山日报社、广东蒙娜丽莎创意设计有限公司等 5 家单位（企业）成为首批"佛山市版权示范单位"。2020 年 11 月，佛山市版权局获得"中国版权金奖"保护奖，为此次评选广东省唯一获奖单位。该奖项是中国版权界最高奖项和唯一国际级奖项，由国家版权局和 WIPO 共同评定。

（三）佛山市知识产权保护状况

2020 年，佛山市两级法院共新收知识产权民事案件 14417 件，审结知识产权案件 14386 件。2020 年，佛山市知识产权民事案件判赔数额最高 215 万元，判赔超过 100 万元的案件共 13 件。集中管辖的佛山市禅城区人民法院新收知识产权案件 12852 件，实现集中管辖以来收案数量的首次下降，降幅为 6.58%。下降的主要原因为禅城法院为化解案件大幅增长和审判资源不足的矛盾，大胆创新，与佛山市版权局联合创建佛山著作权纠纷 "一门式" 和解机制，将案件纠纷化解在诉前。经过不懈努力，成功化解了一大批著作权纠纷案件，2020 年，佛山市著作权纠纷一审案件较 2019 年下降了近 14.5%。

根据国家知识产权局 2020 年度知识产权快速协同保护工作绩效考核结果，在参加考核的 19 家知识产权保护中心中，中国（佛山）知识产权保护中心以 94.57 分荣获第一名。中国（佛山）知识产权保护中心 2020 年专利预审服务受理量排名全国第七位，预审授权量排名全国第六位，2020 年接收预审申请为 3585 件，预审合格为 1832 件，获得授权为 1501 件。创下发明专利 42天、实用新型 3 天的最快授权的纪录。2020 年，中国（佛山）知识产权保护中心通过延伸服务网络，在全市范围内设立 13 个知识产权保护工作站，同时积极推进海外维权工作，成功征集 19 家单位成为海外维权合作单位。2020年，中国（佛山）知识产权保护中心在国家知识产权局公布的首批 29 家能力建设知识产权仲裁调解机构试点验收排名中位居全国第三，共调解各类知识产权纠纷 275 件，处理电商侵权案件 947 件，提供知识产权维权援助 38 件，侵权判定 70 件，协助市局、区局执法 106 件，处理涉外知识产权纠纷案件41 件。

（四）佛山市知识产权转化运用状况

2020 年，佛山市共进行 PCT 专利申请资助 158 项，金额共 47.4 万元；进行国家和省知识产权示范、优势企业资助 143 项，金额共 6850 万元；院校知识产权课程教学资助 15 项，金额共 300 万元；专利代理师考试合格资助 49 人，金额共 49 万元；知识产权贯标体系审核员资助 9 人，金额共 9 万元；代理发明专利授权资助 2930 项，金额共 293 万元；专利质押融资服务机构资助 3 项，金额共 127.05 万元；核心区内知识产权服务机构资助 4 项，金额共 25 万元；专利技术交易资助 14 项，金额共 1.5 万元；中国驰名商标资助 2 项，金额共 60 万元；集体商标资助 36 项，金额共 36 万元；区域商标资助 5 项，金额共 100 万元。总资助金额 7897.96 万元。2020 年佛山市知识产权质押融资额 43.95 亿元，创历年新高，占全省的 13%；商标质押融资达 11.69 亿元，占全省的 42.5%，排名全省首位，仅广东康宝电器有限公司通过商标质押单笔融资额达 1.08 亿元。2020 年，佛山市累计接受风险补偿报备项目 157 个，共对 291 件发明专利、762 件实用新型专利、35 件商标、19 件著作权进行质押帮助企业实现融资。其中，成功帮助佛山瑞加图医疗科技有限公司通过专利、商标和著作权混合质押向银行争取贷款 1000 万元，实现佛山市首单全类型知识产权质押融资的突破，为更多企业采取混合质押融资提供了示范引领作用。佛山市强化政企合作，指导中国人民财产保险股份有限公司佛山市分公司及知识产权专业服务机构，利用人工智能手段进行大数据分析，建立了科学合理的知识产权价值评估和风控体系，使综合服务保险做到了一张保单保"全家"，企业可以将专利、商标、著作权、地理标志等跨类打包，集中在一张保单投保。

三、建议和展望

总的来说，佛山市知识产权制度和政策已经比较完备，基本形成一套有利于创新型城市建设的知识产权政策体系，初步建立了知识产权创造、运用和保护的知识产权基础设施，企业知识产权管理体系比较完备，形成了一套从市到区有助于创新型城市建设的知识产权生态系统。随着国家知识产权政策逐渐趋向于提质增效，重视知识产权质量和知识产权运用，2020 年佛山市的知识产权制度和政策适应国家知识产权政策的调整，继续减少了纯粹催生知识产权数量的资助政策，继续增加提升知识产权质量和促进知识产权运用的资助政策，资助面大大拓宽，有助于促进知识产权高质量发展和知识产权运用，促进创新型城市的建设。2020 年，佛山市知识产权各方面工作也取得了较好的成绩，尤其是专利质量进一步提高，知识产权运用效果进一步体现，取得了一定的突破性成绩，例如获得中国专利奖金奖、知识产权质押融资额的巨大突破等。

2020 年，佛山市的知识产权制度和政策已经在很大程度上体现了 2019 年度报告所提建议的许多方面，尤其在知识产权资助政策方面，2019 年度报告提出应该取消专利年费资助，仅仅对国际商标注册和驰名商标予以资助，取消对普通商标注册的资助，完全取消著作权登记资助等，这些资助已经通过 2020 年相关知识产权资助政策的调整得到实现。但在许多方面，2019 年度报告所提建议仍然未能实现。不仅如此，国家知识产权政策仍然在进一步调整，进一步偏向鼓励高质量知识产权的产生，鼓励知识产权的转化运用。尤其是 2021 年 1 月国家知识产权局发布的《国家知识产权局关于进一步严格规范专利申请行为的通知》（国知发保字〔2021〕1 号），要求"2021 年 6 月底前要全面取消各级专利申请阶段的资助。各地方不得以资助、奖励、补贴等任何形式对专利申请行为给予财政资金支持。地方现有资助的范围应限于获得授权的发明专利（包括通过 PCT 及其他途径在境外获得授权的发明专利），资助方式应采用授权后补助形式。资助对象所获得的各级各类资助总额不得高于其获得专利权所缴纳的官方规定费用的 50%，不得资助专利年费和专利代理等中介服务费。对于弄虚作假套取专利资助的，应限期收回已拨付资金。'十四五'期间，各地方要逐步减少对专利授权的各类财政资助，在 2025 年以前全部取消。"这意味着佛山市现行的知识产权制度和政策并不完全符合国家知识产权政策，仍需进一步调整。结合粤港澳大湾区建设的新形势和国家知识产权政策的最新调整，有以下几点建议。

第一，在专利方面，逐步取消专利申请阶段的资助。从前文所述，2020 年佛山市专利申请阶段的资助不仅没有完全取消，甚至还在某些方面有所增加，而根据《国家知识产权局关于进一步严格规范专利申请行为的通知》的要求，专利申请阶段资助应该全部取消。不过鉴于佛山市及相关区制定相关专利资助政策的经验教训所表明的那样，过于激烈的政策变动，尤其是取消专利资助对专利权取得具有较大的消极影响，不仅如此，有些重点领域的资助仍然是必要的，对于激励市场主体获得专利权仍然具有非常重要的作用。

因此，应该逐步取消专利申请阶段的资助，而不宜一步到位取消全部专利申请资助，针对不同类型专利申请进行不同程度的资助，对于的确有必要资助的高价值专利申请，可改变资助方式，通过授权后资助的方式继续鼓励高价值专利的申请。当然，对于那些价值不高的专利，不仅应尽早取消申请阶段的资助，而且要取消全部资助。

第二，在商标方面，仅仅对国际商标注册和驰名商标予以资助，取消对普通商标注册的资助。同时，鼓励企业建立商标档案，对于建立商标档案制度的企业给予适当奖励。

第三，在著作权方面，完全取消著作权登记资助。我国著作权法采取创作完成著作权自动产生原则，著作权登记仅仅起到证据作用，是否登记以及登记多少完全不能反映著作权产生的实际情况，对著作权的创造完全起不到激励作用。因此，应该完全取消著作权登记资助。佛山市对于企业采用时间戳、区块链技术或者类似措施保存著作权证据的，可以给予适当资助，而且应该专门举办时间戳、区块链技术在著作权领域运用的专门培训课程或讲座，以普及这方面知识。

第四，在知识产权中介机构和知识产权平台方面，重点支持业务全面、专业性强、层次高、国际化程度高的中介机构，打造几家知识产权服务品牌机构，重点打造高层次的知识产权数据分析处理平台、知识产权融资平台和知识产权培训平台，对于建立这些平台的机构予以重点资助。除了知识产权融资平台，佛山市在其他方面政策和实际操作方面效果均不明显，还需进一步改进。

鉴于佛山市已经具备较好的知识产权生态基础、佛山市在粤港澳大湾区中的重要地位以及国家经济发展方式转变和知识产权政策调整的重大机遇，已经进行过适度调整的佛山市知识产权制度和政策必将进一步调整完善，能够有力地促进高质量知识产权的获得和运用，对佛山市创新型城市建设提供坚实的制度和政策基础，佛山市的知识产权工作将成为佛山市创新型城市建设的重要推动力量，佛山市创新型城市建设也将翻开新的一页。

第8章 珠海市知识产权报告

珠海市是粤港澳大湾区的重要城市之一，是我国重要的口岸城市。珠海市地理位置优越，拥有珠海金湾国际机场和华南第一深水港——珠海港。随着港珠澳大桥、广珠铁路、广珠城际轻轨等一系列交通基础设施的建成，珠海市成为连接我国西南地区与香港特区和澳门特区之间的交通枢纽和珠三角区域性中心城市。2020 年，珠海市地区生产总值为 3481.94 亿元，同比增长3.0%。其中，第一产业增加值为 60.02 亿元，同比增长 1.6%；第二产业增加值为 1510.86 亿元，同比增长 1.8%；第三产业增加值为 1911.06 亿元，同比增长 4.1%。珠海市的经济发展取得这样的成果，知识产权的创造、转化、应用在其中发挥了积极的作用。2020 年珠海市响应国家的号召，结合新冠肺炎疫情下的现实需求，出台了多项促进知识产权发展的政策和文件，并且在企业知识产权发展、专利申请与授权、知识产权人才培养与奖励、知识产权执法与司法、会展的发展与保护等方面都取得了突出的成果。本章就 2020 年珠海市知识产权各方面的状况作详细的描述与分析，并对珠海市未来知识产权的发展提出一些展望和建议。

一、珠海市知识产权制度和政策

（一）珠海市知识产权制度

1.《珠海市推进国家知识产权示范城市建设工作方案（2019—2022 年)》

2019 年，珠海市人民政府制定了《珠海市推进国家知识产权示范城市建设工作方案（2019—2022 年）》，作为全市知识产权工作的纲领性文件，旨在通过国家知识产权示范城市建设，推动珠海市知识产权事业高质量发展，珠海市知识产权创造质量、保护效果、运用效益、管理水平、服务能力得到全面提升。进一步突出知识产权运营特色，立足粤港澳大湾区，成为具有带动作用、示范效应的国内一流的知识产权示范城市，为知识产权强市建设打下基础。

该方案明确了珠海市 2019—2022 年知识产权工作的目标在于加强知识产权行政管理和服务能力，提高珠海市知识产权创作能力，提高政府行政执法能力，加大知识产权侵权整治力度和海关知识产权保护力度，以及加快培育一支规模大、结构优、素质高的知识产权人才队伍，为知识产权创造、运用、保护、管理和服务提供全面人才支撑等。据此，珠海市年度知识产权工作的主要任务有以下几个方面。❶

（1）进一步强化知识产权行政管理水平

完善知识产权管理体制及政策，加快建设职责清晰、管理统一、运行高效的知识产权行政管理体制。充分发挥知识产权联席会议作用，部署、协调知识产权工作。建立以知识产权为重要内容的创新驱动发展评价制度，健全统筹协调机制，构建部门工作合力，提高知识产权管理效能。将知识产权工作纳入国民经济和社会发展规划，统筹推进实施。加强知识产权保护，推动出台珠海市知识产权保护相关规定，激发创新活力，建设现代化、国际化、创新型城市。

（2）全面开展知识产权质量提升工程

第一，优化知识产权创造激励机制。健全质量导向的知识产权创造机制，坚持质量第一、效益优先。优化政策导向，进一步提升对获国家、省级专利奖项目的支持力度，完善市、区两级专利资助奖励政策。继续支持举办湾高赛，鼓励参赛项目落地珠海市。开展高价值专利备案与评估工作，激励高价值知识产权产出，加快珠海市创新驱动发展战略深入实施。

第二，提升知识产权创造能力。针对珠海市六大支柱产业，加大政府采

---

❶ 珠海市人民政府办公室关于印发珠海市推进国家知识产权示范城市建设工作方案（2019—2022 年）通知［EB/OL］.（2019 - 11 - 1）［2021 - 05 - 30］. http：//credit. zhuhai. gov. cn/zcfg/zhs/201911/t20191101 - 57668370. html.

购对知识产权密集型产品的支持力度。重点围绕电子信息、家用电器、石油化工、电力能源、生物医药、精密机械制造产业，深入实施高价值专利挖掘布局工程，建设重点产业知识产权联盟和区域知识产权分析评议中心，实施企业专利导航促进计划，支持鼓励高新技术企业开展专利布局、分析、预警工作，推动知识产权创造向更优更强发展。建设高价值专利培育中心，推动企业、高校院所、服务机构加强专利协同运用，加速专利成果向现实生产力转化，促进知识产权与产业经济融合发展。

第三，加强商标和地理标志工作。制定实施知名品牌培育计划，大力保护企业驰名商标，支持企业品牌建设，开展区域品牌建设试点示范，打造一批特色鲜明、竞争力强、市场信誉好的产业集群商标品牌。加强地理标志产品培育工作，实施地理标志产品提质增效工程。

（3）建立健全知识产权大保护体系

第一，加强知识产权执法体系建设。推进知识产权严保护、大保护、快保护、同保护各项工作。探索建立惩罚性赔偿制度和快速高效的知识产权侵权假冒调处机制，构建知识产权信用评价机制，将知识产权失信行为纳入企业和个人信用记录。建立市、区两级联动的知识产权执法机制，提高知识产权案件办理数量及质量，不断加强行政执法与刑事司法衔接工作力度，加强海关、展会等环节知识产权执法维权力度。

第二，建立健全知识产权快速协同保护体系。成立珠海市知识产权保护中心，推动中国（珠海）知识产权保护中心建设，围绕智能装备、家电电气等领域开展集快速审查、快速确权、快速维权于一体，审查确权、行政执法、维权援助、仲裁调解、司法衔接相联动的知识产权快速协同保护工作。支持广东省知识产权维权援助中心珠海分中心、横琴分中心建设发展，切实增强知识产权保护力量，提高知识产权保护服务满意度。

第三，构建多元化知识产权保护机制。深化粤港澳大湾区知识产权协同保护合作，建立完善知识产权案件跨境协作机制。研究建立知识产权海外维权服务平台，开展"互联网＋"知识产权保护专项活动。支持珠海横琴自贸区建立非诉讼争议解决方式（包括仲裁、调解、协商等）处理知识产权纠纷机制，降低创新主体维权成本。对重点产业提供直通车保护服务，在重点产业园区建立知识产权保护工作站，构建政府、企业、专利联盟、运营中心、研发机构协同合作的知识产权保护工作体系。

（4）加快知识产权运营服务体系建设

第一，支持国家知识产权运营公共服务平台金融创新（横琴）试点平台建设。支持平台汇聚知识产权高端资源，积极开展知识产权运营、分析评议、金融创新、人才培养等工作，进一步提升知识产权与产业经济发展融合度。支持国家知识产权运营横琴金融与国际特色试点平台拓展知识产权国际运营工作，建设粤港澳大湾区科技成果交易平台，探索完善知识产权跨境交易机制，积极引进境外先进技术、品牌在珠海市落地。

第二，做优做强知识产权服务业。积极引进国内一流知识产权服务机构，培育知识产权服务品牌机构，鼓励现有服务机构做大做强，全面提升专利代理质量。探索建立知识产权服务业发展试验区，加强各产业园区（高校）知识产权服务站建设，提高知识产权服务网点覆盖率。制定促进知识产权服务业发展的政策措施，加大对知识产权服务机构的监管力度。

（5）不断创新知识产权金融服务

第一，要扩大知识产权质押融资规模。优化知识产权金融发展环境，实施知识产权质押融资促进工程。不断完善珠海市知识产权质押融资业务模式，扩大业务规模，鼓励引导科技型中小企业开展知识产权质押融资，力争每年知识产权质押融资金额和投保企业数量实现突破。

第二，要探索开展知识产权金融创新业务。设立知识产权运营投资基金，用于开展知识产权收储、组建专利池，进行企业知识产权服务投资，支持初创期或成长期企业、科技型小微企业创新发展。支持完善知识产权信用担保机制，加大专利保险推广力度。利用粤港澳大湾区合作机制下知识产权政策的协调试点，鼓励珠海市横琴自贸区探索开展特色知识产权金融试点工作。

（6）全面提升企事业单位知识产权管理水平

第一，提升企业知识产权综合能力。充分发挥格力电器等龙头企业的带动作用，积极培育知识产权强企。选择一批技术实力强、创新水平高的高新技术企业和入库企业在专利资助、专利信息服务、专利运用、运营与交易、保护等方面予以重点扶持。鼓励中小微企业开展知识产权托管工作，依托专业服务机构，提升企业知识产权综合能力和核心竞争力。鼓励高等院校、企业、科研组织开展知识产权规范化管理，按照要求建立健全知识产权工作体系和规章制度。

第二，加强知识产权公共服务。推动在重点园区、高校设立知识产权服务工作站，为园区创新主体提供短平快的知识产权网格化服务，把知识产权嵌入企业各个项目的实施全过程，全面提升企业—园区—产业的整体发展水平。开展中小微企业专利灭零行动，向发展基础好、市场前景大的中小微企业开展专利信息推送服务，提高中小微企业专利信息利用能力。

第三，引导企业开展知识产权海外布局。提升企业知识产权国际化水平，鼓励企业加强与港澳知识产权组织、优势企业的合作，以粤澳合作中医药科技产业园等重点园区为载体，促进港澳优质创新资源与珠海市创新需求有效对接。支持珠海市格力电器、丽珠制药、联邦制药等重点企业设立海外研发机构、布局海外知识产权、参与国际标准制定。

（7）大力培育强县工程试点示范县（区）

第一，要推进国家知识产权强县（区）工程。深入贯彻创新驱动发展战略，以建设知识产权强市为目标，以提升知识产权规模和质量为重点，积极培育珠海市香洲区等各区建设国家知识产权强区工程试点示范区。

第二，要加大对各区知识产权工作的支持力度。指导出台符合各区产业规划的特色知识产权政策，加强各区知识产权管理机构和人才队伍建设，全面提升各区知识产权创造、运用、保护、管理、服务能力。探索开展区域知识产权试点工作，通过强区建设，有效支撑区域创新发展、转型升级。

（8）建设粤港澳大湾区知识产权人才高地

第一，完善知识产权人才工作机制。实施"珠海市英才计划"，重点支持知识产权人才。进一步完善珠海市知识产权人才政策，重点将知识产权人才纳入"珠海市高层次人才""珠海市产业青年优秀人才"等人才工程。完善知识产权专业人才评价制度，建立知识产权人才信息库，推动知识产权人才优化配置。支持企事业单位创新人才引进方式，建设知识产权领军人才、拔尖人才、后备人才梯队，选派优秀知识产权专业人员开展知识产权国际交流活动。

第二，实施知识产权人才培养工程。加大企业知识产权管理人才、知识产权实务培训力度，加快培养高水平企业知识产权管理人才。进一步加强粤港澳大湾区在知识产权专业人才培养等领域的合作，积极开展粤港澳大湾区知识产权管理、运营、执法、诉讼、代理等专业人才培训活动，提高各类知识产权人才业务技能，打造粤港澳大湾区知识产权人才高地。支持各类高校院所开展知识产权课程，加强知识产权师资队伍建设。

（9）深入开展知识产权助力创新创业

第一，要深化粤港澳大湾区知识产权交流合作。支持开展粤港澳大湾区各类创新创业和人才交流活动，推动粤港澳高价值专利转化落地，探索利用知识产权基金投资及收储部分高价值专利，利用知识产权基金投资入股知识产权创新企业，推动港澳优质知识产权资产在珠海市落地。

第二，要探索发展知识产权助力"双创"新模式。积极探索知识产权助力"双创"的新路径和新模式，有效对接各类双创示范基地、众创空间等载体，为创新创业人才提供知识产权维权援助、质押融资、专利运营等方面的指导帮助。加强对非物质文化遗产、民间文艺、传统知识的开发利用，推进文化创意、设计服务与相关产业融合发展。

2.《关于积极推进知识产权质押融资工作服务企业应对疫情困难若干措施》❶

为切实解决受疫情影响和延期复工影响的中小企业资金困难，2020 年 3 月，珠海市市场监督管理局（知识产权局）印发《关于积极推进知识产权质押融资工作服务企业应对疫情困难若干措施》，依托珠海市知识产权质押融资风险补偿专项资金，加大对珠海市中小企业知识产权质押融资扶持力度，服务企业应对疫情困难。主要包括以下六个方面。

第一，疫情防控期间，针对受疫情影响较大、符合珠海市产业发展方向、对民生保障有重要作用的中小企业，符合知识产权质押融资扶持资格的，珠海市知识产权质押融资风险专项基金在同等条件下给予优先支持。

第二，将商标权质押、商标权和专利权混合质押融资纳入知识产权质押融资风险补偿基金范围。对受新冠肺炎疫情影响较大且符合知识产权质押融资风险补偿基金扶持方向的批发零售、住宿餐饮、物流运输、文化旅游等行

---

❶ 珠海市知识产权质押融资风险补偿基金决策委员会关于印发《关于积极推进知识产权质押融资工作服务企业应对疫情困难若干措施》的通知［EB/OL］.（2020 - 03 - 13）［2021 - 05 - 30］. http：//www. zhuhai. gov. cn/scjgj/gkmlpt/content/2/2552/post_2552947. html#250.

业企业，加大知识产权金融支持力度，鼓励企业将其拥有的合法的专利权、商标权作为质押物从银行获得贷款，缓解企业因疫情带来的经营压力。

第三，优化知识产权质押融资办理流程。新冠肺炎疫情防控期间，基金管理人对知识产权质押贷款发放前的会审时限（资料齐备情况下）由原来的5个工作日压缩至1个工作日，提高审查效率；横琴国际知识产权交易中心出具知识产权价值分析报告的时限压缩至2日，并免费为企业办理知识产权质押登记。

第四，扩大知识产权质押融资贷款规模。鼓励合作银行创新审查方式，对受新冠肺炎疫情影响的中小企业，加快办理知识产权质押融资贷款审核手续。新冠肺炎疫情防控期间，在珠海市登记注册的金融机构对符合《关于印发珠海市知识产权质押融资风险补偿基金试行管理办法的通知》扶持方向的企业进行的知识产权贷款均可申请风险补偿基金，不受合作联盟成员的限制。

第五，拓宽知识产权质押融资渠道。鼓励和支持珠海市融资租赁公司面对中小企业开展知识产权融资租赁等金融业务，缓解中小企业融资难、融资贵的问题。

第六，鼓励保险机构加大知识产权质押融资保证保险、知识产权执行保险等险种投放力度，降低企业投保费用，简化知识产权保险理赔服务流程，做到应赔尽赔、快速理赔，提升知识产权保险服务便利化水平。鼓励担保机构降低担保费用，降低企业融资成本。

珠海市市场监督管理局（知识产权局）高度重视运用知识产权缓解中小企业融资难问题，出台了支持企业开展知识产权质押融资的若干措施，体现出珠海市知识产权运用能力正不断加强，是知识产权促进经济社会发展的生动实践。有助于缓解珠海市中小企业在疫情防控期间面临的融资压力，切实解决受疫情和延期复工影响的中小企业遇到的问题和困难，助力企业复工复产，帮助支撑珠海市中小企业渡过难关。

（二）珠海市知识产权促进政策

1. 市级促进政策

为更好地实施知识产权战略，推动创新驱动发展，打造粤港澳大湾区知识产权高地，珠海市知识产权局与珠海市财政局共同研究修订了《珠海市专利促进专项资金管理办法》（珠知〔2018〕76号），形成了《珠海市专利促进专项资金管理办法（2019年修订）》，具体规定如下。❶

在发明专利方面，如果是国内发明专利，企事业单位、高校（含校区）和社会团体及其他组织获得授权的国内发明专利每件奖补不超过7000元；个人获得授权的国内发明专利每件奖补不超过5000元；专利代理机构代理珠海市发明专利申请并取得授权，对该机构每件奖补不超过1000元。如果是国外发明专利，美国、日本、欧洲国家或欧盟的发明专利获得授权的每件奖补不超过3万元，其他国家获得授权的每件奖补不超过2万元；同一项发明创造在2个以上国家授予专利权的，仅奖补2个国家的专利申请费用。

对经珠海市知识产权部门新认定的市级知识产权优势企业，给予每家5万元奖励；对经广东省知识产权局新认定的省级知识产权示范企业，给予每家10万元奖励；对经国家知识产权局新认定的国家级知识产权优势企业，给予每家10万元奖励。对经国家知识产权局新认定的国家级知识产权示范企业，给予每家20万元奖励。

对第一完成者的珠海市的企事业单位，并在珠海市实施的专利项目，获中国专利奖金奖、银奖、优秀奖或广东省专利奖金奖、银奖、优秀奖，受广东省政府奖励的，按广东省政府授予奖金的60%给予配套奖励。

2020年，国家知识产权局正式批复同意建设中国（珠海）知识产权保护中心，面向高端装备制造产业和家电电器产业开展知识产权快速协同保护工作，加快构建知识产权"快保护、严保护、同保护、大保护"体系。在珠海市政府重视组织领导、积极宣传下，各区政府也紧跟珠海市委、市政府的工作方案部署，在企业专利申请与授权、知识产权行政保护、会展与司法保护、法律人才培养等方面都取得了突出的成绩。具体的政策措施如下。❷

第一，完善知识产权体制机制。建立知识产权战略实施工作联席会议制

---

❶ 珠海市知识产权局关于印发《珠海市专利促进专项资金管理办法（2019年修订）》的通知 ［EB/OL］.（2019 – 12 – 12）［2021 – 05 – 30］. http：//www. zhuhai. gov. cn/sjb/zw/zcwj/content/post_ 2423139. html.

❷ 市市场监管局全方位推动珠海市知识产权事业创新发展［EB/OL］.（2020 – 04 – 26）［2021 – 05 – 30］. http：//www. zhuhai. gov. cn/scjgj/gkmlpt/content/2/2555/post_2555617. html#250.

度，全力推进国家知识产权示范城市建设。印发专利促进专项资金管理办法并落实政策兑现，省市两级共向珠海市企业拨付资助奖励经费 5553.7 万元，充分发挥专利促进专项资金引领作用，激励企业创新发展。挂牌成立广东（珠海）区域知识产权分析评议中心，加快建立和完善珠海市重大项目引进、投资并购、招才引智等重大经济科技活动知识产权分析评议机制，为政府和企业提供决策参考。

第二，严格抓实知识产权保护。制定知识产权执法保护专项行动实施方案，开展商标、专利、地理标志等知识产权执法专项行动。

第三，提升知识产权运用能力。依托国家知识产权运营公共服务金融创新（横琴）试点平台，成立中国知识产权交易机构联盟、中国空调产业交易机构联盟、中国反滥用知识产权联盟、中国地理标志助力乡村振兴联盟，开发中国知识产权交易机构联盟专利库，组建空调技术专利池。充分发挥知识产权质押融资风险基金作用，建立知识产权价值动态评估、贷款联合调查等机制，引导融资性担保机构、保险机构为中小企业知识产权质押融资提供担保和保险服务。

第四，深化知识产权国际交流合作。探索知识产权跨境交流，成功举办首届湾高赛，吸引来自港澳等地区 586 个项目参赛；承办"一带一路"国家知识产权意识提升国际研讨会，沿线国家及国内高校、企业等代表 150 余人齐聚珠海市，深化交流合作，推动提升沿线各国知识产权意识。

第五，营造知识产权共建共享浓厚氛围。组建由 30 名知识产权领域专业人士组成的知识产权志愿服务专家团，为企业提供专利检索、代理、导航分析、质押融资等咨询和培训志愿服务；举办"知识产权助力健康发展""知识产权导航分析"等专题培训；围绕"4·26 知识产权宣传周"等制作《我们身边的知识产权》视频，依托微信、抖音、腾讯视频等平台以深入浅出、鲜活生动的方式讲解"QQ""雷神山"商标等知识。

为提升珠海市芯片设计业引领性优势，完善制造与封装测试环节，实现全产业链创新协同，重点建设集成电路国家级产业创新平台，促进产业深度融合发展，实现区域创新协同，进一步优化产业创新生态环境，以应用示范增强产业辐射带动力，跃升产业发展能级，将集成电路产业打造成为推动珠海信息产业高质量发展的新引擎和具有国际竞争力的支柱产业。珠海市政府颁布了《珠海市大力支持集成电路产业发展的意见》和《关于促进珠海市集成电路产业发展的若干政策措施》的政府文件。重点任务主要有以下四点。❶

第一，强设计、树标杆，夯实集成电路设计产业优势。壮大芯片设计产业规模。加强政策扶持与引导，支持珠海市芯片设计规模以上企业加大研发投入，积极对接国家科技计划和重大项目，形成一批标志性自主创新成果。提升高端芯片设计水平。加强芯片设计能力的塑造提升，在嵌入式SoC、高性能数模混合集成电路、新型显示专用芯片、智能计算芯片、新型存储器、工业金融电力等重点行业应用的SoC芯片、通信芯片、安全芯片等重点产品和技术上，形成差异化特色优势，骨干企业设计水平实现引领全球创新。

第二，育生态、引人才，优化产业可持续发展新环境。首先，建设产业技术公共服务平台。依托珠海先进集成电路创新研究院、珠海南方集成电路设计服务中心等平台重点建设12英寸中试研发线、IC产业云服务平台、快速封装测试分析平台、集成电路设计服务中心、集成电路IP共享中心和工程服务中心，为集成电路企业提供中试研发、电子设计自动化（EDA）、网络互连协议（IP）、设计、多项目晶圆（MPW）等领域的公共服务，提升珠海集成电路产业深度技术支撑能力。其次，建设产业双创平台（珠海）基地。支持南方软件园、港湾1号、清华科技园、横琴国际科创中心、珠海先进集成电路创新研究院等单位，以建设国家"芯火"计划双创平台（珠海）基地为目标，打造集技术转移、招商、孵化、技术服务、投资"五位一体"的集成电路双创平台（珠海）基地，为珠海市集成电路初创企业解决创新成果产业化、创业指导、股权投资、债权融资、市场拓展、产业链对接等关键问题，促进产业链纵向合作，将该基地打造成为珠海的"双创"高地之一。再次，建设专业人才培养体系。支持集成电路龙头企业以及有关高校、科研院所，实施集成电路"卓越工程师教育培养计划"，通过校企联合办学、社会培训等方式培养集成电路专业人才。

第三，重创新、促开放，推动构建粤港澳协同创新共同体。强化粤港澳

---

❶　珠海市人民政府办公室关于印发《珠海市大力支持集成电路产业发展的意见》和《关于促进珠海市集成电路产业发展的若干政策措施》的通知（珠府办〔2020〕13号）［EB/OL］.（2020－10－20）［2021－05－30］. http：//www. zhuhai. gov. cn/gkmlpt/content/2/2653/post_2653789. html#1637.

大湾区产学研用深度融合。积极对接澳门、香港的院校及科研机构，建设与香港、澳门更便利的合作环境，进一步开放市场，吸引广州、深圳、香港、澳门产业向珠海延伸，形成珠海集成电路设计优势与广州制造应用、深圳科技创新、香港国际经验、澳门领先科研的优势互补，带动珠海集成电路产业结构调整，逐步完善产业链条。携手香港、澳门参与"一带一路"建设，鼓励珠海龙头上市企业并购整合国际资源，拓展国际市场，加强技术和产业合作，主动构建开放新格局。

第四，促集聚、补产链，推动产业集群和协同发展。大力支持和引进半导体垂直整合型（IDM）企业。探索发展虚拟 IDM、共享 IDM 等新模式。推动珠海市现有领军企业建设特色工艺生产线和中试研发线，确保市场潜力大、产业基础好、涉及国家安全的关键特色工艺领域快速发展。通过建设 EDA 布局布线创新平台、先进半导体 IP 和定制量产平台，强化与各大晶圆代工厂的合作。支持 8 英寸硅基氮化镓外延与芯片大规模量产生产线增资扩产，迅速形成大规模生产能力，打破阻碍珠海市集成电路产业发展的瓶颈。加快提升封测等环节配套能力，积极对接国内外封测技术领先企业，积极引进系统级封装、三维封装、面板级以及晶圆级封装等先进封装技术和团队在珠海产业化，逐步满足本地市场广泛需求。

2. 区级政策

（1）行政区
① 香洲区

为持续深入实施创新驱动发展战略，推动经济高质量发展，珠海市香洲区人民政府制定《珠海市香洲区推动科技创新发展实施办法（试行）》。决定在创新驱动发展产业扶持专项资金（科技分项）中安排一定比例的资金，用于推进香洲区科技创新发展工作。科技专项资金资助和奖励范围有：高企树标提质资助、技术创新平台资助、科技立项配套资助、科技专家服务券补贴。在高企树标提质资助中，对入选香洲区高新技术企业百强培育库的企业给予研发费事后补助，原则上单个企业获得的年度补助额不超过 100 万元。对首次入选珠海市级独角兽企业、独角兽潜力企业、独角兽种子企业的入库企业，最高给予 60 万元的研发启动资金；对入库企业自认定起连续 3 年按照其经济发展贡献给予奖励。在技术创新平台资助中，对工程中心等技术创新平台给予国家级最高 100 万元、广东省级最高 10 万元、珠海市级最高 5 万元的一次性资助。对院士工作站给予广东省级最高 50 万元、珠海市级最高 30 万元的一次性资助。根据"公共平台"的服务方式和类别，获珠海市级运行补助的，最高按市级资助金额的 30% 给予配套资助。对企业自建、企业与政府共建、政府采购建设的，面向香洲区重点产业提供开放性技术研发、产业技术支撑、法定资质检测等服务的公共技术服务平台，按照"一事一议"的方式给予重点扶持。在科技立项配套资助中，参照珠海市、香洲区财税分成比例计算区级配套资助额度，最高不超过 100 万元，同一主体每年度申报项目配套资助不得超过 2 项。在科技专家服务券补贴中，根据企业支付科技专家咨询费用的 50% 进行核定补贴，每家企业年度申领额度最高不超过 10 万元。❶

② 金湾区

金湾区人民政府印发《金湾区加强科技创新促进实体经济高质量发展扶持奖励办法》，对发明专利作出了明确的奖补规定。❷ 该奖励办法主要包括：对获得内地及港澳台地区发明专利授权的，每件给予 1 万元奖励；对获得实用新型专利授权的，每件给予 2000 元奖励；对获得集成电路布图设计登记证书、登记批准的计算机软件著作权的，每件给予 1000 元奖励。对获得美国、日本、欧洲国家或欧盟的国外发明专利授权的，每件给予 3 万元奖励，获得其他国家或地区发明专利授权的，每件给予 2 万元奖励。同一发明专利在两个及以上国家获得授权的，按照 2 个国家标准进行奖励。对成功提交 PCT 专利申请的，每件给予 2 万元奖励。对获得《企业知识产权管理规范》认证的，且在认证通过年度内发明专利申请达 3 件及以上的，给予 10 万元奖励。对新认定为国家级、省级、市级知识产权优势企业的，分别按照 50 万元、30 万元、10 万元的标准进行奖励；对新认定为国家级、省级知识产权示范企业的，

---

❶　珠海市香洲区人民政府办公室关于印发《珠海市香洲区推动科技创新发展实施办法（试行）》的通知［EB/OL］．（2019 – 07 – 05）〔2021 – 05 – 30〕http：//www. zhxz. gov. cn/xxgk/fggw/gfxwj/content/post_1448466. html.

❷　珠海市金湾区人民政府办公室关于印发《金湾区加强科技创新促进实体经济高质量发展扶持奖励办法》的通知．［EB/OL］．（2018 – 12 – 19）〔2021 – 05 – 30〕http：//www. jinwan. gov. cn/gkmlpt/content/1/1326/mmpost_1326787. html#2426.

分别按照 50 万元、30 万元的标准进行奖励。对获得中国专利奖、广东省专利奖金奖的项目，分别按照 100 万元、50 万元的标准给予奖励（项目的企事业单位为第一完成者，且项目在金湾区实施）；对获得中国专利奖、广东省专利奖优秀奖的项目，分别按照 50 万元、30 万元的标准进行奖励（项目的企事业单位为第一完成者，且项目在金湾区实施）。在知识产权受到不法侵害、不实侵权指控或宣告无效指控时，开展维权行动并获得成功的，根据有关生效法律文书，每个案件给予 5 万元的维权费资助。对获得市财政知识产权质押贷款利息及费用补贴、专利保险补贴的，分别按照 1∶1 标准给予配套补贴。对向国内外高校、科研机构购买技术成果的金湾区企业，在技术交易中涉及专利转让且包含核心技术发明专利并在本区实现转化的（形成新产品、新工艺、新材料等），按经主管部门登记的技术交易合同中实际发生交易额的 30% 给予补贴，单个合同补贴金额不超过 300 万元，每家企业年度获得的累计补贴不超过 1000 万元。

对首次入选《金湾优质产品推荐目录》的产品，每个产品给予 3 万元奖励，每家企业年度获得的累计奖励不超过 30 万元。鼓励本区企业（单位）采购已在指定网站注册登记的《金湾优质产品推荐目录》产品，对采购金额达到 50 万元以上（含 50 万元）的采购项目给予采购方 5% 资助，每家企业每年累计资助不超过 300 万元。鼓励企业参与先进装备制造业、战略性新兴产业标准制定，对参与制定国际、国家、行业、地方标准的企业，分别按照 50 万元、30 万元、20 万元、10 万元的标准给予奖励。

③ 斗门区

斗门区印发《斗门区促进实体经济高质量发展扶持办法》，规定❶，第一，对首次通过（包括重新认定）高新技术企业认定的企业，资助 10 万元。第二，对通过广东省高新技术企业培育入库的企业，资助 10 万元。第三，在斗门区内新注册设立并在广东省知识产权局完成备案的专利代理机构（含分支机构），运作满一年、完成发明专利代理 20 件以上且专利电子申请率达

---

❶ 珠海市斗门区人民政府办公室关于印发《斗门区促进实体经济高质量发展扶持办法》的通知 [EB/OL]. (2018 - 10 - 25) [2021 - 05 - 30]. http：//www. doumen. gov. cn/doumen/tzgga/201811/3acdf2602bf4703823d2302f5968bb9/files/e54153702ac04ae8a2a856f10cf63519. pdf.

100%的，资助 10 万元。专利类资助标准按市级专利行政部门相关最新规定执行。第四，鼓励斗门区内企业、机构、团队或个人参加国家、广东省、珠海市官方主办的科技创新比赛，对获得名次和奖励的，最高按奖金以 1∶1 进行配套奖励。

同时，《斗门区促进实体经济高质量发展扶持办法》还鼓励并支持现有企业做大做强。第一，对纳入斗门区小微企业"幼狮计划"培育目录库的企业，在培育期企业年度主营业务收入同比实现增长 25% 以上的，给予 3 万元的奖励。对首次上规模的工业企业，给予累计 10 万元一次性奖励。对当年新投产工业企业当年度达到规模以上的，给予累计 50 万元的一次性奖励，其中 20 万元可直接奖励对企业有突出贡献人员。第二，对年营业收入首次超过 1 亿元、3 亿元、5 亿元、10 亿元、30 亿元、50 亿元、100 亿元、500 亿元的工业企业，累计一次性分别给予企业 10 万元、20 万元、30 万元、50 万元、80 万元、100 万元、200 万元、500 万元的奖励。其中 30% 以上奖金用于对企业有突出贡献人员的个人奖励。第三，支持规模以上先进装备制造业企业扩大产能，按不同规模、不同增幅给予不同档次的定额奖金，其中，对工作母机类装备制造业企业按照奖励金额上浮 10% 给予奖补。新投产的企业无上年对比数不在奖励之列。第四，支持斗门区"十百千计划"培育库企业与珠海市"十百千企业腾飞行动"企业服务资源池对接。对成功与珠海市"十百千企业腾飞行动"企业服务资源池中的服务机构签约的培育企业，斗门区给予企业实际产生服务费用 25% 的补贴，每家企业最高补贴 5 万元。

（2）功能区

① 横琴新区

为深入实施创新驱动发展战略，进一步提升横琴新区高新技术企业发展质量和效益，发挥科技创新引领作用，扎实推动横琴新区创新发展，并结合横琴新区实际情况，制定《横琴新区进一步推动高新技术企业高质量发展的扶持办法（暂行）》。❶ 具体规定，对首次通过国家高新技术企业认定的企业

❶ 横琴新区管委会办公室关于印发《横琴新区进一步推动高新技术企业高质量发展的扶持办法（暂行）》的通知［EB/OL］.（2020-05-07）［2021-05-30］. http://www.hengqin.gov.cn/zhshqx-qzfmhwz/zwzx/zwdt/content/post_2572187.html.

给予一次性 30 万元奖励，对通过国家高新技术企业重新认定的企业给予一次性 10 万元奖励；对首次通过国家高新技术企业认定或重新认定的企业，根据其当年在横琴新区的企业年度所得与增值收入形成的区级财力贡献总额分别进行 10 万元、20 万元、60 万元的奖励；对新纳入规模以上统计的国家高新技术企业给予一次性 10 万元奖励，同一企业仅可享受一次纳统奖励；对纳入珠海市高新技术企业 100 强（创新综合实力 100 强、成长 100 强、税收贡献 100 强）的横琴新区内企业给予一次性 10 万元奖励；同一企业单个年度按不重复原则予以奖励。鼓励企业申报高新技术产品。企业每认定 1 件高新技术产品给予 1000 元奖励，单个企业年度奖励金额不超过 1 万元。

为鼓励横琴新区企业、科研机构和医疗机构积极参与新冠肺炎疫情防治，开展科技协同攻关，为打赢新冠肺炎疫情防控阻击战提供有力科技支撑，横琴新区商务局制定了《横琴新区关于应对新冠肺炎疫情防控支持科技攻关暂行办法》，对符合《国家食品药品监督管理局药品特别审批程序》（局令第 21 号）或《国家食品药品监督管理局印发医疗器械应急审批程序》（国食药监械〔2009〕565 号）相关规定的企业或者机构作出了明确的奖补规定。❶ 一是对新型冠状病毒防治药品（含疫苗）研发企业（机构）分阶段给予奖补。第一阶段"前期研发"：获得专业机构出具的药品（含疫苗）效果检测报告，并经过专家评审后给予最高不超过 100 万元奖励。第二阶段"申请受理"：获得国家药品监督管理局受理书后，经审核给予最高不超过 200 万元奖励。第三阶段"临床试验"：获得国家药品监督管理局出具的《药物临床试验批件》（或具有同等法律效力的证明文件）后，经审核给予最高不超过 350 万元奖励。第四阶段"药品生产的审批与监测"：获得国家药品监督管理局出具的《药品注册批件》（或具有同等法律效力的证明文件）后，经审核给予最高不超过 350 万元奖励。二是对新型冠状病毒防治医疗器械研发企业（机构）分阶段给予奖补。对于第二类医疗器械：第一阶段"申请受理"，获得广东省药品监督管理局出具的受理结果通知后，经审核给予最高不超过 50 万元奖励。

---

❶ 横琴新区商务局关于印发《横琴新区关于应对新冠肺炎疫情防控支持科技攻关暂行办法》的通知［EB/OL］.（2020 - 04 - 08）［2021 - 05 - 30］. http://www.hengqin.gov.cn/zhshqxqzfmhwz/tzpt/zc/kjfcjjlzc/content/post_2594509.html.

第二阶段"临床试验"，完成临床试验备案证明材料后，经审核给予最高不超过 50 万元奖励。第三阶段"获得生产许可"，获得第二类医疗器械的《医疗器械注册证》《医疗器械生产企业许可证》后，经审核给予最高不超过 100 万元奖励。对于第三类医疗器械：第一阶段"申请受理"，获得国家药品监督管理局出具的受理结果通知后，经审核给予最高不超过 100 万元奖励。第二阶段"临床试验"，获得临床试验备案证明材料后，经审核后给予最高不超过 100 万元奖励。第三阶段"获得生产许可"，获得第三类医疗器械的《医疗器械注册证》《医疗器械生产企业许可证》后，经审核给予最高不超过 200 万元奖励。

② 保税区

保税区制定《珠海保税区科技创新促进实体经济高质量发展实施意见》，❶ 具体规定，第一，鼓励企业申报高新技术企业，进入广东省高新技术企业培育库。对当年通过省高新技术企业培育入库的企业，保税区财政奖励 20 万元。第二，鼓励企业申报高新技术产品。企业每认定 1 件高新技术产品，保税区财政资助 1000 元。第三，扶持知识产权企业规范建设。对获得《企业知识产权管理规范》贯标认证的企业，且获得认证后 6 个月内发明专利申请 3 件及以上的，保税区财政给予 5 万元扶持。第四，鼓励企业申报知识产权，对企业获得国内发明专利，保税区财政每件基于 7000 元的扶持资金，但不与珠海市政策重叠执行。

③ 高栏港经济区

高栏港经济区印发《高栏港经济区鼓励企业创新驱动暂行措施》，具体内容有，第一，鼓励企业申报知识产权。对申请国内发明专利，每件予以资助 5000 元，发明专利获授权后奖励 8000 元。对于申请美国、日本、欧洲国家或欧盟的发明专利每件资助 8000 元，发明专利获授权后奖励 10000 元（同一项发明创造在 2 个以上国家授予专利权的，仅资助 2 个国家的专利申请费用）。对获得《企业知识产权管理规范》贯标认定的企业，给予一次性资助 10 万元。单个企业每年度获得的资助总额原则上不超过 100 万元。第二，鼓励申

---

❶ 珠海保税区管委会关于印发《珠海保税区科技创新促进实体经济高质量发展实施意见》的通知［EB/OL］.（2019 - 05 - 27）［2021 - 05 - 30］. http：//www.iic21.com/21jjd/index.php? m = Home&c = Articles&a = showart&artid = 19527.

报高新技术企业。企业首次参加高新技术企业认定，按时完成网上申请并成功提交纸质申请材料后给予申报费用补贴 10 万元，通过认定后再予以奖励 20 万元。企业成功通过高新技术企业复审或重新认定的予以奖励 10 万元。企业首次入选高新技术企业培育库的予以奖励 10 万元。优先推荐高新技术企业申报各级科技专项资金。

④ 万山海洋开发试验区

万山海洋开发试验区出台《珠海万山海洋开发试验区鼓励企业创新驱动暂行制度（修订）》，具体规定，第一，鼓励企业申报高新技术企业。企业通过高新技术企业认定或重新认定的，万山海洋开发试验区财政奖励 70 万元。第二，鼓励企业申报知识产权。对企业获得国内发明专利证书，万山海洋开发试验区财政每件资助 1 万元。单个企业年度资助金额最高可达 100 万元。第三，鼓励企业申报高新技术产品。企业每认定 1 件高新技术产品，资助 5000 元，单个企业年度资助金额最高可达 5 万元。第四，鼓励申报高新技术企业。企业通过高新技术企业认定或重新认定的，万山海洋开发试验区财政奖励 70 万元。第四，鼓励申报广东省高新技术企业培育库。企业首次入选广东省高新技术企业培育库的，万山海洋开发试验区财政奖励 10 万元。❶

⑤ 富山工业园

富山工业园制定《珠海市富山工业园促进实体经济高质量发展的若干措施》，❷ 具体要求，第一，鼓励认定高新技术企业。对当年通过认定的高新技术企业给予 30 万元资助，对认定后迁入富山工业园区但未获其他区补助的高新技术企业，可参照奖励。第二，鼓励企业申请发明专利。对富山工业园区企业获得授权的国内发明专利每件最高奖补 7000 元。第三，鼓励企业开展知识产权贯标。对获得《企业知识产权管理规范》认证的富山工业园区企业，且在认证通过年度内发明专利申请达 3 件及以上的，给予 10 万元奖励。第四，鼓励企业申报专利奖。对第一完成者为富山工业园区的企事业单位，在富山工业园区实施的专利项目，获中国专利奖或广东专利奖的，按广东省政

---

❶ 珠海万山海洋开发试验区鼓励企业创新驱动暂行制度（修订）［EB/OL］. （2020－10－16）［2021－05－31］. https：//max. book118. com/html/2020/1012/8062126101003005. shtm.

❷ 珠海市富山工业园促进实体经济高质量发展的若干措施［EB/OL］. （2019－06－13）［2021－05－31］. http：//innopat. com. cn/zcfg_more. asp？id＝1161.

府授予奖金的 60% 给予配套奖励。

二、珠海市知识产权发展状况

（一）知识产权优势企业发展状况

2020 年 1—12 月，珠海市专利授权量为 24434 件，全省排名第六（全省前五名分别是深圳、广州、东莞、佛山、中山），同比增长 9.13%。发明专利授权量为 4362 件，全省排名第五（全省前四名分别是深圳、广州、东莞、佛山），同比增长 31.11%。实用新型专利授权量 16569 件，全省排名第六（全省前五名分别是深圳、广州、东莞、佛山、中山），同比增长 28.27%。外观设计专利授权量 3503 件，全省排名十二（全省前五名分别是深圳、广州、佛山、中山、东莞），同比增长 28.64%。

截至 2020 年 12 月，珠海市共有 2352 家企业获得专利授权 23110 件，占珠海市专利授权总量的 94.58%。其中，有 466 家企业获得发明专利授权 4262 件，占珠海市发明专利授权总量的 97.71%。可见，在知识产权发展与保护中，企业的地位及创新能力尤为重要。

1. 2020 年发明专利指标前十名的企业

依据国家知识产权局发布的《2020 年中国专利调查报告》显示，2020 年我国有效发明专利产业化率为 34.7%，专利转移转化日趋活跃，专利保护成效显著、助力营商环境持续优化，专利研发投入较大提高、合作创新成为企业重要创新方式。❶

如表 8 - 1 所示，2020 年 1—12 月，珠海市专利授权前十名的企业发明专利授权量共计 3140 件，占珠海市发明专利授权总量的 12.8%，其中珠海格力电器股份有限公司发明专利授权量 2513 件，同比增长 45%。在这些企业中，大部分企业较 2019 年发明专利授权量有所增长，除了珠海市魅族科技有限公

---

❶ 2020 年中国专利调查报告 ［EB/OL］. （2021 – 04 – 18）［2021 – 05 – 17］. https：//www. cnipa. gov. cn/art/2021/4/28/art_88_158969. html.

司，其较 2019 年同比降低 21%。

表 8-1　2020 年 1—12 月珠海市发明专利授权量前十名的企业

排名	企业名称	发明专利授权量/件	同比增长/%	所属区
1	珠海格力电器股份有限公司	2513	45	香洲区
2	珠海市魅族科技有限公司	184	-21	高新区
3	珠海格力智能装备有限公司	99	662	香洲区
4	珠海格力节能环保制咨技术研究中心有限公司	67	22	香洲区
5	珠海大横琴科技发展有限公司	67	6600	横琴新区
6	珠海市一微半导体有限公司	55	224	横琴新区
7	珠海全志科技股份有限公司	50	11	高新区
8	珠海市杰理科技股份有限公司	39	8	香洲区
9	珠海优特智厨科技有限公司	36	80	横琴新区
10	珠海金山网络游戏科技有限公司	30	58	高新区

如表 8-2 所示，2020 年 1—12 月，珠海市有效发明专利前十名企业拥有发明专利 11330 件，排名第一的企业是珠海格力电器股份有限公司，并且遥遥领先第二名。

表 8-2　2020 年 1—12 月珠海市有效发明专利量前十名的企业

排名	企业名称	有效发明专利量/件	所属区
1	珠海格力电器股份有限公司	8971	香洲区
2	珠海市魅族科技有限公司	630	高新区
3	珠海格力节能环保制冷技术研究中心有限公司	420	香洲区
4	珠海豹趣科技有限公司	338	横琴新区
5	珠海天威飞马打印耗材有限公司	227	香洲区
6	珠海全志科技股份有限公司	214	高新区
7	炬芯科技股份有限公司	145	高新区
8	珠海艾派克微电子有限公司	140	香洲区
9	珠海格力智能装备有限公司	124	香洲区
10	珠海凌达压缩机有限公司	121	富山工业园

如表 8-3 所示，2020 年 1—12 月，珠海市 PCT 专利申请量前十名申请人

的申请量总数是 384 件，其中，珠海格力电器股份有限公司依旧处于领先地位。

表 8 - 3　2020 年 1—12 月珠海市 PCT 专利申请量前十名的企业

排名	企业名称	PCT 申请量/件	所属区
1	珠海格力电器股份有限公司	256	香洲区
2	英诺赛科（珠海）科技有限公司	34	高新区
3	珠海赛纳三维科技有限公司	16	横琴新区
4	珠海奔图电子有限公司	15	香洲区
5	珠海市一微半导体有限公司	15	横琴新区
6	珠海冠宇电池股份有限公司	14	斗门区
7	珠海格力智能装备有限公司	12	香洲区
8	珠海格力节能环保制冷技术研究中心有限公司	9	香洲区
9	珠海天威飞马打印耗材有限公司	7	香洲区
10	珠海市杰理科技股份有限公司	6	香洲区❶

2. 2020 年度优势企业名单

依据《广东省知识产权优势示范企业认定办法》，知识产权优势企业应当具备以下条件。❷

第一，企业领导高度重视知识产权工作，至少有一名企业领导分管知识产权工作。已设立知识产权管理机构，配备了专职工作人员。能较好地利用中介机构为企业的知识产权工作服务。

第二，企业已建立较为健全的知识产权管理制度和激励机制，执行情况良好。

第三，企业重视专利信息化建设和专利信息利用，已建立行之有效的专利信息利用渠道，研发人员会采集和分析专利信息，在利用专利信息的基础上，根据自身特点，开展专利战略研究。

第四，企业知识产权保护意识较强，近两年无制造和销售假冒产品，无

---

❶　珠海市知识产权统计简报（2020 年 1 - 12 月）［EB/OL］. （2021 - 03 - 10）［2021 - 05 - 30］http：//www.zhuhai.gov.cn/scjgj/gkmlpt/content/2/2739/post_2739261.html#6583.
❷　广东省知识产权优势示范企业认定办法［EB/OL］. （2011 - 03 - 21）［2021 - 05 - 30］. https：//www.gd.gov.cn/zwgk/lsgb/content/post_153728.html.

行政和司法程序认定的侵犯知识产权行为。

第五，企业专利申请的数量和质量逐年提高，近两年专利申请量在本地区或省内同行业中领先，专利申请量的年增幅在全省平均增幅以上。积极开展专利电子申请，近两年无恶意非正常专利申请行为。

第六，企业重视专利技术产业化，专利产品销售额占企业总销售额的 30% 以上。

第七，知识产权投入力度大。有明确的知识产权工作经费，有关专利申请、维护、诉讼、信息利用、实施、培训、奖励等知识产权创造、管理、保护和运营方面的经费投入占营业收入的比例，达到以下标准。年营业收入高于 2 亿的，其知识产权经费投入要大于营业收入的 0.3%。年营业收入低于 2 亿的，其知识产权经费投入要大于营业收入的 0.5%。

第八，企业积极开展知识产权宣传培训。企业管理层及研发人员的培训率达到 80% 以上，员工的培训率达到 60% 以上。

第九，企业应属市知识产权试点企业或重点培育和扶持的企业或全国知识产权示范创建、试点企业。所处产业须是国家或省重点发展的产业领域。

珠海市知识产权局严格执行广东省相关规定，结合实际发展需求不断提高企业运用知识产权制度的水平，增强企业的自主创新能力和核心竞争力，为推动知识产权强省建设和构建创新型广东而努力，拟定并通过了 2020 年珠海市知识产权优势企业的名单，具体如表 8 - 4 所示。

表 8 - 4　2020 年珠海市知识产权优势企业公示名单

一、拟认定的珠海市知识产权优势企业名单❶	
序号	企业名称
1	珠海市科力通电器有限公司
2	珠海镇东有限公司
3	珠海格力新元电子有限公司
4	珠海云洲智能科技股份有限公司
5	珠海联合天润打印耗材有限公司

❶　珠海市知识产权局关于 2020 年珠海市知识产权优势企业拟认定和通过考核名单的公示［EB/OL］.（2020 - 08 - 14）［2021 - 05 - 30］. http：//www. zhuhai. gov. cn/scjgj/gkmlpt/content/2/2625/post_2625145. html#6580.

续表

序号	企业名称
6	广东溢多利生物科技股份有限公司
7	珠海磐磊智能科技有限公司
8	金邦达有限公司
9	龙马智芯（珠海横琴）科技有限公司
10	珠海银隆电器有限公司
二、拟通过考核的珠海市知识产权优势企业名单	
1	珠海格力电器股份有限公司
2	珠海凌达压缩机有限公司
3	珠海银隆新能源股份有限公司
4	珠海华冠科技股份有限公司
5	长园共创电力安全技术股份有限公司
6	珠海兴业绿色建筑科技有限公司
7	珠海市敏夫光学仪器有限公司
8	珠海优特电力科技股份有限公司
9	健帆生物科技集团股份有限公司
10	珠海康晋电气股份有限公司
11	珠海市魅族科技有限公司
12	广东建星建造集团有限公司
13	珠海阳光儿童用品有限公司
14	长园电力技术有限公司
15	珠海西格医疗设备有限公司
16	珠海冠宇电源股份有限公司
17	珠海安生凤凰制药有限公司
18	珠海华伟电气科技股份有限公司
19	多美达（珠海）科技有限公司
20	珠海润都制药股份有限公司
21	广东宝莱特医用科技股份有限公司
22	珠海市运泰利自动化设备有限公司
23	珠海安联锐视科技股份有限公司
24	丽珠医药集团股份有限公司
25	珠海英搏尔电气股份有限公司

续表

序号	企业名称
26	希格玛电气（珠海）有限公司
27	珠海泰坦科技股份有限公司
28	珠海同源药业有限公司
29	珠海三威注塑模具有限公司
30	珠海市可利电气有限公司
31	珠海和佳医疗设备股份有限公司
32	珠海国佳新材股份有限公司
33	乐健科技（珠海）有限公司
34	珠海黑马医学仪器有限公司
35	珠海市金品创业共享平台科技有限公司
36	珠海天翼医药技术开发有限公司
37	珠海泰坦能源电子技术有限公司

（二）知识产权取得状况

1. 专利申请和授权

2020 年，珠海市专利授权量为 24434 件，全省排名第六（前五名分别是深圳、广州、东莞、佛山、中山），同比增长 28.82%。其中，发明专利授权量为 4362 件，全省排名第五（前四名分别是深圳、广州、东莞、佛山），同比增长 31.11%。实用新型专利授权量为 16569 件，全省排名第六（前五名分别是深圳、广州、东莞、佛山、中山），同比增长 28.27%。外观设计专利授权量为 3503 件，全省排名六（前五名分别是深圳、广州、佛山、中山、东莞），同比增长 28.64%。

如表 8 - 5 所示，从 2020 年 1—12 月珠海市各区专利授权情况看，保税区（-3.45%）专利授权量出现同比下降，较 2019 年同期下降 4 件，其余 8 个区专利授权量出现同比增长，增长较大的是香洲区（22.86%）和金湾区（39.61%），分别较 2019 年同期增长 2323 件和 873 件。

从 2020 年 1—12 月各类专利权人授权情况看，企业专利授权量较 2019 年

同期增长 5046 件，同比增长 27.93%，个人专利授权量较 2019 年同期增长
226 件，同比增长 35.04%。发明专利授权量占专利授权总量的比重为
17.85%，较 2019 年上升 0.31 个百分点。

表 8 - 5　2020 年 1—12 月珠海市各区专利申请授权情况

所属区	发明		实用新型		外观设计		合计	
	数量/件	同比增长/%	数量/件	同比增长/%	数量/件	同比增长/%	数量/件	同比增长/%
香洲区	3044	41.58	7643	16.99	1800	21.54	12487	22.86
金湾区	163	4.49	2409	44.08	505	34.31	3077	39.61
斗门区	47	4.44	1087	57.54	160	64.95	1294	55.53
富山工业园	54	8.00	713	12.82	22	-37.14	789	10.04
高新区	584	3.73	2391	35.54	503	29.64	3478	28.10
高栏港经济区	81	55.77	639	39.22	81	26.56	801	39.30
保税区	8	14.29	93	-10.58	11	120.00	112	-3.45
横琴新区	380	25.83	1551	49.13	412	48.74	2343	44.72
万山海洋开发试验区	0	-100.00	39	69.57	7	—	46	84.00
其他	1	—	4	—	2	—	7	—
合计	4362	31.11	16569	28.27	3503	28.64	24434	28.82

注："—"表示 2019 年同期为零，无法计算同比增长；"其他"表示申请人、专利权人的地址有误，非珠海街道。

2. 专利权人

2020 年，珠海市有 2352 家企业获得专利授权 23110 件，占全市专利授权总量的 94.58%。其中，有 466 家企业获得发明专利授权 4262 件，占全市发明专利授权总量的 97.71%。

珠海市有 656 家规模以上工业企业获得专利授权 14703 件，占珠海市企业专利授权量的 63.62%。有专利授权的规模以上工业企业数量占全市有专利授权企业总数量的 27.89%，比 2019 年同期下降 0.27 个百分点。有专利授权的规模以上工业企业数量占全市规模以上工业企业总数的 51.05%，比 2019 年同期上升 5.84 个百分点。其中，有 174 家规模以上工业企业获得发明专利

授权 3307 件，占珠海市企业发明专利授权总量的 77.59%。有发明专利授权的规模以上工业企业数量占珠海市有发明专利授权企业总数量的 37.34%，比 2019 年同期下降 3.29 个百分点。有发明专利授权的规模以上工业企业数量占珠海市规模以上工业企业总数量的 13.54%，比 2019 年同期下降 0.47 个百分点。

珠海市有 1150 家高新技术企业获得专利授权 17400 件，占珠海市企业专利授权总量的 75.29%。有专利授权的高新技术企业数量占全市有专利授权企业总数量的 48.89%，比 2019 年同期上升 1.63 个百分点。有专利授权的高新技术企业数量占全市高新技术企业总数量的 52.20%，比 2019 年同期上升 4.87 个百分点。其中，珠海市有 293 家高新技术企业获得发明专利授权 3914 件，占珠海市企业发明专利授权总量的 91.83%。有发明专利授权的高新技术企业数量占珠海市有发明专利授权企业总数量的 62.88%，比 2019 年同期下降 1.23 个百分点。有发明专利授权的高新技术企业数量占珠海市高新技术企业总数量的 13.30%，比 2019 年同期下降 0.49 个百分点。

珠海市有 7 所大专院校获得发明专利授权 40 件，4 个科研单位获得发明专利授权 5 件，6 个机关团体获得发明专利授权 16 件。

珠海市有 484 人获得非职务专利授权 871 件，其中 33 人获得发明专利授权 39 件，332 人获得实用新型专利授权 462 件，156 人获得外观设计专利授权 370 件。

企业、大专院校、科研单位、机关团体和个人专利授权量的占比分别为 94.58%、1.04%、0.15%、0.66% 和 3.56%；五种专利权人发明专利授权量的占比分别为 97.71%、0.92%、0.11%、0.37% 和 0.89%。

3. 有效专利量

如表 8-6 所示，2020 年珠海市有效专利量为 94410 件。其中发明专利量为 19003 件，广东省排名第五（前四名分别是深圳、广州、东莞、佛山），占广东省总量的 5.42%，同比增长 27.87%；有效实用新型专利量 60499 件，有效外观设计专利量 14908 件。

表 8－6　2020 年珠海市各区有效发明专利情况

所属区	发明专利/件	同比增长%
香洲区	11888	30.90
金湾区	1164	14.91
斗门区	342	20.00
富山工业园	426	15.45
高新区	2928	26.97
高栏港经济区	556	20.61
保税区	124	4.20
横琴新区	1564	28.41
万山海洋开发试验区	10	25.00
其他	1	—
合计	19003	27.87

注："—"表示 2019 年同期为零，无法计算同比增长。

珠海市每万人口发明专利拥有量为 93.90 件，广东省排名第二（排名第一的深圳市有 119.09 件，排名第三的广州市有 46.61 件），较 2019 年同期增长 15.32 件。

珠海市有效发明专利五年以上维持率为 71.63%，排名广东省第六（前五名分别是深圳、汕头、惠州、潮州、中山）。

珠海市有 1732 家企业拥有发明专利 18468 件，占全市有效发明专利总量的 97.18%。其中，珠海市有 565 家规模以上工业企业拥有发明专利 13654 件，占珠海市有效发明专利总量的 73.93%，拥有有效发明专利的规模以上工业企业数量占珠海市规模以上工业企业总数量的 43.97%。

珠海市有 1015 家高新技术企业拥有发明专利 16042 件，占珠海市有效发明专利总量的 86.86%，拥有有效发明专利的高新技术企业数量占全市高新技术企业总数量的 58.60%。

珠海市有 10 所大专院校拥有发明专利 110 件，8 个科研单位拥有发明专利 34 件，10 个机关团体拥有发明专利 76 件，213 人拥有发明专利 315 件。企业、大专院校、科研单位、机关团体和个人有效发明专利量的占比分别为 97.18%、0.58%、0.18%、0.40% 和 1.66%。

4. PCT 专利申请量

如表 8 - 7 所示,2020 年 1—12 月,珠海市 PCT 专利申请量为 522 件,同比下降 6.95%。截至 2020 年 12 月底,珠海市累计 PCT 专利申请量为 3367件,占广东省总量的 1.63%。

表 8 - 7　2020 年 1—12 月珠海市各区 PCT 专利申请情况

所属区	申请量/件	同比增长/%
香洲区	346	-20.46
金湾区	12	-50.00
斗门区	20	66.67
富山工业园	4	-20.00
高新区	79	192.59
高栏港经济区	2	100.00
保税区	1	0.00
横琴新区	58	3.57
万山海洋开发试验区	0	—
其他	522	-6.95

注:"—"表示 2019 年同期为零,无法计算同比增长。

5. 商标申请、注册及有效注册量

如表 8 - 8 所示,2020 年 1—12 月,珠海市商标申请量为 32150 件,广东省排名第六(前五名分别是深圳、广州、东莞、佛山、汕头),同比增长24.23%,珠海市商标注册量为 17951 件,广东省排名第六(前五名分别是深圳、广州、东莞、佛山、汕头),同比下降 29.84%。截至 2020 年 12 月,珠海市商标有效注册 103708 件,广东省排名第六(前五名分别是深圳、广州、佛山、东莞、汕头),同比增长 17.35%。

表 8 - 8 2015—2020 年珠海市知识产权数据统计

年份	专利授权量						有效发明专利授权量		万人发明专利拥有量/件	PCT专利申请量/件	商标		
	专利授权/件	同比增长/%	发明/件	同比增长/%	实用新型/件	外观设计/件	数量/件	同比增长/%			商标申请量/件	商标注册量/件	商标有效注册量/件
2015	6790	9	1240	104	4021	1529	3667	50	22.72	150	8510	6782	34031
2016	9287	37	1796	45	5953	1538	5470	49	33.47	239	12270	6432	39935
2017	12544	35	2479	38	8021	2044	8401	54	50.15	435	21263	8951	48307
2018	17090	36	5452	39	11174	2464	11739	40	66.49	693	54846	18610	65412
2019	18967	11	3327	-4	12917	2723	14861	27	78.58	561	25880	25586	88378
2020	24434	29	4362	31	16569	3503	19003	28	93.90	522	32150	17951	103708
总计	122173		19367		78130	24676	19003			3367			103708

注：PCT 专利申请量为珠三角国家自创区考核指标，万人发明专利拥有量为珠三角规划纲要考核指标。

（三）知识产权保护状况

1. 行政保护

（1）2020 年珠海市知识产权部门专利纠纷案件受理和结案情况

2020 年，珠海市工业和信息化局共受理专利纠纷案件 12 件，审结 12 件，较 2018 年同比增长 33.3%，较 2019 年同比增长 41.6%。如表 8 - 9 所示，受理假冒专利案件 1 件，审结 1 件。[1]

（2）珠海市知识产权行政保护情况[2]

珠海市市场监督管理局与珠海市司法局加强合作，依托中国（珠海）知识产权保护中心设立知识产权纠纷人民调解委员会及珠港澳知识产权调解中

---

[1] 珠海市知识产权局历年专利案件情况统计表［EB/OL］.（2021 - 01 - 10）［2021 - 05 - 30］.
http：//www. zhuhai. gov. cn/scjgj/gkmlpt/content/2/2708/post_2708347. html#6582.
[2] 珠海市市场监督管理局与市司法局加强联动搭建珠港澳知识产权纠纷调解平台［EB/OL］.
（2021 - 02 - 08）［2021 - 05 - 30］. http：//www. zhuhai. gov. cn/scjgj/gkmlpt/content/2/2726/post_2726545. html#247.

心，深入贯彻落实加强知识产权保护工作。

表 8-9　珠海市知识产权局历年专利案件情况统计表

年份	专利纠纷			假冒专利		
	受理/件	办结/件	行政裁决/件	办理/件	办结/件	行政处罚/件
2018	8	8	0	3	3	0
2019	7	7	1	0	0	0
2020	12	12	0	1	1	0

第一，搭建联动平台，提升调解效率。珠海市知识产权纠纷人民调解委员会内设的9名委员、34名调解员来自行政执法、律师、司法、仲裁、调解、审查等多个领域，将为市场创新主体提供专业、便捷、高效的知识产权纠纷调解服务，拓宽知识产权调解渠道，有效减少企业知识产权维权成本。珠港澳知识产权调解中心的设立，旨在搭建集人民调解、行政调解、司法调解于一体，服务三地、协调联动的工作平台，通过对人民法院等有关部门移送的知识产权纠纷实行统一受理及调解，大幅提升纠纷解决效率、司法及行政效能。整合珠港澳调解资源，推动三地建立共商共建共享的多元化纠纷解决机制，提高区域内知识产权纠纷预防和纠纷化解能力，加快推进粤港澳大湾区优质公共法律服务体系创新。

第二，加强部门协作，实现资源共享。珠海市市场监督管理局与珠海市司法局共同签署知识产权相关工作合作协议，依托中国（珠海）知识产权保护中心，建立联席会议机制，加强对调解中心和调解组织的指导和支持；汇聚区域内各类行业性、专业性调解组织，实现资源整合和人员共享，建立健全知识产权纠纷多元化解机制，不断提升知识产权领域调解服务水平和调解公信力，为珠海市构建国际化、法治化知识产权治理机制体系，助推珠海市经济高质量发展提供有力支撑。

第三，健全保护机制，服务产业发展。中国（珠海）知识产权保护中心将以服务产业发展为目标，综合运用快速审查、快速确权、快速维权、专利导航等手段，全链条建立产业知识产权快速协同保护工作机制，形成优化审查服务、引领科技创新、协同从严保护、快速调解纠纷、加快成果转化的知识产权产业发展新格局，推动知识产权工作全面发展，为营造稳定、公平、透明的营商环境以及粤港澳大湾区建设提供有力保障。

为了实现调解机制的顺利进行，发挥调解的重大作用，提高解决知识产权纠纷案件的效率，珠海市知识产权局遴选了知识产权调解和法律援助名单。

（3）珠海市海关知识产权行政执法情况

拱北海关是直属于中华人民共和国海关总署的进出境监督管理机关。在海关总署和广东分署的正确领导下，拱北海关坚持以习近平新时代中国特色社会主义思想为指导，持续推进政治建关、改革强关、依法把关、科技兴关、从严治关，全面履行把关服务职责，深入推进各项业务改革，主动支持地方经济社会发展，在知识产权行政执法方面，取得了可喜的成绩。

为进一步加强知识产权海关保护工作，有效打击进出口侵权货物违法行为，营造良好的口岸营商环境，拱北海关自 2017 年起，连续 4 年开展知识产权保护专项行动，对推动珠海市、中山市实施国家知识产权战略，加快创新型国家建设，持续优化进出口营商环境起到积极作用。其中，2019 年，拱北海关共采取知识产权保护措施 275 批次，查获侵权案件 102 起，查扣侵权货物 18.18 万件、案值 286 万元。自 2020 年 2 月 15 日起，拱北海关开展"龙腾行动 2020"知识产权保护专项行动，进一步加强知识产权海关保护工作，有效打击进出口侵权货物违法行为。❶ 专项行动期间，拱北海关结合关区口岸特点，确定重点加大执法力度，持续加强对重点地区、重点渠道侵权货物的监控监管，对侵权违法行为严加惩治。立足区位特点，深入探索推进粤港澳大湾区知识产权海关保护执法合作，优化执法资源，重拳打击粤港澳三地跨境侵权违法活动。同时，拱北海关积极培养和塑造出口知识产权优势企业，强化监管优化服务，引导和鼓励企业创新发展。

2. 会展保护

珠海国际会展中心的高速发展，已成为广东省经济发展的重要助力之一。为了更全面地实现会展中心的作用，发挥其经济价值，珠海市会议展览局结合《关于印发〈珠海市会展业扶持资金使用管理暂行办法〉的通知》（珠会

---

❶ 加强保护 严打侵权 拱北海关开展知识产权保护专项行动［EB/OL］.（2020 - 03 - 01）
［2021 - 05 - 30］. https：//www.customs.gov.cn/gongbei_customs/3742931374295/2869186/index.html.

展〔2017〕58 号）和《关于开展 2020 年珠海市内外经贸发展专项资金（珠海市会议展览局）项目申报工作的通知》（珠商函〔2020〕118 号）的要求和程序，对 2020 年珠海市内外经贸发展专项资金（珠海市会议展览局）分配方案予以审核与公示，具体方案如表 8-10 所示。●

表 8-10　2020 年珠海市内外经贸发展专项资金（珠海市会议展览局）分配方案

序号	项目类别	项目名称	申报单位	拨付金额/万元
1	引进品牌展会	2019 亚太水产养殖展览会	广东省拱北口岸中国旅行社有限公司	12.86
2	初创展会	珠海 AS 动漫游戏展	珠海星尚文化传播有限公司	9.37
3		SAC 潮流汽车展	广州车优会联信息科技有限公司	2.37
4		2019 中国（珠海）国际茶业博览会	珠海益武国际展览有限公司	18.72
5	商务会议	佛山照明、佛照电工全国营销峰会	港中旅（珠海）海泉湾有限公司	4.52
6		捷途 X90 上市发布会暨经销商、供应商商务年会	横琴清扬会务服务有限公司	7.48
7		国盛证券 2019 年产业与资本峰会	横琴清扬会务服务有限公司	7.36
8		劲牌公司第二十一届经销商恳谈会	横琴清扬会务服务有限公司	7.24
9		中国人民人寿保险股份有限公司第十一届销售精英高峰会	国旅（珠海）国际旅行社有限公司	3.56
10		2020 PBG CHINA POA（2020 辉瑞投资有限公司年会）	广东省拱北口岸中国旅行社有限公司	22.25

● 关于 2020 年珠海市内外经贸发展专项资金（珠海市会议展览局）分配方案的公示［EB/OL］.（2020-05-22）［2021-05-30］. http://swj. zhuhai. gov. cn/zwgk/tzgg/content/2/2577/post_2577528. html#6070.

续表

序号	项目类别	项目名称	申报单位	拨付金额/万元
11	行业会议	2019 中国城市停车大会暨中国停车设备年会	珠海市汇诗博美会展服务有限公司	2.63
12		中华医学第二十五次全国皮肤性病学术年会	珠海十字门国际会展中心管理有限公司	25.39
13		2019 全球水产养殖论坛	广东省拱北口岸中国旅行社有限公司	4.87
14		第三届中国生物诊断高峰论坛	珠海丽珠试剂股份有限公司	1.93
15		2019 中国特殊食品大会（第四届）	汤臣倍健股份有限公司	2.85
16		中华医学会妇产科学分会第十四次全国妇产产学会议	珠海十字门国际会展中心管理有限公司	16.30
17		2019 第五届中国猪业高峰论坛	东方之珠（珠海）畜牧发展有限公司	3.90
18		2019 太空技术和平利用（健康）国际研讨会	珠海奥广会议展览服务有限公司	3.50
19	国际会议	2019 中国（珠海）国际办公设备及耗材行业峰会	珠海再生时代文化传播有限公司	8.90
20		2019 世界自贸区（横琴）论坛	珠海再生时代文化传播有限公司	3.77
21	超大型会议	2019 春季亚洲幼教年会暨幼教展览会	广东省拱北口岸中国旅行社有限公司	17.52
22		中华医学会第 24 次全国儿科学术大会	珠海十字门国际会展中心管理有限公司	13.66
23		中华医学会第 13 次全国重症医学大会	珠海十字门国际会展中心管理有限公司	13.82
24	培训补助	珠海市会展旅游业协会 2019 年度会展人才培训	珠海市会展旅游业协会	5.53

序号	项目类别	项目名称	申报单位	拨付金额/万元
25	大型专业展览场馆举办展览活动运营项目	珠海国际会展中心举办大型展览活动运营补助	珠海十字门国际会展中心管理有限公司	112.32
26		珠海国际航展中心举办大型展览活动运营补助	珠海航展有限公司	56.04
27	国际认证	珠海国际会展中心通过国际大会及会议协会（ICCA）认证	珠海十字门国际会展中心管理有限公司	0.42
合计				389.07

3. 司法保护

（1）珠海市法院

2020 年，珠海市中级人民法院及时出台《关于服务企业复工复产保障经济社会发展的意见》，提出十项举措，为统筹推进疫情防控和经济社会发展提供司法保障。在知识产权方面，珠海市中级人民法院致力于服务保障创新发展 加大知识产权保护力度，审结知识产权案件 1398 件。珠海市中级人民法院与珠海市知识产权保护中心构建知识产权民事案件诉调对接机制，推进知识产权纠纷多元化解。与珠海市市场监督管理局签署共建知识产权侵权惩罚机制合作备忘录。横琴新区人民法院知识产权侵权惩罚机制被广东省政府列为中国（广东）自由贸易试验区可复制推广的改革创新经验。服务构建全面开放新格局，审结涉港澳案件 930 件，同比上升 47.15%。积极应对粤港澳大湾区融合发展趋势，受理司法协助案件 185 件。新冠肺炎疫情期间，法院采用微信小程序"线上庭审""授权见证通"对境外当事人进行远程授权 37 次，最快可在 5 分钟内完成，便利当事人跨境诉讼。

珠海横琴新区人民法院与横琴新区工商局签署《关于共建中国（广东）自由贸易试验区珠海横琴新区片区知识产权侵权惩罚机制合作备忘录》❶（以

---

❶ 侵犯知识产权将"罚赔"并举［EB/OL］.（2018 - 09 - 05）［2021 - 05 - 30］. https://baijiahao. baidu. com/s? id = 1610744709091396650&wfr = spider&for = pc.

下简称《备忘录》），重点在两法衔接、一案双查、证据收集及固定、失信企业联合惩戒、多元化解决纠纷等方面开展合作，实施更严格的知识产权保护制度，有效降低权利人的维权成本，提升知识产权侵权违法成本。2020 年 5 月，广东省政府印发《广东省人民政府关于复制推广中国（广东）自由贸易试验区第六批改革创新经验的通知》（粤府函〔2020〕77 号），将该机制列为广东自由贸易区可复制推广的改革创新经验。珠海横琴新区人民法院与横琴新区工商局重点在四个方面加强战略合作，一是完善知识产权行政和司法保护衔接机制；二是构建知识产权行政和司法保护相互支撑的办案机制；三是构建知识产权侵权惩罚机制；四是完善知识产权领域失信企业联合惩戒机制。

珠海横琴新区人民法院与横琴新区工商局共建知识产权侵权惩罚机制，能够有效突破当前知识产权保护工作面临的困境，创新举措呈现四大特点，一是"罚赔"并举提升违法成本，健全知识产权案件衔接机制，从而实现知识产权侵权行为在行政处罚和民事赔偿两个领域均依法得到处理，保障"罚赔"并举，充分追究知识产权侵权行为人责任。二是"双向"联动提高办案效率。通过双方紧密合作，能够有效减少双方案件调查需完成的同性质、可替代的事务，互通有无、缩短环节。三是建立知识产权案件行政调查与司法审查协作机制，发挥行政执法在认定知识产权案件事实中的关键作用，着力破解知识产权案件"举证难"问题。四是建立证据"互通"机制，实现法院、工商部门的证据互认互通，支持知识产权权利人根据诉讼需要，依法向工商局调取相关证据材料，并直接适用于诉讼索赔活动，有效解决知识产权权利人维权渠道不畅、程序烦琐、成本高昂等维权难题，进一步提升维权效率。

（2）珠海市人民检察院

珠海市人民检察院以自身积极行动服务保障粤港澳大湾区建设，落实落细上级检察机关出台的各项措施，加大对侵犯知识产权犯罪的打击力度，提起公诉 29 件 74 人。在第 20 个"世界知识产权宣传日"，为全面普及知识产权知识，提升全社会知识产权意识，珠海市人民检察院高新区知识产权检察室、横琴新区检察院、横琴新区工商局联合以"知识产权与健康中国"为题共同举办的知识产权进园区宣传活动，向社会发布《知识产权刑事司法保护指引》《企业知识产权保护》等资料，深入企业提供法律咨询服务，帮助企业解决知识产权保护方面的疑惑和问题。❶ 珠海市检察机关不断强化知识产权保护的工作措施，努力提高知识产权保护的能力和水平，凝心聚力为服务和保障粤港澳大湾区建设贡献力量。

（3）知识产权中介机构发展状况

知识产权代理指的是代理当事人处理知识产权事务的专业公司或机构，包括专利代理和商标代理，还有版权登记代理、集成电路布图设计登记代理等其他知识产权类别的代理行为。专利代理主要包括专利申请、专利无效、专利诉讼、专利战略布局、专利咨询等方面的业务内容。商标代理主要包括商标申请、商标注册、商标争议与异议、商标维权等业务内容。

专业代理机构的业务质量与当事人的权益息息相关，很大程度上直接决定了我国专利申请的数量与质量，对提升我国知识产权国际地位起着举足轻重的作用。如表 8-11 所示，截至 2020 年底，珠海市获批的专利代理机构一共有 12 家，数量上与 2019 年无异。

表 8-11　2020 年珠海市专利代理机构名单

序号	机构名称
1	广东朗乾律师事务所
2	珠海智专专利商标代理有限公司
3	广州嘉权专利商标事务所有限公司珠海分公司
4	广州三环专利商标代理有限公司珠海分公司
5	广州红荔专利代理有限公司珠海分公司
6	重庆强大凯创专利代理事务所（普通合伙）珠海分所
7	北京汇智英财专利代理事务所（普通合伙）珠海分所
8	北京华际知识产权代理有限公司珠海分公司
9	珠海飞拓知识产权代理事务所（普通合伙）
10	珠海市君佳知识产权代理事务所（普通合伙）
11	广东非凡律师事务所
12	深圳市创富知识产权代理有限公司珠海分公司

---

❶ "知识产权进园区"宣传活动走进粤澳合作中医药科技产业园［EB/OL］.（2020-04-23）［2021-05-30］. http：//www.zhuhai.jcy.gov.cn/jcgz/gzdt/202004/t20200426_2821192.shtml.

（四）知识产权人才培养和引进情况

1. 新认定的珠海市知识产权人才库专家名单

为进一步充实珠海市知识产权专家库人才力量，充分发挥专家在知识产权项目评审、维权咨询、法律援助以及政策制定等领域的智囊作用，扎实推进珠海市国家知识产权示范城市建设工作，珠海市知识产权局征集珠海市知识产权专家库入库专家从事知识产权服务或企业知识产权管理工作，珠海市知识产权局要求专家们必须精通知识产权相关法律法规和国际规则，掌握知识产权代理、法律、信息、商用化、咨询、培训等某一方面或几个方面的技能，在本领域内具有较高知名度；取得专利代理师、律师、资产评估师等资格之一，且执业5年以上。❶

2. 举办珠澳国际人才交流大会❷

2020年11月，珠澳国际人才交流大会在珠海国际会议中心开幕，该次交流大会是珠海推动落实珠澳合作、做大做强澳珠极点、汇聚粤港澳大湾区智力要素的人才交流活动。该次交流大会由中央人民政府驻澳门特别行政区联络办公室、全国博士后管委会办公室、人力资源和社会保障部留学人员和专家服务中心指导，广东省人力资源和社会保障厅、珠海市人民政府、澳门特别行政区政府人才发展委员会、澳门特别行政区政府社会文化司主办，珠海市人才工作领导小组办公室、珠海市人力资源和社会保障局、珠海市科技创新局承办，珠海华发集团、珠光集团等单位协办。多名澳门特区政府人员以及澳门大学、澳门科技大学、中山大学、北京师范大学、暨南大学等珠澳两地九所高校校长参会。该次交流大会开展了一系列的活动，包括"澳珠极点"科技创新合作峰会、"博聚香山"——百名博士珠海行、珠澳人才创新创业挑

---

❶ 珠海市市场监督管理局关于公开征集珠海市知识产权专家人才库专家的通知［EB/OL］.（2020 - 07 - 17）［2021 - 05 - 30］. http：//www. zhuhai. gov. cn/scjgj/gkmlpt/content/2/2610/post_2610711. html#250.

❷ 打造大湾区人才高地，推动珠澳合作迈向纵深［EB/OL］.（2020 - 11 - 24）［2021 - 05 - 30］. http：//zhrsj. zhuhai. gov. cn/gkmlpt/content/2/2670/mmpost_2670950. html#335.

战赛、"澳珠极点"跨境科技创新合作成果展等。

在该次交流大会上，珠海市对 22 个市创新创业团队项目和 1 个市高层次人才创业项目颁发奖励资助，资助总额逾 3 亿元。通过该次交流大会对珠海市科技成果集中展示和资助，展现珠海将以更加开放的人才政策，引进培养一批具有国际水平的战略科技人才、科技领军人才、青年科技人才和高水平创新团队，聚天下英才而用之，共同推进珠海经济高质量发展。

珠海市首推"十大英才"。自"珠海英才计划"人才政策推出以来，珠海市的人才流入率一直走在广东省前列。为营造珠海市重贤爱才的人才氛围，大会推出"珠海十大英才"展区。从珠海市各大领域推选十位优秀人才代表，如科技人才、创业精英、海归人才、技能人才等各领域具有带头示范作用的英才。以优秀人才的激励和榜样作用，展现珠海市将全力为各领域优秀人才创造更好条件、提供最优服务、营造最佳环境的决心。活动期间，珠海市还将同步举办"博聚香山"——百名博士珠海行活动，来自海内外的百余名博士到珠海各个区域的产业园区、孵化器、科技创新平台进行实地考察，近距离感受珠海创新创业环境。

为寻找和鼓励有水平、有潜力的优秀项目落户珠海市，加快吸引集聚海内外优秀人才和创新创业团队，把珠海市打造成为国际高端人才集聚区，该次交流大会还举行珠澳人才创新创业挑战赛，以赛事平台挖掘更多创新创业团队资源。该次大赛通过前期宣传和项目征集，共吸引了来自港澳台以及海外近百个优质项目参赛，项目涵盖集成电路、生物医药、新材料、新能源、高端打印设备等珠海重点产业领域。通过本次挑战赛选拔，且半年内在珠海市落地的创业团队，符合有关条件的可享受最高 500 万元创业项目资助。

3. 组建珠海市知识产权志愿服务专家团

为充分发挥知识产权对新冠肺炎疫情防控工作和实体经济的支持作用，珠海市市场监督管理局（知识产权局）于 2020 年 3 月组建了"珠海市知识产权志愿服务专家团"，由来自 20 家单位的 30 名从事知识产权服务或管理、专利审查、商标审查等工作的专业人才组成，为广大企业开展专利检索、专利代理、诉讼咨询、专利导航分析、质押融资以及商标品牌策略等提供咨询、培训等志愿服务，为珠海市各行业创新高质量发展献计献策。

4. 2020 年人力资源市场供求情况❶

受新冠肺炎疫情影响，直到 2020 年 8 月下旬，珠海市线下人力资源市场在做好疫情防控工作的前提下逐渐开放，因人力资源市场关闭了近 8 个月的时间，求职者总人数、人力资源市场活跃度仍未出现明显好转。2020 年 12 月份，以珠海市某人力资源市场为例，进场人数已不到新冠肺炎疫情发生前 20%。珠海市香洲区劳务市场 2020 年 8—12 月进场人数仅相当于往年一个月的进场人数，因此整体数据比 2019 年出现较大程度下滑。2020 年 9—12 月珠海市人力资源市场共提供现场招聘需求岗位 9.39 万个次，进场求职者 7.85 万人次，供求比率约为 1.2，供求比率较 2019 年同期上升 0.15，岗位需求略大于求职人数。

如表 8-12 所示，2020 年珠海市现场招聘发布需求岗位共计 9.39 万个次，与 2019 年全年数相比下降 90.33%，与同期相比下降 61.69%。在这些岗位中，第二产业岗位需求 5.19 万个次，占比 55.22%；第三产业岗位需求 4.19 万个次，占比 44.56%。制造业企业岗位需求较多，第二产业岗位需求依然占据主导地位。

表 8-12　2020 年人力资源市场数据统计

年份	岗位数/万个数	求职人数/万人次	求人倍率/%
2019 年	97.10	94.84	1.02
2019 年 9—12 月	24.51	23.33	1.05
2020 年 9—12 月	9.39	7.85	1.2
同比增幅	-61.69%	-66.35%	0.15

三、建议和展望

（一）建议

1979—2018 年，珠海市生产总值由 2.09 亿元增至 2914.74 亿元，经济社

---

❶ 珠海市 2020 年人力资源市场供求分析报告 [EB/OL]. （2021-01-15）[2021-05-30]. http://zhrsj.zhuhai.gov.cn/gkmlpt/content/2/2711/post_2711422.html#338.

会发展取得了巨大成就。2018 年以来，华为、阿里巴巴、腾讯等巨头先后牵手珠海，在各个领域展开深度合作，随着粤港澳大湾区发展规划战略实施，珠海市发展迅猛，其可持续发展潜力在全省排名第五，仅次于深圳、广州、东莞、佛山。珠海市在近几年陆续出台了一系列知识产权政策，并且取得了较为明显的效果，对珠海市的经济发展起到了一定的促进作用。但是结合数据分析，珠海市知识产权的发展尚存在一些不足。

第一，对知识产权的重视程度不够，无法发挥知识产权的核心力量。2020 年，珠海市各行政区与功能区虽然陆续出台了一些政策文件对珠海市知识产权的发展有所规定与保护，加大了知识产权的司法保护与行政保护，政府较为重视，收结案的数量也有明显增长。但是，目前而言，大多数政策文件存在一定的滞后性，大多数政策文件的保护条款均是针对企业的，对于知识产权权利个人与市民的相关规定相对较少。因此，政府应当继续加大知识产权的保护力度，完善相关知识产权制度，加快知识产权政策创新，发挥知识产权在全市经济发展中的带头作用与核心力量。同时，要加强知识产权行政监管力量，发挥监管的主导作用，提高执法质量和效率，形成权责统一、分工合理、监督有力的知识产权保护体系。

第二，创新程度不够，企业发展不平均，无法打造自己的"品牌"。保护知识产权就是保护创新，当前我国经济已进入高质量发展阶段，在现代化经济体系建设中，知识产权保护是其中的关键一环。截至 2020 年底，珠海市有 2352 家企业获得专利授权 23110 件，占珠海市专利授权总量的 94.58%。其中，有 466 家企业获得发明专利授权 4262 件，占全市发明专利授权总量的 97.71%。在专利申请、授权数量排名前十位的企业中，格力电器在专利申请数量与授权数量均居首位，以强大优势占据珠海市知识产权企业发展领军地位。可见，珠海市知识产权的发展主要依赖企业，并且主要企业集中于香洲区，发展上存在不平均的问题。中小微企业的知识产权意识提升、知识产权培育和挖掘还任重道远。一个知识产权强市不可能只是少数企业领先，而应当百家争鸣，百花齐放，共同来营造创新驱动的氛围。针对这个问题，珠海市政府应当着力于出台相应的政策文件，促进中小企业及城市居民积极参与知识产权创新开发，提高创新能力，加强知识产权创新体系的形成，进一步提高珠海市知识产权创新成果的数量和质量。力争形成大、中、小企业梯度发展的企业群，为实体经济发展夯实基础。应当充分利用格力电器等龙头企业的优势地位，带领其他中小型企业发展，吸引集聚上下游配套产业链企业，力争形成数个产值超千亿元、一批产值超百亿元的世界级产业集群。

第三，人才引进资金与力度投入不够，留不住人才。虽然近两年珠海市出台了引进、培养高层次人才等支持政策，但是知识产权人才在数量和质量方面都严重不足。依据广东省知识产权局官网数据显示，2020 年珠海市知识产权代理服务机构仅有 12 家，在全省的占比非常小。在专家人才引进方面，珠海市召开了多次会议，并且开展了相关的人才引进交流活动，建立了质量与标准化人才培养基地，但成立时间都相对较晚，还需要进一步加大发展力度。相比其他城市，珠海市高层次知识产权人才、实务型知识产权人才以及其他重要领域人才缺口都相对较大，一定程度上制约着知识产权和经济的发展。众所周知，高校是一个富产知识产权的区域，高校间可利用这一特性建立合作，建立知识产权联盟。但珠海市欠缺综合型知识产权体系的高校，不利于综合人才的培养和知识产权的发展。珠海市政府应当着力于建立知识产权高校联盟，与粤港澳大湾区众多著名高校达成联盟，加强与其他城市高校的合作，建立科研机构，完善知识产权保护体系，为建设知识产权强市引进更多优秀的、专业的人才。

第四，社会对知识产权的宣传力度不够，全民的知识产权保护意识较为薄弱，因此，需要强化知识产权全链条保护。知识产权保护是一个系统工程，覆盖领域广、涉及方面多，要综合运用法律、行政、经济、技术、社会治理等多种手段，从审查授权、行政执法、司法保护、仲裁调解、行业自律、公民诚信等环节完善保护体系，加强协同配合，构建大保护格局。珠海市在粤港澳大湾区发展中占据不可替代的重要作用，其知识产权水平的发展关系到粤港澳大湾区的发展。因此，珠海市政府要加大知识产权保护的宣传教育，及时传播知识产权信息，增强全社会尊重和保护知识产权的意识，形成便民利民的知识产权公共服务体系。同时，要打通知识产权创造、运用、保护、管理、服务全链条，健全知识产权综合管理体制，增强系统保护能力；要加强知识产权信息化、智能化基础设施建设，强化人工智能、大数据等信息技术在知识产权审查和保护领域的应用，推动知识产权保护线上线下融合发展；要鼓励市民开展知识产权创新活动，加大知识产权的奖励机制，使得更多个人和企业投入到创新中来，为珠海市知识产权事业的发展贡献力量。

第五，粤港澳大湾区法律制度不一，存在适用上的困难。"一国两制三法域"是粤港澳大湾区知识产权法律制度的基本特征，香港特区和澳门特区的知识产权法律需要进行本土化，香港特区主要受英美法系的影响，澳门特区主要受大陆法系的影响，这种影响不是单纯的法律移植，而是深层次的法律文化继受。而包含珠海市在内的广东九市区域适用中国特色社会主义法系的知识产权法律，粤港澳三地知识产权法律有较大差异。随着粤港澳大湾区发展战略的成功施行，涉及粤港澳三地知识产权的案件也随之增加，给粤港澳三地创新资源的自由流通造成了阻碍，甚至可能导致一些对粤港澳三地法律不熟悉的知识产权权利人错失对应有权利的保障，因此克服法律制度差异以适应粤港澳知识产权协作需求变得更加迫切。

《粤港澳大湾区发展规划纲要》明确提出"不断丰富、发展和完善有利于激励创新的知识产权保护制度"，为了全面加强粤港澳大湾区知识产权保护领域的合作，必须大力推进知识产权法律制度的统一进程，无论是国际合作还是区际协作都证明统一的法律规范是区域经济发展的重要保障，统一粤港澳知识产权法律是符合国际惯例的方向性实践。有必要选择制订适用于内地与港澳地区的知识产权规则，由各地建立相应的协调适用机制；或者立足现有的知识产权法律出台协调适用的司法解释、条例等。

专业人才对于粤港澳大湾区的知识产权保护工作的展开至关重要，应当建立粤港澳知识产权专家库。为提升涉港澳知识产权案件办理和法律服务的专业化水平，可以借鉴深圳前海合作区人民法院引入港澳专业人士作为人民陪审员或广州知识产权法院引进港澳籍调解员的做法，成立港澳知识产权专家库，聘请港澳籍知识产权专业人员担任法院的陪审员或者检察机关的专家咨询委员或特约检察员等，召开区际司法制度比较研究会议，有效发挥专家的法律咨询、政策研究、技术调查和技术鉴定等作用。

（二）展望

2020年11月30日，习近平总书记主持中共中央政治局第二十五次集体学习并发表讲话，强调"创新是引领发展的第一动力，保护知识产权就是保护创新"。

2021 年 2 月 1 日出版的第 3 期《求是》杂志发表了习近平总书记的重要文章《全面加强知识产权保护工作 激发创新活力推动构建新发展格局》。文章强调，创新是引领发展的第一动力，保护知识产权就是保护创新。全面建设社会主义现代化国家，必须更好推进知识产权保护工作。知识产权保护工作关系国家治理体系和治理能力现代化，关系高质量发展，关系人民生活幸福，关系国家对外开放大局，关系国家安全。习近平总书记在文章中指出，当前，我国正在从知识产权引进大国向知识产权创造大国转变，知识产权工作正在从追求数量向提高质量转变。

深入贯彻习近平新时代中国特色社会主义思想和党的十九大精神，统筹推进"五位一体"总体布局和协调推进"四个全面"战略布局，全面准确贯彻"一国两制""港人治港""澳人治澳""高度自治"的方针，严格依照宪法和基本法办事，坚持新发展理念，充分认识和利用"一国两制"制度优势和广东改革开放先行先试优势，解放思想、大胆探索，不断深化粤港澳三地互利合作，进一步建立互利共赢的区域合作关系，建设富有活力和国际竞争力的一流湾区和世界级城市群，打造高质量发展的典范。

2019 年 2 月 18 日，中共中央、国务院印发了《粤港澳大湾区发展规划纲要》，提出了粤港澳大湾区的五大战略定位，把粤港澳大湾区建设成充满活力的世界级城市群、具有全球影响力的国际科技创新中心、"一带一路"建设的重要支撑、内地与港澳深度合作示范区、宜居宜业宜游的优质生活圈。以科技创新引领的超大规模的综合性湾区，未来将成为粤港澳大湾区最重要的标签。《粤港澳大湾区发展规划纲要》的出台意义重大，让粤港澳大湾区 11 座城市迎来了千载难逢的发展机遇。而作为唯一与香港和澳门陆路相连的城市，珠海在《粤港澳大湾区发展规划纲要》中一共被提及 20 次，横琴被提及 22次，澳门被提及 90 次，充分彰显了澳珠一极在大湾区中的重要地位。《粤港澳大湾区发展规划纲要》中设有"推进珠海横琴粤港澳深度合作示范"的专门章节，确立了横琴建设"粤港澳深度合作示范区"的战略定位。横琴被定位为国家级新区和自贸试验片区后，再次担当国家战略重任。在空间布局上，提到要发挥香港—深圳、广州—佛山、澳门—珠海强强联合的引领带动作用，深化香港和深圳、澳门和珠海合作，加快广州和佛山同城化建设，提升整体实力和全球影响力，引领粤港澳大湾区深度参与国际合作。在科技创新、交通运输、现代服务业等多个方面，《粤港澳大湾区发展规划纲要》也都有提及珠海。珠海在粤港澳大湾区发展中必定会发挥应有的担当。

2020 年 3 月，国家知识产权局正式批复同意建设中国（珠海）知识产权保护中心，该中心将面向高端装备制造产业和家电电器产业开展知识产权快速协同保护工作。高端装备制造产业和家电电器产业是珠海市重点支柱产业。中国（珠海）知识产权保护中心将重点围绕上述产业发展需求，形成集快速审查、快速确权、快速维权于一体，知识产权审查、行政执法、维权援助、仲裁调解、司法衔接相联动的知识产权快速协同保护体系，推动构建知识产权"严保护、大保护、快保护、同保护"工作格局。致力于建设中国（珠海）知识产权保护中心有助于提高珠海企业的知识产权创造水平，改善知识产权保护环境，推进知识产权保护协作，强化知识产权运营，推动产业转型升级，助力企业创新发展。同时，中国（珠海）知识产权保护中心还将承担知识产权战略实施和知识产权强市建设相关工作任务，为珠海建设国家知识产权示范城市提供强有力支撑。

2021 年 4 月，珠海市委书记郭永航在第 21 个世界知识产权日进行企业走访时，强调珠海市知识产权未来要准确把握知识产权发展现状和趋势，为知识"定价"，给创新"赋权"，让成果受到尊重，使创造活力竞相迸发。要大胆改革创新，强化规划引领和政策支持，深化知识产权领域"放管服"改革，打造高素质专业化的知识产权工作队伍，不断提升知识产权治理能力和治理水平，助推珠海市"二次创业"加快发展。2021 年是"十四五"开局之年，珠海市市场监督管理局将继续推进国家知识产权示范城市建设，推动知识产权创造、运用、保护和管理服务水平更上新台阶，为申报知识产权强市奠定更加坚实的基础。将制定《关于强化知识产权保护的若干措施》推进方案，细化工作任务，确保措施到位；修订《珠海市知识产权质押融资风险补偿基金管理办法》，完善风险基金的操作模式，充分发挥基金池的作用，切实解决中小科技型企业的融资难融资贵问题。

随着珠海市建设创新型城市发展目标和创新驱动发展核心战略深入推进，知识产权事业蓬勃发展，面临难得发展机遇，承载重大历史使命，珠海市必须因势而谋、顺势而为、乘势而上，走出一条知识产权支撑创新驱动发展的新路径，把珠海建设成为国际化知识产权创造运用中心和知识产权保护高地。

第9章 中山市知识产权报告

对于中山市而言，牢牢扭住粤港澳大湾区建设这个总纲、主线，着力打造国际一流湾区的重要节点城市，推动中山市经济社会进一步发展，从而为广东省实现"四个走在全国前列"、当好"两个重要窗口"贡献自身力量，已然成为步入"湾区时代"的中山市下一步工作的根本方向指引，而创新则被定位为实现前述目标的重要推动力。为深入贯彻实施创新驱动发展战略，作为创新重要支撑的知识产权事业也得到了中山市的高度重视。自2015年4月获得"国家知识产权示范城市"这一新身份以来，中山市的知识产权事业便驶上了"快车道"。围绕知识产权的创造、运用、保护及对其的管理、服务，中山市不断进行制度创新，出台了多项政策、强化政策的实施落地，有力激发了中山市的创新活力，并营造了良好的营商环境。本章将就2020年中山市在知识产权事业上的新进展进行阐述，并在此基础上，给出完善建议。

一、中山市知识产权发展状况

2020年，中山市以加强知识产权保护和运用为重点，以优化知识产权公共服务为基础，着力破解制约创新发展的突出问题，积极探索知识产权服务创新发展新路径。具体发展情况如下。

（一）知识产权创造状况

2020年1—11月，中山市专利申请量为41027件，其中发明专利申请量为5727件，实用新型专利申请量为17661件，外观设计专利申请量为17639

件。2020 年，中山市专利授权量为 39698 件，同比增长 18.87%，其中发明专利为 1032 件，实用新型专利为 18217 件，外观设计专利为 20449 件；PCT 专利申请量 256 件，同比增长 33.33%；4 家企业荣获广东省专利奖、1 项杰出发明人奖。截至 2020 年 7 月底，中山市有效发明拥有量为 8438 件，10 家企业申报 2020 年度广东省知识产权示范企业。中山市拥有国家和省级知识产权示范、优势企业 90 家，拥有中国专利奖 46 项，通过国家知识产权管理规范标准企业累计 409 家。

自 2019 年出台《中山市深入实施商标品牌战略服务经济社会发展若干意见》以来，中山市大力推进实施商标品牌战略，取得了显著的成效。一是国内商标注册量逐年递增。如图 9 - 1 所示，2020 年，中山市商标有效注册量为 19.7 万件，商标申请量为 5.15 万件，注册量为 2.43 万件。截至 2020 年，有效注册商标拥有量超 20 万件，位居全省第六。2011—2020 年，中山市商标申请量、有效注册量呈逐年递增趋势，有效注册量从 2011 年的 5 万件，至 2020 年底突破 19.7 万件；专利年度申请量从 2011 年的一万多件，近三年每年申请量超 4 万件。如图 9 - 2、图 9 - 3 和图 9 - 4 所示，从中山市各镇区商标有效注册量、商标申请量和商标注册量情况来看，排名前三位的分别为小榄镇、东凤镇及古镇镇。

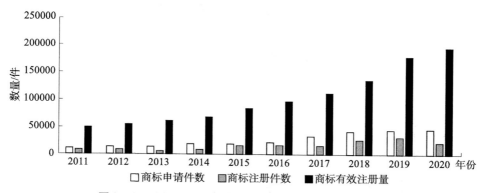

图 9 - 1　2011—2020 年中山市商标申请注册有效数据❶

---

❶　商标品牌战略显实效中山商标有效注册量突破 20 万件 ［EB/OL］. （2021 - 03 - 10）［2021 - 05 - 30］. http：//www. zs. gov. cn/zjj/tjsj/content/post_1913239. html.

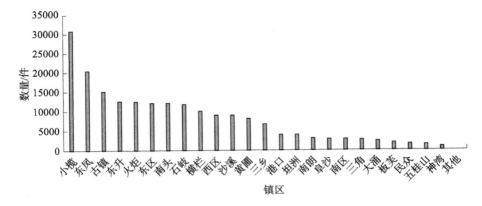

图 9 - 2　2020 年中山市各镇区商标有效注册量情况

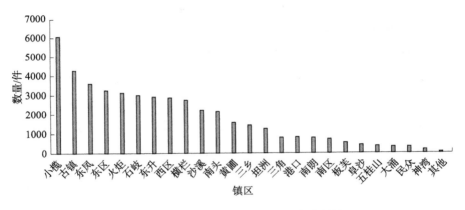

图 9 - 3　2020 年中山市各镇区商标申请量情况

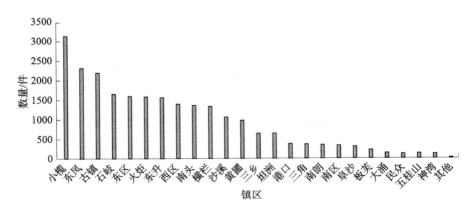

图 9 - 4　2020 年中山市各镇区商标注册量情况

二是马德里商标注册量持续增长。2020 年中山市马德里商标注册新增 39
件。如图 9-5 和图 9-6 所示，截至 2020 年底，中山市的马德里商标累计有
效注册量为 335 件，指定包括俄罗斯、美国等在内的 106 个国家和地区。如
图 9-7 所示，从中山市各镇区马德里商标有效注册量情况来看，小榄镇、火
炬区、东凤镇排在前列。

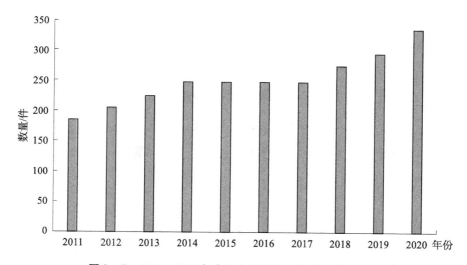

图 9-5 2011—2020 年中山市马德里商标注册有效数据

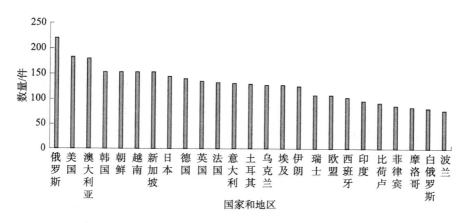

图 9-6 2020 年中山市马德里注册商标前 25 位指定国家和地区

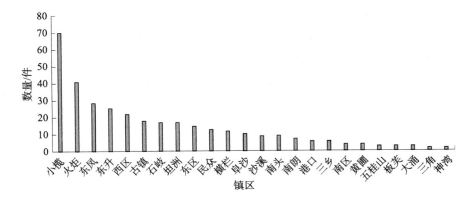

图 9 – 7　2020 年中山市各镇区马德里商标有效注册量情况

中山市于 2020 年大力推进实施标准化战略。其中，地理标志产品中山脆肉鲩、神湾菠萝从"中山特色"成功转化为"中山标准"。

（二）知识产权保护状况

中山市大力开展商标违法案件的查处，不断提高商标行政保护水平，如图 9 – 8 所示，从近十年来的商标行政执法案件量来看，违法行为总体呈下降趋势。2020 年，中山市市场监督管理全系统受理转办涉外商标案件投诉 118 件，查处商标侵权案件 433 件，案值 271.26 万元，罚没 316.44 万元，移送涉嫌犯罪案件 9 件。专利行政案件立案 357 件，结案 304 件。以口罩、防护服、体温计、消毒用品等为重点，查办侵犯知识产权和制售假冒伪劣商品等违法行为案件 174 件，查获假冒伪劣口罩 21 万多个、其他非法防护产品 908 件，向司法机关移送案件 14 件。中山市市场监督管理局着力查处"傍名牌"、虚假或引人误解的商业宣传、商业贿赂、商业诋毁、侵犯商业秘密、不正当有奖销售、网络新型不正当竞争等行为，办结案件 5 件、罚没 69.2 万元。

中山市市场监督管理局开展电商领域知识产权保护工作。一是开展为期 5 个月的清理整治网络销售和宣传"特供""专供"标识商品专项行动。该专项行动将假借"特供""专供"或"内部特供、专用"等类似名义推销商品或服务，含有"特供""专供"等类似内容的假冒伪劣商品，假冒他人注册商标、伪造或冒用质量标志、伪造产地的商品等作为重点内容，针对食品（酒类、饮料、保健食品）、瓷器、箱包等舆情热点、社会反映集中的商品，

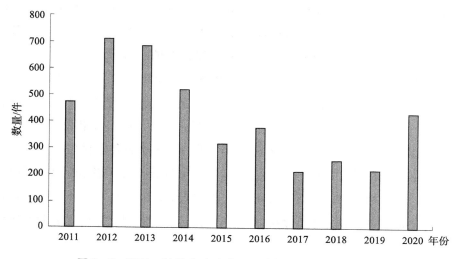

图 9 - 8　2011—2020 年中山市处理商标行政执法案件数量

在全市范围内开展对网络商品交易（特别是互联网二手交易和拍卖平台）及互联网广告的监测排查，加强监管执法。二是于"双十一"购物狂欢节当天，中山市市场监督管理局跨市协同深圳市市场监督管理局、深圳市公安局开展联合执法，捣毁深圳骆某、叶某等5人涉嫌通过网店销售假冒"完美芦荟胶"的售假电商窝点。

中山市作为广东省司法厅指定的全省知识产权行政裁决示范创建市，同时也是广东省市场监督管理局推进的9个专利行政裁决试点市之一，积极探索建立专利侵权纠纷行政裁决机制，起草出台《中山市专利侵权案件行政裁决工作暂行办法》，组建专利侵权纠纷行政裁决专家库，鼓励引导当事人通过行政裁决解决专利侵权纠纷。

中山市市场监督管理局于2020年5—6月探索推进了商业秘密保护工作。❶ 在为期两个月的活动中，中山市市场监督管理系统出动调查检查人员528人次，走访工业园（区）等产业集群地34个，抽样调查重点企业205家。经调查，中山市企业拥有一定数量的商业秘密，具备一定的商业秘密保护意识。被调查205家企业中，声称拥有商业秘密的企业89家，占比43.41%。

❶ 中山市市场监督管理局探索推进企业商业秘密保护工作 ［EB/OL］. (2020 - 07 - 08) ［2021 - 05 - 30］. http：//www. zs. gov. cn/zjj/zwdt/content/post_1819163. html.

合计拥有各类商业秘密 2461 个，各家企业拥有量不一，其中火炬开发区、西区、古镇镇个别企业声称拥有的商业秘密达到 100 个或以上。声称采取各种形式自行开展了商业秘密保护的企业有 84 家，保护措施形式多样，保护效果参差不齐。针对调查情况，中山市市场监督管理局制订了《中山市市场监督管理局关于经营者加强商业秘密保护指引》《商业秘密保密协议》《竞业限制协议》《商务合作保密协议》等一系列技术指导资料。中山市市场监督管理局工作人员对商业秘密保护相关法规、指引进行了集中宣传、派发，上门对部分重点企业开展了商业秘密保护行政指导，累计开展相关法律及知识宣传、宣讲 89 场次，派发商业秘密保护相关法规、指引、参考文本等 995 份，为 92 家企业开展了商业秘密保护行政指导，帮助 64 家企业建立完善了商业秘密保护措施机制。

为提高行政执法网络化、智能化水平，推进广东省行政执法"两平台"（行政执法信息平台和监督网络平台）试点工作，中山市市场监督管理局于 2020 年 4 月 29 日和 5 月 28 日分别召开试点推进会和专场培训会，对"两平台"系统使用方式和操作流程进行介绍和演示。

中山首家专注服务化解各类知识产权纠纷的调解组织——中山知识产权人民调解委员会自 2017 年 4 月成立至 2020 年 4 月，中山知识产权人民调解委员会受理当事人请求调解案件及委托调解案件共计 1756 件，调解成功率 59.57%，赔偿金额 190.96 万元，司法确认 206 件。❶ 新冠肺炎疫情期间，该委员会为避免当事人外出，委员会通过电话、邮件等方式对案件进行调解，共调解案件 101 件。中山知识产权人民调解委员会坚持探索人民调解工作创新，主动融入公共法律服务体系建设中，积极融入由中国中山（灯饰）知识产权快速维权中心整合的"一站式"知识产权纠纷多元化调防结合化解平台，形成立体式知识产权保护和维权的工作网络。❷

中山市市场监督管理局积极推动知识产权保护线上线下融合发展，为中山重点企业开展网络知识产权保护监测服务，在商标、专利、地理标志产品

❶ 中山知识产权人民调解委员会助力高质量发展［EB/OL］．（2020 - 04 - 26）［2021 - 05 - 30］．http：//www.zs.gov.cn/zssfj/gkmlpt/content/1/1745/post_1745337.html#1128.

❷ 调解成功率近六成！中山知识产权调委会助力高质量发展［EB/OL］．（2020 - 04 - 25）［2021 - 05 - 30］．https：//zsrbapp.zsnews.cn/mobile/news/viewNews/542791.

三个方面构建完善的保护体系。中山市知识产权保护平台于 2020 年底上线运行。中山市知识产权保护平台以中山市知识产权重点保护企业、驰名商标企业为基础，采集中山特色产业、老字号、知名品牌形成知识产权保护重点数据，通过设置商标品牌关键词、地区、价格、销量和隐语等条件进行商品筛选，利用侵权风险模型对筛选的结果商品计算风险指数，及时发现在售商标品牌侵权网店，实现对重点保护商标品牌的侵权预警，为中山市企业提供互联网知识产权高水平保护。截至 2020 年 12 月，中山市知识产权保护平台重点企业数据库已涵盖 186 家重点企业，3 个地理标志保护产品，共采集 14939 个重点企业商标，33037 个重点企业专利，603 个重点企业商品名录，592 个重点企业白名单，94 个重点企业网店，375 个重点企业独立网站，累计监测数据总量达 5408 条，为查处网络违法经营行为提供重要线索。❶

在快速维权机制方面，中山市努力打造知识产权保护"一站式"平台。广州知识产权法院（中山）巡回审判庭于 2020 年 4 月 26 日挂牌成立，中山市全力推进国家级知识产权保护中心工作。

（三）知识产权运用状况

中山市不断完善知识产权质押融资的"中山模式"。加强知识产权质押融资风险补偿资金池管理，支持高新技术、知识产权示范和优势企业运用专利、商标等知识产权混合质押，实现最高 1000 万元的知识产权质押贷款，全年共为企业提供贷款 1.58 亿元。新冠肺炎疫情期间，组织开展知识产权质押融资免费筛查公益服务活动，免费为中小微企业提供"知识产权金融一站式"服务，成功推动试点合作银行为企业提供质押贷款 1.2 亿元，缓解企业复工复产融资困难。

中山市企业在 2020 年 11 月 13 日举行的粤港澳大湾区知识产权交易博览会中荣获 7 项中国专利奖和 3 项广东省专利奖。❷

---

❶ 中山市知识产权保护平台上线 为企业提供高水平互联网知识产权保护［EB/OL］.（2020 - 12 - 21）［2021 - 05 - 30］. http：//www. zs. gov. cn/zszjj/gkmlpt/content/1/1876/post_1876311. html#1018.

❷ 2020 粤港澳大湾区知识产权交易博览会开幕中山 10 家企业获颁专利奖［EB/OL］.（2020 - 11 - 17）［2021 - 05 - 30］. http：//www. zs. gov. cn/zszjj/gkmlpt/content/1/1863/post _1863406. html # 1018.

由广东省市场监督管理局、中山市市场监督管理局主办，中山市科技金融创新促进会与多家合作单位承办的中山市知识产权金融对接活动于 2020 年 6 月 3 日举行。逾 40 位企业代表现场参会，近千人次线上与会。中国光大银行股份有限公司中山分行、中山农村商业银行股份有限公司在现场与 10 家企业签订了中山市知识产权质押融资贷款合作意向书，为企业提供贷款资金支持。

中山市的商标品牌运用取得显著成效。在商标质押方面，2020 年中山市商标质押为 343 件，质押金额合计超过 8000 万元。中山市企业可以通过商标品牌单笔获得贷款高达 500 万元，并将贷款时产生的费用控制在较低范围。如图 9 - 9 所示，在商标许可与商标转让方面，2020 年中山市已备案商标许可为 363 件，全市商标转让备案登记为 4869 件。如图 9 - 10 和图 9 - 11 所示，从中山市各镇区商标许可与商标转让情况看，2020 年中山市有 21 个镇区有商标许可备案，东升镇居首；东凤、古镇、小榄则分别排在 2020 年中山市商标转让的前三位。

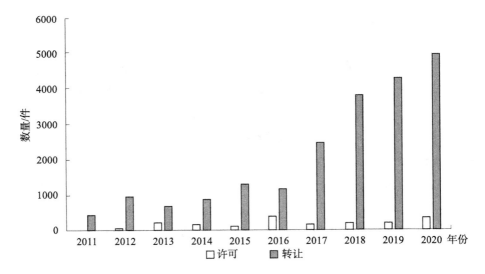

图 9 - 9　2011—2020 年中山市处理商标许可转让数量

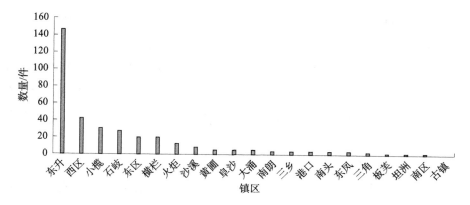

图 9 - 10　2020 年中山市各镇区商标许可件数

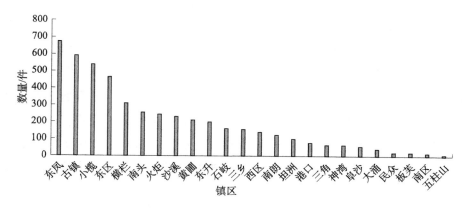

图 9 - 11　2020 年中山市各镇区商标转让数据

（四）知识产权管理与服务状况

2020 年 1—8 月，广州专利代办处中山服务站办理专利申请、缴费咨询服务 933 次。

2020 年 12 月 28 日，中山市首家商标品牌培育指导站"中山市古镇镇商标品牌培育指导站"经中山市市场监督管理局批准在中国中山（灯饰）知识产权快速维权中心正式揭牌成立。商标品牌培育指导站的成立是中山市贯彻落实 2019 年出台的商标品牌战略的又一体现，标志着中山市商标品牌公共服务开始走进产业集聚区，走近企业"家门口"。以商标品牌培育指导站为依托，为企业提供商标品牌全方位、深层次、一体化的知识产权服务，打造商标品牌发展观念，营造商标品牌建设氛围，引导企业建设自有品牌，打造一批具有中山特色、竞争力强、市场信誉好的中山品牌。

广东省知识产权预审协作平台暨中山快维预审系统于 2020 年 9 月 28 日正式上线。中山快维预审系统的上线，标志着快维中心受理专利申请预审案件实现线上提交，从而达到一次备案、一站服务和一网通办的目标，提升快维中心快速预审服务能力。

2019 年 9 月 20 日成立的国家知识产权局商标业务中山受理窗口获得国家知识产权局商标局的最高权限授权委托，主要业务为受理申请人直接提交的注册商标申请及商标后续业务、提供商标业务咨询以及注册商标专用权质权登记申请材料，为群众提供更便捷、更高效的商标办理服务。截至 2020 年底，中山受理窗口共计受理各项业务 2105 件，服务了来自中山、香港、澳门等多地的群众。2020 年中山受理窗口在疫情期间推行"不见面"服务机制，为方便企业申请商标，推行线上服务为主、线下"点对点"服务相结合的模式，并承诺"一次性"告知企业所需要的办理材料，降低公众办理商标申请的时间成本及被感染风险。为帮助支持企业复工复产，主动上门为疫情防控生产重点企业提供知识产权专业服务，解决企业燃眉之急，指导疫情防控用品生产企业注册商标申请进入国家知识产权局快速审查"绿色通道"。

中山市市场监督管理局指引企业创新路径和知识产权布局，增强持续创新创造能力，31 家企业开展企业运营类专利导航项目、9 家企业开展高价值专利培育项目。

中山市市场监督管理局于 2020 年 9 月 18 日组织召开 2020 年中山市知识产权服务机构座谈交流会。座谈会就知识产权服务行业良性竞争、知识产权服务的创新化与标准化、知识产权服务行业发展遇到的难点等问题展开有益的交流沟通。

中山市从事商标专业化服务的商标代理机构逐渐繁荣，如图 9 - 12 所示，至 2020 年底，在营状态的备案商标代理机构达 266 家。

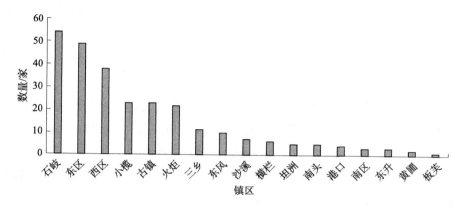

图9－12　2020年中山市各镇区在营备案商标代理机构数量

二、建议和展望

如前文所述，中山市在2020年的知识产权保护工作上取得了亮眼的成绩。在新冠肺炎疫情的严峻考验下，这一成绩的取得来之不易。接下来，中山市应深刻学习领会习近平总书记在中共中央政治局第二十五次集体学习上就加强我国知识产权保护工作所作的重要讲话精神，紧紧抓住建设粤港澳大湾区的重大机遇，在建设粤港澳大湾区的过程中，立足自身的比较优势，利用好政策释放的红利，推动知识产权保护工作更上一层楼，以此实现向创新型经济的转型、升级。为此，本书对中山市知识产权工作提出以下三点完善建议。

（一）优化行政保护机制，推进行政保护与司法保护的有效衔接

1. 知识产权行政保护机制

知识产权的行政保护包括行政执法、行政裁决与行政调解三种方式。行政执法是指具有法定权限的行政机关对违法行为进行处理的系列行为的统称，主要包括行政强制与行政处罚这两类具体行政行为。行政裁决具有"准司法"的属性，是指具有法定权限的行政机关居中裁判、断定是非曲直，以解决有关民事纠纷的行政行为。而行政调解是指在民事纠纷各方当事人自愿的基础

上，具有法定权限的行政机关居中采用劝说、引导等方式促成纠纷当事人相互协商、达成协议，从而使纠纷得以解决的行政活动。

就专利行政保护而言，专利行政执法所针对的专利法上的违法行为仅限于假冒专利的行为，不包括侵害专利权的行为。假冒专利行为由负责专利执法的部门进行查处。在2018年的党和国家机构改革之前，专利行政管理与行政执法合一。假冒专利行为的查处在2018年之前是由管理专利的部门负责。但在2018年机构改革之后，专利行政管理与行政执法分离。专利行政执法由各级市场监督管理局下设的综合执法队伍负责。对于假冒专利的行为，执法部门可处以责令改正、没收违法所得、罚款等行政处罚及采取有关行政强制措施。专利行政裁决针对的是因侵害专利权而引发的民事纠纷。管理专利工作的部门基于当事人的请求对侵害专利权纠纷进行处理。具有专利行政裁决权限的是管理专利工作的部门，而非负责专利执法的部门。在2018年机构改革之后，具体是由各级市场监督管理局对侵害专利权纠纷进行行政裁决。管理专利工作的部门裁决侵权行为成立的，可责令侵权人承担停止侵害的民事责任，但无权责令侵权人承担赔偿损失的民事责任。当事人对裁决不服的，可向人民法院提起行政诉讼。侵权人期满不起诉又不停止侵权行为的，管理专利工作的部门可向人民法院申请强制执行行政裁决。在专利行政裁决的管辖上，国务院专利行政部门（国家知识产权局）负责在全国有重大影响的专利侵权纠纷，地方管理专利工作的部门负责该行政区域内的专利侵权纠纷，跨区域的专利侵权案件可由上级地方人民政府管理专利工作的部门处理。专利行政调解由管理专利工作的部门负责。适用专利行政调解的事项具有广泛性，❶ 其中，与专利侵权最为密切的当属就侵犯专利权的赔偿数额所作的调解。赔偿数额调解不成的，当事人可向人民法院起诉。

就著作权行政保护而言，依《著作权法》第53条规定的八种侵害著作权的行为只有在侵害著作权的行为同时损害公共利益的情况下，才可引发行政执法。行政执法由主管著作权的部门负责。在2018年机构改革之后，具体由地方文化市场综合执法队伍负责著作权行政执法。对于前述著作权法上的八种侵害著作权的违法行为，执法机关可处以责令停止侵权行为，警告，没收

---

❶ 参见《专利法实施细则》（2010年）第85条。

违法所得，没收、无害化销毁处理侵权复制品以及主要用于制作侵权复制品的材料、工具、设备等，罚款等行政处罚及采取有关行政强制措施。对于侵害著作权纠纷的行政裁决，《著作权法》并未作明确的规定，只是把性质上应归属行政裁决的责令停止侵权行为归入行政执法。《著作权法》规定著作权纠纷可以调解，但未明确指出著作权纠纷的行政调解。

就商标权行政保护而言，拥有行政执法、行政裁决与行政调解权限的是工商行政管理部门（2018 年机构改革之后为各级市场监督管理局下设的综合执法队伍）。行政执法针对的是侵犯注册商标专用权的行为。对侵犯注册商标专用权的行为，可处以责令停止侵权行为、没收、销毁侵权商品和主要用于制造侵权商品、伪造注册商标标识的工具、罚款等行政处罚及采取有关行政强制措施。与《专利法》《著作权法》不同之处在于，《商标法》明文规定对涉嫌犯罪的侵犯注册商标专用权案件的移送义务。行政裁决针对的是《商标法》第 57 条规定的侵犯注册商标专用权行为引发的民事纠纷。但是商标权的行政裁决更多地保留了行政执法的色彩，差别仅在于行政执法（查处）是依职权的，而行政裁决（处理）是依请求的。商标权的行政调解针对侵犯商标专用权赔偿数额的调解。经工商行政管理部门调解，当事人未达成协议或者调解书生效后不履行的，当事人可向人民法院起诉。

2. 现行知识产权行政保护机制存在的问题

（1）行政执法机制存在的问题

行政执法机制存在的问题首先体现在行政执法能力与行政执法职能之间的不匹配。专利行政执法针对假冒专利行为，著作权行政执法针对侵害著作权行为及其他违反著作权法的行为，商标权行政执法针对侵犯注册商标专用权的行为。除了假冒专利行为较为容易辨认、执法难度较低之外，无论是违反著作权法的行为还是侵犯注册商标专用权的行为的认定，都十分困难。遭受侵害的对象是否受著作权保护的对象、是否构成实质性相似、行为人的行为是否受专有权利的调整、行为人的行为是否构成合理使用、商标是否构成近似、是否存在混淆可能性、行为人的行为是否构成商标使用行为等问题异常复杂，且带有浓厚的利益衡量与价值判断色彩。判断如果存在偏差，则会使创新遭受消极影响。受限于其执法能力，执法机关难以履行如此艰巨的行政执法职责。执法能力不匹配的原因有两方面：一方面是"管执分离"。在"管执合一"下，由管理知识产权工作的部门负责行政执法。管理知识产权工作的部门具备专业性，由其履行执法职责不存在执法能力与知识缺乏的问题。但在"管执分离"基础上组建的综合执法队伍因未从事知识产权管理工作则会面临专业知识欠缺的问题。另一方面是行政执法权的下沉。知识产权行政执法被作为一般执法事项下沉到基层。基层综合执法队伍的专业能力与知识更难以保障❶。行政执法机制存在的第二个问题是行政执法与刑事司法衔接不畅。在《专利法》《著作权法》和《商标法》中，仅《商标法》对涉嫌犯罪的案件的移送义务作了明文规定。这显然不利于强化对知识产权的保护，也不利于防止以罚代刑现象的发生。国务院公布的《行政执法机关移送涉嫌犯罪案件的规定》以及最高人民检察院制定的《关于加强行政执法机关与公安机关、人民检察院工作联系的意见》《关于在行政执法中及时移送涉嫌犯罪案件的意见》对行政执法与刑事司法的衔接作了规定。行政执法机制存在的第三个问题是行政执法对市场自身调节机制的消极影响。作为私法的知识产权法当然奉行意思自治原则。民事主体是自身利益的最佳判断者。由民事主体对自身所参与的民事关系进行自我调整更可能实现对民事关系的治理。当知识产品市场因新技术、新商业模式的产生而发生失序、乱象、纠纷时，知识产品市场上的主体也在探索建立新的制度以恢复市场均衡状态。但行政执法具有主动性，行政执法过早、过广介入知识产品市场，会抑制、阻断意思自治和市场创新更有效率的制度❷。

（2）行政裁决机制存在的问题

行政裁决机制存在的第一个问题体现在现行的行政处理机制的矛盾性。现行的行政处理机制既有行政裁决的特征（典型的体现是行政处理的程序性规定以及责令停止侵权行为的后果），又有行政执法的色彩（行政处理的法律后果）。应当恢复行政处理的准司法本质。行政裁决机制存在的第二个问题是行政裁决下侵权人所承担的民事责任的种类。在现行制度下，侵权人的民事

---

❶ 李伟民. 知识产权行政执法与司法裁判衔接机制研究 [J]. 中国应用法学，2021（2）：100 – 123.

❷ 熊琦，朱若含. 论著作权法中的"行政介入"条款 [J]. 山东大学学报（哲学社会科学版），2020（1）：113 – 122.

责任仅限停止侵权行为，并不包括赔偿损失。既然行政裁决是准司法，裁决机关何以不能责令侵权人承担赔偿损失的民事责任?❶ 行政裁决机制存在的第三个问题是不服行政裁决的救济方式并不理想。依《专利法》，当事人不服行政裁决的，可提起行政诉讼。当事人可能在经历两审行政诉讼之后，民事纠纷仍尚未获得解决。维权周期长的弊病依然存在。行政裁决机制存在的第四个问题在于行政裁决与民事诉讼的衔接。一方面表现在管辖与一事不再理原则上，另一方面则表现在裁判标准的协调统一上。

（3）行政调解机制存在的问题

知识产权行政调解机制存在的第一个问题体现在不明确的行政调解协议效力上。从《商标法》的相关规定看，商标权领域的行政调解书并不像法院制作的司法调解书一样直接具备强制执行效力。然而，专利权与著作权领域的行政调解书是否与商标权领域一样，须经司法确认方才具备强制执行效力，抑或直接具备强制执行效力?《专利法》与《著作权法》并未予以明确。知识产权行政调解机制存在的第二个问题是行政调解职责承担者的不统一。专利行政调解由管理专利工作的部门负责，商标权行政调解的主体同时也是行政执法的主体，著作权法甚至连行政调解的主体都未予明确。如果统一由执法主体作为调解主体，则会发生学者所说的角色混淆，进而导致调解的执法化。❷ 知识产权行政调解机制存在的第三个问题是行政调解程序规范的空白。第四个问题则在于诉调对接。比如，法院在诉前可否将调解工作委托给行政调解机关，并通过一定的渠道将案件材料推送给行政调解机关，在当事人需要时，可借助一定的渠道寻求司法确认等。

3. 中山市知识产权行政保护机制优化的方向与举措

在知识产权行政执法方面，中山市应积极采用多种方式对执法人员进行培训，打造业务过硬的执法队伍。可以通过钻研典型案例，如国家知识产权局发布的知识产权行政执法指导案例，来提升业务能力。为缓解执法能力欠

❶ 贺志军. 知识产权侵权行政裁决制度检视及完善：以〈TRIPS〉义务的澄清为视角 [J]. 知识产权，2019（12）：61-70.
❷ 姜芳蕊. 专利纠纷行政调解之困境与完善 [J]. 求索，2018（6）：131-137.

缺的问题，中山市还可以适当收紧行政执法权限。著作权与商标权领域的行政执法应保持适度的谦抑性，给市场留出自我调适、制度创新的空间。就著作权行政执法而言，应从严掌握"损害公共利益"要件，不应将著作权遭侵害直接等同于公共利益受损。就商标权行政执法而言，不应一概否认商标共存协议的效力。中山市应严格落实国务院公布的《行政执法机关移送涉嫌犯罪案件的规定》，积极探索案件线索与卷宗移送等制度，推动知识产权行政执法与刑事司法的衔接。中山市应积极探索建立知识产权保护协作机制、执法信息交换机制和信息共享平台。

在行政裁决方面，中山市已于 2021 年 1 月制定《中山市市场监督管理局专利侵权纠纷行政裁决工作指引》，对专利行政裁决工作予以规范，特别是在当事人不服行政裁决的救济方式上。专利法规定，当事人不服行政裁决的，可向人民法院提起行政诉讼。中山市可以采取行政诉讼附带民事诉讼的方式，在一个程序下将基础的民事纠纷一并解决，缓解维权周期长的痼疾。在著作权与商标权的行政裁决上，由于缺乏成文法的规定，中山市可以更进一步。鉴于行政裁决的准司法性，将行政裁决直接作为"一审"，当事人不服的，由法院作为二审。这一做法能最大限度地提高维权效率。中山市还应采取举措统一行政裁决与民事诉讼的裁判尺度，为市场主体提供较为明确的行为指引。在行政裁决上中山市应敢于进行制度上的创新，为将来国家进行相关立法提供有益经验样本。

在行政调解方面，中山市应出台有关知识产权行政调解的规范性文件，其中，明确不同领域的知识产权的行政调解主体，制定程序性规范，规定行政调解书的效力和诉调对接的具体举措。

（二）强化知识产权司法保护

中山市法院可重点通过以下两个方面强化对知识产权的保护：一方面是加大惩罚性赔偿的适用力度，提高侵害知识产权的违法成本；另一方面是在法律允许的框架内积极探索契合知识产权诉讼特点的特别程序，为今后立法提供经验样本。

中山市法院在侵害知识产权的案件中适用惩罚性赔偿应特别要注意把握

惩罚性赔偿的适用条件与惩罚性赔偿数额的计算两个方面。在适用条件上，中山市法院应结合《最高人民法院关于审理侵害知识产权民事案件适用惩罚性赔偿的解释》的相关条款对待决案件是否满足"故意"（恶意）与"情节严重"条件加以审查。在惩罚性赔偿数额的计算上，中山市法院要特别注意惩罚性赔偿数额的基数与倍数的确定。在基数上，应注意仅实际损失、侵权获利或许可费的倍数可作为计算基数，原告为制止侵权所支付的合理开支以及法定赔偿不能作为计算基数。中山市法院可效仿广州越秀区人民法院的做法，❶ 并不要求只有完全确定的实际损失、侵权获利或许可费的倍数才可作为计算基数。如果在案证据仅能证明部分实际损失或侵权获利，在符合惩罚性赔偿适用条件的前提下，仍然可以把查明的部分实际损失或者侵权获利作为计算基数。对无法查明的实际损失或者侵权获利部分，则可以适用法定赔偿。在倍数的确定上，应考虑被告主观过错程度、侵权行为的情节严重程度等因素。

在法律允许的框架内，中山市法院应敢于在知识产权诉讼特别程序上进行制度创新，包括不限于以下程序问题。第一，一事不再理原则的适用；第二，知识产权确认不侵权之诉的程序构造；第三，行为、财产与证据保全的适用；第四，先行判决、部分判决的适用；第五，知识产权民事、行政与刑事诉讼的管辖、证据效力互认与证明标准问题；第六，涉互联网案件的管辖；第七，独任审判制度、小额诉讼程序的适用。

（三）进一步健全快速维权机制的"中山模式"

目前，中山市已建成了面向灯饰、家电和红木家具三大重点产业的中国中山（灯饰）知识产权快速维权中心、中山市家电知识产权快速维权中心与中山市红木家具知识产权快速维权中心。以最具代表性的灯饰快速维权中心为例，灯饰快速维权中心在建立之初便构建了专利快速授权、快速维权和快速协调三大快速通道。在快速授权通道下，灯饰快速维权中心承担专利预审职责。通过预审的专利申请将进入快速审查通道，从而实现快速授权。灯饰

---

❶ 参见广东省广州市越秀区人民法院（2020）粤 0104 民初 46217 号民事判决书。

快速维权中心起初仅有权对灯饰类外观设计专利申请进行预审。2021年，灯饰快速维权中心获国家知识产权局批复，开展实用新型预审试点工作，因此成为全国首家将专利预审业务从外观设计扩展到实用新型的知识产权快速维权中心。快速维权体现为行政执法权的下放与执法环节的提速。快速协调通道旨在对行政、仲裁、司法、行业自律及人民调解等知识产权纠纷解决机制加以协调和衔接，加强各纠纷解决机制之间的协同配合，以降低维权成本。灯饰快速维权中心联合工商、版权、公安、海关等行政执法部门开展知识产权保护工作；中山市检察机关在灯饰快速维权中心设立中山市检察机关知识产权保护工作室，承担知识产权侵权刑事案件的前置指导、知识产权民事行政诉讼监督、深化行政执法与刑事司法相衔接工作机制等职能；中国广州仲裁委员会中山分会在古镇设立商事调解中心；广州知识产权法院在古镇设立中山诉讼服务处，担负远程立案、开庭审理、调解、司法确认等职能，并实行证据互认和纠纷调解前行；设立广州知识产权法院中山巡回审判庭；广州知识产权法院委托中山知识产权人民调解委员会进行审前调解。

在现有的发展基础上，中山市应朝着以下方向对快速维权机制进行升级。首先，推动条件成熟的镇街复制推广知识产权快速维权"古镇模式"，逐步完善家电、家具、生物医药等重点领域的知识产权快速维权体系，努力实现各个快速维权中心的均衡发展。其次，以"放管服"改革为契机，不断拓展快速维权中心的业务范围。再次，在行政执法权下放的同时要加强执法能力的培训。最后，积极探索知识产权多元纠纷解决机制之间的衔接方案。

第 10 章　惠州市知识产权报告

　　2020 年是全面建成小康社会和"十三五"规划收官之年，也是惠州市加快建设国内一流城市的重要一年。这一年惠州市经济经受住了新冠肺炎疫情带来的世界经济下滑的冲击，创新性地推动了多个项目的开展：埃克森美孚乙烯项目"云开工"，中海壳牌三期"云签约"，惠东、龙门的 6 个大数据中心项目签约、动工，华星光电高世代模组二期等项目投产，恒力、正威等一批百亿级大项目实现当年引进、当年动工……❶"创新引领发展"是惠州市长期坚持的理念，2020 年惠州市继续坚持自主创新为主体的知识产权保护战略，围绕"强化科技战略支撑作用，打造大湾区能源科技创新中心"这一工作重心，在加快重大创新平台建设、培育壮大创新主体、加强核心关键技术攻坚及成果转化、优化创新生态环境等方面开展了一系列工作，在知识产权的取得、运用、保护、管理和服务等方面出台了一批新政策，采取了多项措施，取得了一些成效。本章对惠州市 2020 年促进知识产权创造与发展的相关政策措施进行介绍与评述。

一、惠州市知识产权制度和政策

　　2020 年 1 月，惠州市政府工作报告明确了惠州市 2020 年在产业发展、科技创新和知识产权促进方面的目标，指出要加快打造珠江东岸新增长极、粤港澳大湾区高质量发展重要地区和国内一流城市，实现产业转型升级提速，研发投入占比 2.5%，工业投资增长 25% 以上；全面落实减税降费政策，高

---

❶　2021 年惠州市政府工作报告［EB/OL］.（2021 - 03 - 04）［2021 - 05 - 30］. http：//www. huizhou. gov. cn/gkmlpt/content/4/4205/post_4205680. html#873.

水平打造具有核心竞争力的产业集群，加快建设粤港澳大湾区能源科技创新中心，依托重大科技创新平台，聚焦重大产业集群，加快实现创新突破，推动形成局部领先优势，努力成为粤港澳大湾区能源产业创新策源地、广东省知识创新重要一极。❶ 2020 年，惠州市围绕这些目标开展工作，对知识产权的促进和保护主要体现在进一步促进科技创新和知识产权创造提质增量工作中，制定和发布的相关规范性文件主要有《惠州市人民政府印发关于进一步促进科技创新的若干政策措施的通知》《惠州市对接广深港澳科技创新走廊实施方案（2019—2023 年)》《惠州市进一步促进科技成果转移转化的若干措施》《惠州市科学技术局关于鼓励科技成果转移转化的暂行办法》《惠州市科学技术局关于促进新型研发机构发展的扶持办法》《惠州市科技专项资金管理办法》《惠州市创新型企业百强培育发展行动方案（2020—2022 年)》《惠州市高质量发展高新技术企业实施方案》等。下文对这些规范性文件中的知识产权政策予以展开说明。

（一）链接高端创新资源，促进知识产权创造

积极参与粤港澳大湾区国际科技创新中心建设，对接并融入广深港澳科技创新走廊，是惠州市 2020 年进一步促进科技创新的重要政策导向。2019 年 12 月，《惠州市人民政府印发关于进一步促进科技创新的若干政策措施的通知》（惠府〔2019〕60 号）明确了积极融入广深港澳科技创新走廊，链接高端创新资源的政策措施。2020 年 1 月，惠州市科学技术局发布《惠州市对接广深港澳科技创新走廊实施方案（2019—2023 年)》（惠府办函〔2019〕98 号）进一步细化了相关工作方案。这两份文件对于促进知识产权创造作出了重要规定。

1. 加强创新人才队伍建设

惠州市积极融入广深港澳科技创新走廊，链接高端创新资源，激发创新主体活力，鼓励行业协会、投融资机构等服务主体，搭建创新要素流动桥梁，

---

❶ 惠州市政府工作报告 ［EB/OL］. （2020 – 01 – 13）［2021 – 05 – 30］. http：//www. huizhou. gov. cn/zwgk/hzsz/zwyw/content/post_3054937. html.

实现全方位引才、引项目的政策目标。在人才队伍建设方面确定了两方面的政策措施。

第一,围绕重点产业引育人才。文件明确了聚焦惠州"2 + 1"现代产业集群发展需要,引进急需紧缺人才,持续开展"人才双高计划""人才双十行动",加强与广州、深圳等地高校及科研院所合作,引进和培育一批高水平创新创业团队和人才的政策。规定了一系列措施,包括对入选省"珠江人才计划""广东特支计划"的创新创业团队,按照广东省财政支持力度的一定比例给予配套支持;依托研究机构、实验室等,大力培育基础性研究人员,提升产业整体科研实力;加快仲恺港澳青年创新创业基地建设,鼓励地方创业团队参加中国创新创业大赛等国家级赛事,同时,立足惠州市当地的职业技术学院,加强高技能人才实训基地、技能大师工作室建设力度,培育高水平技能人才。

第二,优化人才发展环境。强调要加快发展人力资源服务业,建立惠州市人才数据库及信息交流平台,同时,谋划建设国家级人力资源服务产业园,集聚人力资源服务机构。此外,实施人才优惠政策,包括深入实施"梧桐引凤工程",大力筹措人才公寓和周转房,以户籍、激励、流动、子女入学、住房、医疗保障、出入境等方面为突破口,打造全方位的人才服务体系;推行"一站受理、全程代理、一站办结"工作机制,为落户惠州的高层次人才提供综合性服务,完善人才安居保障,提升医疗服务水平;落实人才签证与停居留政策,优化办理流程,缩短审批期限;落实企业家职称评审直通车政策,探索建立绿色直报模式,落实针对境外高端人才与紧缺人才的税收优惠等。

2. 加快科技创新平台和新型研发机构建设

科技创新平台是科技基础设施建设的重要内容,是培育和发展高新技术产业的重要载体,新型研发机构是大科学时代创新驱动发展的利器,惠州市政策明确提出要加快重大创新基础平台建设,加快新型研发机构建设,推动产业园区高质量发展,推动有条件的科技园区创建省级高新区。为此,提出了一系列激励措施,主要有:对新认定的省级高新区市财政一次性给予200万元奖励;对通过认定的省级新型研发机构,市财政一次性扶持奖励100万元;实施新型研发机构综合评价后补助,根据其上一年度对外提供技术转让、技术开发和与之相关的技术咨询、技术服务等方面绩效进行综合评价，依据评价等级，分别给予 50 万元和 30 万元的补助；着力提升新型研发机构发展效能，大力推动新型研发机构与惠州市当地企业特别是龙头企业进行合作，对拥有国有股份的新型研发机构，鼓励国有股份退出，引导惠州市当地龙头企业介入建设，对惠州市参与建设的事业单位或国有企业性质新型研发机构，惠州市可授予其自主审批下属创投公司最高 3000 万元的投资决策权。❶

3. 培育壮大科技型企业

文件主要规定了三个方面的措施。第一，实施"创新型企业百强"培育计划。重点遴选 100 家创新能力强、成长速度快、能够引领和支撑产业发展的创新型企业，提供分类施策服务，在研发费用奖补、科技项目扶持、研发机构建设以及财政、税收、金融等方面给予综合性支持。第二，加快孵化育成体系建设。围绕"2+1"产业，依托仲恺高新技术产业开发区惠南科技园、大亚湾经济开发区科技创业服务中心等机构，培育引进高水平运营机构，强化创业投资服务，构建"众创空间+孵化器+加速器+产业园区"全链条全要素专业孵化园，实施新增孵化面积后补助。第三，推动高新技术企业提质增量。对于新认定的高新技术企业，惠州市财政给予每家最高 20 万元奖励，对于新迁入的具有资质的高新技术企业，按规模以下最高 50 万元/家、规模以上最高 300 万元/家的标准给予一次性补贴，并落实企业用地及其企业高层管理人员落户等优惠政策。❷

4. 加强知识产权运用与保护

在培育创新主体和集聚创新资源基础上，文件强调了继续推动专利产出增量提质，推进知识产权质押融资和专利保险，实施"互联网+知识产权"

---

❶ 惠州市人民政府印发关于进一步促进科技创新的若干政策措施的通知（惠府〔2019〕60 号）[EB/OL]. （2019 – 12 – 10）[2021 – 05 – 30]. http：//sti. huizhou. gov. cn/0004/0204/201912/0888daead6c24727bb56b2f8a177c46b/files/789339ca5a7f4e448e035160892a3a27. pdf.

❷ 惠州市人民政府办公室关于印发惠州市高质量发展高新技术企业实施方案的通知［EB/OL］.（2021 – 01 – 09）[2021 – 05 – 30]. http：//sti. huizhou. gov. cn/gkmlpt/content/4/4164/post_4164984. html#617.

计划，建设知识产权大数据平台，加强与广州知识产权交易中心、中新（广州）知识城、国家专利技术（深圳）展示交易中心等平台对接，筹备中国（惠州·电子信息）知识产权保护中心，建立专利快速审查、授权、维权、确权的绿色通道，设立知识产权法院或法庭、实施审判"三审合一"改革试点，探索区域知识产权行政执法与刑事司法有效衔接机制等知识产权运用和保护方面的政策。

（二）鼓励和促进科技成果转移转化

为贯彻落实《中华人民共和国促进科技成果转化法》《广东省促进科技成果转化条例》《广东省人民政府办公厅关于进一步促进科技成果转移转化的实施意见》等文件精神，惠州市科学技术局于 2020 年 8 月印发《惠州市进一步促进科技成果转移转化的若干措施（征求意见稿）》，于 2020 年 12 月印发《惠州市科学技术局关于鼓励科技成果转移转化的暂行办法》（惠市科字〔2020〕166 号），鼓励高校、科研院所、企业等创新主体及科技人员转移转化科技成果，推进经济提质增效升级。《惠州市科学技术局关于鼓励科技成果转移转化的暂行办法》主要对技术转移输出方、技术转移转化服务机构、经省市科技部门认定备案的技术合同认定登记机构和市级科技成果转移转化平台建设运营项目、技术转移转化人才培养项目、省科技奖培育库入库项目进行补助。补助资金主要用于高校、科研院所、企业以及技术转移转化服务机构开展技术转移和科技成果转化的条件建设、业务培训、举办科技成果推介会等技术转移服务发生的费用支出。❶ 奖补措施主要包括以下两点。

第一，开展技术转移转化活动方面的奖补。对于高校、科研院所、企业，经认定登记的技术合同，上年度技术合同交易额 50 万元及以上，按照上年度技术合同交易额的 3‰给予技术转移输出方补助，每个单位每年最高不超过 20 万元。惠州市技术转移转化服务机构开展技术转移转化活动，对促成科技成果在市内转化且上年度技术合同交易额 300 万元及以上的，按照上年度技

---

❶　关于印发《惠州市科学技术局关于鼓励科技成果转移转化的暂行办法》的通知［EB/OL］.（2020－11－23）［2021－05－30］. http：//www. huidong. gov. cn/hzhdgyxxj/attachment/0/91/91043/4161972. pdf.

术合同交易额 3‰给予技术转移转化服务机构运营补助，最高不超过 20 万元。惠州市高等学校、科研院所、科技服务机构设立技术合同认定登记点，对省市科技部门认定备案、上年度登记技术交易额 5000 万元及以上的，按照上年度登记的技术交易额 0.5‰给予技术合同认定登记点补助，最高不超过 20 万元。社会机构结合各自优势构建区域性、行业性技术市场，发展壮大技术交易市场，择优支持一个服务惠州市、功能完善、特色突出、成效显著的技术市场交易平台，三年内累计给予不超过 150 万元建设运营补助。

第二，技术转移人才培养培训方面的激励。鼓励高校、科研机构、企业、科技服务机构等单位从事技术转移工作的人员，参与国家层面的技术转移人才培养培训。加快培育发展技术经纪服务行业，培养一批懂技术、懂科技金融的专业化技术经理人，推动有条件的高校开设技术转移相关课程，开展技术转移专业学历教育，每年择优支持不超过 2 个技术转移人才培训项目，单个项目给予不超过 20 万元的补助；每年遴选不超过 20 个优秀科技成果转化项目纳入广东省科学技术奖培育项目库培育，对其中符合条件的项目提名广东省科学技术奖或向广东省科技厅推荐提名国家科学技术奖。在社会力量按相关规定设立的科技奖中获得一等奖的项目，优先纳入省科技奖培育项目库。入库项目分一、二档，提名省一等奖的项目按一档一次性给予 10 万元补助，提名省二等奖的项目按二档一次性给予 5 万元补助。

（三）明确了促进创新型企业培育和高新技术企业高质量发展中的知识产权政策

2020 年 7 月，惠州市科学技术局印发《惠州市创新型企业百强培育发展行动方案（2020—2022 年)》（征求意见稿）。2020 年 12 月，惠州市政府制定了《惠州市高质量发展高新技术企业实施方案》（惠府办〔2020〕10 号）。两份文件均对惠州市高新技术企业的培育与发展规划予以规定。《惠州市创新型企业百强培育发展行动方案（2020—2022 年)》（征求意见稿）确立了培育创新型百强企业，使其成为带动产业关键核心技术攻关的引领者和引领惠州市科技企业高质量发展、促进产学研深度合作、实现科技成果高效转化的主力军的目标。明确了通过科研经费资助、税收优惠、研发奖励等激励措施提升创新研发能力、鼓励搭建创新平台载体、鼓励开展技术升级与改造；通过促进科技成果转移转化以及技术服务支持促进产学研合作；通过住房保障、子女就学保障以及个人所得税补贴等措施支持企业引进人才；通过便利融资和提供融资方面的优惠待遇拓宽资本要素供给；通过支持创新型企业百强使用知识产权质押进行融资，鼓励创新型企业百强开展专利"贯标"等措施。

知识产权促进方面的具体政策措施包括支持创新型企业百强使用知识产权质押进行融资，按照《惠州市知识产权质押融资风险补偿基金管理办法（试行）》进行风险补偿。对于不享受知识产权风险补偿政策的，按银行基准利率的50%予以贴息，将20万元封顶限制调增为100万元；支持创新型企业百强通过研发获得国内外的发明专利和PCT，优先支持申报知识产权示范企业、知识产权优势企业、专利奖等资质，对在专利运用、管理、保护方面取得明显成效的企业给予资助；鼓励创新型企业百强开展专利"贯标"，支持建立专利预警机制、专利分析与产业运行决策深度融合机制。

《惠州市高质量发展高新技术企业实施方案》确定了2020—2022年惠州市培育发展高新技术企业的目标与任务，明确了具体政策措施。知识产权促进方面，明确规定开展科技企业专利布局，由惠州市知识产权局负责每年筛选一批有创新能力、经营效益较好、《国家重点支持的高新技术领域》范围内、知识产权尚未达到高新技术企业认定标准的企业开展专利布局。

高新技术企业培育方面，强化辅导服务，提升培育辅导服务水平，具体措施包括制定培育入库标准，建立市级高新技术企业培育库，每年筛选一批有潜力、但距离认定标准还有差距的企业作为高新技术企业培育对象，按5万元/家的标准，在企业达到培育库入库标准时予以拨付，有条件的县（区）给予配套奖励。启动创新型百强企业培育行动计划，在年度科技专项资金中，每年安排不少于1000万元资金，用于工程研究开发中心建设和关键核心技术攻关。加强宣传培训和形式审查，每年安排60万元培训、宣传、专家审查经费，用于加强对相关人员的培训、典型企业宣传和形式审查工作。加强高新技术企业辅导服务质量监控，完善辅导服务机构黑名单制度，引导中介机构诚信自律。惠州市科学技术局制定评价办法，每年开展一次统计和监测评价工作，在惠州纳税且评价结果排前两名的辅导服务机构一次性奖励15万元，第三、第四名一次性奖励10万元，第五、第六名一次性奖励5万元，公开向社会推荐优秀辅导服务机构。

（四）加强科技专项资金管理，落实知识产权专项资金使用

为促进科技创新发展，惠州市在市财政专项资金中安排了用于实施科技研发、创新平台建设、创新主体培育、科技成果转化等各类科技计划的专项资金，惠州市科学技术局制定的《惠州市科技专项资金管理办法（征求意见稿）》规定了资金的使用规则，包括科技专项资金管理遵循"集中财力，突出重点；分类支持，合理配置；公开透明，科学规范"的管理原则。科技专项资金主要支持重点产业和民生领域的科技研发活动，重点实验室、重大创新平台的建设，各类创新主体培育以及科技成果转化活动。科技专项资金原则上实行项目制分配，采取事前资助以及事后奖补等方式区分重大项目、一般项目和小型项目进行资助。科技专项资金及其使用政策，为科技创新增添了一份强有力的政策支持保障。

2020 年 12 月，惠州市市场监督管理局（知识产权局）发布《关于下达2020 年度惠州市知识产权专项资金的通知》（惠市场监知〔2020〕38 号），明确规定了惠州市 2020 年度知识产权专项项目资金的具体预算及其分配安排。2020 年度惠州市级知识产权专项项目预算经费共 768.352 万元，专利申请授权资助经费预算 925 万元。其中市级知识产权专项项目预算经费资助分配包括资助竞争性项目 48 项，资助金额 347 万元；中国专利奖奖励配套奖励5 项，资助金额 50 万元；国家知识产权优势企业奖励配套补助 13 项，资助金额 130 万元；知识产权质押融资贴息补助 13 项，资助金额 136.352 万元；服务机构培育 4 项，资助金额 46 万元；专利资助系统、知识产权业务系统升级与维护 1 项，专项资金 9 万元；知识产权运营平台建设 1 项，专项资金 40 万元；项目专家评审审查费 2 项，专项资金 10 万元。2020 年度专利申请授权资助 9649 件，涉及 873 家企业，216 名个人，合计经费 925 万元。

根据《关于下达 2020 年省市场监管局下放市县促进经济高质量发展专项资金（知识产权创造保护运用）的通知》（惠市场监知〔2020〕39 号）的规定，2020 年广东省市场监督管理局下放市县促进经济高质量发展专项资金（知识产权创造保护运用）确定 9 个专题共 28 项，共 300 万元用于知识产权

竞争性专项资金项目，20 万元用于惠州市知识产权运营平台建设，合计 320 万元。该 9 个专题共 28 项含广东省高校科研机构专利对接园区转化项目 2 项，70 万元；企业知识产权管理规范试点项目 14 项，70 万元；知识产权交易运营促进项目 1 项，10 万元；知识产权校企合作项目 3 项，30 万元；商标品牌培育指导站建设项目 2 项，20 万元；地理标志产品培育项目 1 项，10 万元；知识产权金融创新促进计划项目 2 项，40 万元；重点市场（产业）、电商领域知识产权保护项目 1 项，20 万元；粤港澳大湾区知识产权协同保护项目 2 项，30 万元。2020 年广东省市场监督管理局下放市县促进经济高质量发展专项资金（知识产权创造保护运用）补助补贴及能力提升建设类项目资金 278 万元，其中发明专利授权及 PCT 申请和国外授权资助 93 家企业、4 名个人和 28 家专利代理机构的 564 件发明专利授权、PCT 专利申请和国外授权资助共计 160 万元；知识产权纠纷能力调解、行政裁决能力提升共计 50 万元；国家知识产权优势示范企业补助 6 项，专项资金 60 万元；专利代理师资格资助，补助 2019 年通过专利代理师资格考试的 16 人，专项资金 8 万元。

据公示资料显示，惠州市惠城区澳宝化妆品（惠州）有限公司、保家环境建设有限公司、广东鼎筑建设工程质量检测鉴定有限公司等 167 家企业获专项经费资助，合计 738230 元；白某军、蔡某鹏、左某明等 56 人，获资助金额合计 134435 元；知识产权代理机构广州市华学知识产权代理有限公司惠州分公司获发明专利授权费资助 500 元。❶ 惠州市博罗县利用知识产权专项资金资助博罗承创精密工业有限公司、斯莱达医疗用品（惠州）有限公司等 89 家企业，合计经费 285770 元；资助曾某芬等 17 人，金额合计 29200 元；资助包括企业知识产权管理规范试点企业惠州市嘉良保温材料有限公司、商标品牌培育指导站建设项目博罗县水果蔬菜业协会、地理标志产品培育项目广东罗浮山国药股份有限公司共 25 万元；资助国家知识产权优势示范企业惠州伟志电子有限公司等 5 家企业共 50 万元。

---

❶ 关于领取 2020 年惠州市知识产权专项资金的通知［EB/OL］.（2020 - 12 - 02）［2021 - 05 - 30］. http://www.hcq.gov.cn/hzhcscjgj/gkmlpt/content/4/4123/post_4123902.html#1981.

二、惠州市知识产权发展状况

（一）知识产权取得状况

2020 年，惠州市专利授权总量有所下降，有效发明专利数量持续增长，商标当年注册件数比率下降，商标有效注册量仍保持增长，地理标志产品有所增加，总量达到 15 个。

2020 年惠州市专利授权总量为 19059 件，与 2019 年相比有所下降，其中专利授权总量同比下降 16.02%，发明专利为 1706 件，同比下降 64.84%，外观设计专利为 4410 件，同比下降 15.98%，实用新型专利为 12943 件，同比增长 2.72%。整体来看，惠州市 2020 年专利授权总量在广东省各市中的排名变化不大，由 2019 年的第七位降为第八位，发明专利授权总量比 2019 年有所提升，由第七位提升至第六位，具体数据如表 10 - 1 所示。❶ 2020 年惠州市有效发明专利量为 8667 件，万人发明专利拥有量为 17.76 件，在广东省各市中排名第七位，❷ 与 2019 年相比，分别增长 17.43% 和 16.23%。❸

表 10 - 1　2019 年和 2020 年广东部分城市专利授权情况

序号	2019 年				2020 年				
	城市	发明/件	实用新型/件	外观设计/件	合计/件	城市	发明/件	实用新型/件	外观设计/件	合计/件
1	深圳	82852	113830	64820	261502	深圳	31138	121613	69661	222412
2	广州	46643	81728	48852	177223	广州	15077	83462	57296	155835
3	东莞	20290	45116	17811	83217	东莞	8718	45639	19946	74303
4	佛山	16887	40706	23423	81016	佛山	5652	41989	26229	73870

---

❶　2020 年 1—12 月各市专利授权情况［EB/OL］.（2021 - 03 - 30）［2021 - 05 - 30］. http：//amr. gd. gov. cn/zwgk/sjfb/tjsj/content/post_3251873. html.

❷　广东省截至当月底各市有效发明专利量（知识产权）［EB/OL］.［2021 - 03 - 27］. http：//gddata. gd. gov. cn/data/dataSet/toDataDetails/29000_02600057.

❸　2019 年惠州国民经济和社会发展统计公报［EB/OL］.（2020 - 04 - 07）［2021 - 05 - 30］. http：//www. huizhou. gov. cn/attachment/0/52/52839/3810739. pdf.

续表

序号	2019 年					2020 年				
	城市	发明/件	实用新型/件	外观设计/件	合计/件	城市	发明/件	实用新型/件	外观设计/件	合计/件
5	中山	5548	18306	19212	43066	中山	1032	18217	20449	39698
6	珠海	14251	15595	3291	33137	珠海	4362	16569	3503	24434
7	惠州	4852	12600	5249	22701	汕头	365	4028	17566	21959
8	江门	3055	8725	8695	20475	惠州	1706	12943	4410	19059
9	汕头	1056	3947	15021	20024	江门	624	8702	7565	16891

商标注册方面，据国家知识产权局商标局的数据统计，截至 2020 年第四季度，惠州市商标注册申请为 35317 件，注册为 20476 件，有效注册量为 97570 件，2019 年的相应数据分别为 27876 件、21278 件和 80258 件。❶ 2020 年，惠州市在商标注册申请和有效注册量上保持增长趋势，分别同比增长 26.69%和 21.57%，但是注册件数有所下降，注册件数在当年申请件数中的占比为 57.98%，而 2019 年该占比为 76.33%，这反映惠州市在日后商标申请方面应在关注提升商标申请量的同时，更多关注申请商标的质的提升。与广东省其他市相比，惠州市 2020 年和 2019 年的商标有效注册量排名均为第 9 位，惠州市 2020 年的注册件数，超越珠海市排名第八位，具体数据如表 10-2 所示。

表 10-2　2019 年和 2020 年广东省部分城市商标申请和注册情况

序号	2019 年			2020 年		
	城市	申请量/件	注册量/件	有效注册量/件	城市	申请量/件	注册量/件	有效注册量/件
1	深圳	500905	395243	1396734	深圳	584659	362942	1730268
2	广州	409397	337354	1250876	广州	486261	298343	1514106
3	佛山	102341	85117	348840	佛山	121593	75195	413433
4	东莞	108475	82345	308458	东莞	123711	82284	382716
5	汕头	50891	43421	235143	汕头	59090	40635	266259

❶ 2020 年四季度全国省市县商标主要统计数据［EB/OL］.（2021-01-11）［2021-05-30］. http://sbj.cnipa.gov.cn/sbtj/202101/t20210111_325103.html.

续表

序号	2019 年				2020 年			
	城市	申请量/件	注册量/件	有效注册量/件	城市	申请量/件	注册量/件	有效注册量/件
6	中山	46729	38032	167841	中山	55785	33724	194433
7	揭阳	26195	25800	138092	揭阳	32834	21272	152033
8	珠海	25880	25586	88378	珠海	32150	17951	103708
9	惠州	27876	21278	80258	惠州	35317	20476	97570
10	江门	18253	15469	70063	江门	22944	13557	80516

农产品地理标志，是指标示农产品来源于特定地域，产品品质和相关特征主要取决于自然生态环境和历史人文因素，并以地域名称冠名的特有农产品标志。惠州市是广东省的传统农业大市，物产丰富，文化底蕴较好。截至2019 年，惠州市已有惠州梅菜、观音阁红糖、罗浮山大米、柏塘山茶、观音阁花生、福田菜心、镇隆荔枝、龙门年桔、罗浮山荔枝、龙门大米、龙门蜂蜜和三黄胡须鸡等 12 个国家地理标志保护登记的农产品，❶ 2020 年，惠东马铃薯、龙门麻榨杨桃和惠城矮陂梅菜获评国家地理标志认证农产品，惠州已拥有 15 个国家地理标志登记的农产品，❷在广东省各市中排位居前。

（二）知识产权保护状况

司法保护方面，2020 年惠州市知识产权案件增长较快，两级法院共新收知识产权案件 4111 件，收案总数比 2019 年的 3411 件增长了 20.52%，比2018 年收案总数 1706 件增长了 140%。案件性质以民事案件为主，其中，民事案件 3991 件，刑事案件 120 件。民事案件数量增幅较大，比 2018 年增长145%，刑事案件增长 53.8%。知识产权案件类型集中在著作权和商标权类，在 3991 件民事案件中，著作权案件 3517 件，商标权案件 423 件，合同类案件46 件。与 2019 年相比，各类案件均有不同幅度的增长，其中商标权案件增幅

---

❶ 惠州市农业农村局. 惠州又有 2 个产品获国家农产品地理标志登记保护 [EB/OL]. (2019 - 07 - 18)[2021 - 05 - 30][2019 - 07 - 18]. http：//nyncj. huizhou. gov. cn/artOne？artId = 98811.

❷ 中华人民共和国农业农村部. 中华人民共和国农业农村部公告第 290 号 [EB/OL]. (2020 - 08 - 26)[2021 - 05 - 30]. http：//www. jgj. moa. gov. cn/rzde/202008/t20200826_6350996. htm.

最大，达 108.37%，不正当竞争案件减少 120%，著作权案件增长 14.15%，合同类案件增长 31.42%。2020 年惠州市两级法院共审结案件 4195 件，其中民事案件 4075 件，刑事案件 120 件，案件结收比达 102.04%，结案总数较 2019 年的 3881 件增长 8.09%，较 2018 年的 1236 件增长 239%。其中惠州市中级人民法院审结 708 件，较 2018 年的 194 件增长 264%；基层法院审结 3487 件，较 2018 年的 1042 件增长 234%。❶

总体而言，2020 年惠州知识产权案件呈现数量增幅较大、新类型、疑难复杂案件不断出现、案件涉及多元主体、社会影响面广等特点。案件争议主体涉及韩国株式会社纳益其尔、罗伊视效动漫有限公司、樱花卫厨（中国）股份有限公司、佛山市海天调味食品股份有限公司等多个国内外大型企业，还涉及众多个人、个体商户、中小型企业等多元权利主体。针对知识产权案件的这些特点，惠州市两级法院采取了优化配置审判资源，对案件合理分类、简繁分流，加强知识产权法官队伍建设，注重发挥审判辅助人员的作用等多项措施。尤其是自 2019 年 7 月以来，惠州市中级人民法院大力推进民商事案件二审诉裁改革。2020 年知识产权二审案件平均结案周期为 55 天，比法定结案周期缩短 35 天，极大地提升了审判效率。

行政保护方面，经过这些年的建设，惠州市已经形成了一套体系较为完善的知识产权行政执法体系。在惠州市知识产权局统筹领导下，各区、县知识产权行政执法部门有规划地履行常规性知识产权执法和普法工作，定期在指定网站公布知识产权违法处理情况；有针对性地组织开展查处假冒专利、商标和地理标志集中执法专项行动，持续开展商标代理行业"蓝天"专项整治行动，将开展知识产权执法"铁拳"行动纳入年度"双打"工作考核的内容，健全完善知识产权执法联络员工作机制，确保专项行动抓细抓实抓出成效。2020 年惠州市市场监督管理局针对违规代理、恶意抢注与新冠肺炎疫情相关商标的情况，及时对惠州市左佐商业服务有限公司、迷猪技术有限公司 2 家商标代理机构接受申请人委托，受理社会公众高度关注的"火神山""雷神山"等 13 件"非正常申请"商标注册申请采取行政执法措施，制止了相关违

---

❶ 一图读懂《2020 年惠州法院知识产权司法保护状况》［EB/OL］.（2021 - 04 - 27）［2021 - 05 - 30］. https：//m. thepaper. cn/baijiahao_12423753.

法行为。

　　除了行政保护和司法保护，针对知识产权案件的快速增长及其纠纷解决的专业化程度较高的情况，惠州市也在探索法院裁判和行政执法之外的纠纷解决途径。2020年11月30日，惠阳区成立惠州市首家知识产权纠纷人民调解委员会，该人民调解委员会由惠阳区司法和信访局、惠阳区市场监督管理局发起成立，是专门开展知识产权纠纷人民调解工作的组织机构。知识产权纠纷人民调解委员会可以依据知识产权纠纷相关当事人申请，或者根据人民法院、公安机关、知识产权行政机关的委托进行调解，也可以主动进行调解。案件受理范围包括知识产权相关的合同纠纷等5种情形。受理案件后，调解委员会将选定1—3名调解员组成调解组，具体负责个案调解工作，引导和帮助相关当事人协商解决问题。这将大大减轻法院和行政部门的知识产权案件执法压力，并为当事人提供更快捷便利的专业化知识产权纠纷解决途径。

（三）知识产权创新机构和服务机构发展状况

　　2020年惠州市尤其重视创新机构、创新平台等创新力量的建设、培育和发展，采取了多项政策措施引导和促进创新主体发展。根据惠州市统计局发布的数据，2020年惠州高技术产业及其投资均有较大的增幅。高技术产业投资增长27.3%，其中电子及通信设备制造业、计算机及办公设备制造业投资分别增长26.5%和268.9%；先进制造业投资增长24.5%，其中装备制造业投资增长28.3%❶。高技术制造业增加值比2019年增长5.9%，占规模以上工业增加值的比重为43.8%，比2019年提高2.1个百分点。其中，医药制造业增长11.4%，电子及通信设备制造业增长5.8%，计算机及办公设备制造业增长2.2%。先进制造业增加值比2019年增长2.3%，占规模以上工业增加值的比重为64.2%，比2019年下降2.7个百分点。其中，高端电子信息制造业增长4.8%，先进装备制造业增长8.4%，生物医药及高性能医疗器械业增

---

　　❶ 2020年惠州经济运行情况［EB/OL］．（2021 - 02 - 02）［2021 - 05 - 30］．http：//www.huizhou.gov.cn/bmpd/hzstjj/tjsj/content/post_4185072.html.

长 11%。❶ 根据惠州市科学技术局发布的统计数据，2020 年，惠州市新型研发机构数量已达 25 家，相较于 2019 年增长 24%，相较于 2015 年增长率达 80%。2020 年，惠州市工程技术研究中心数量省级 460 家，市级 180 家，相较于 2019 年分别同比增长 13.26% 和 2.2%，相较于 2015 年分别增长 76.52% 和 65%，具体数据如图 10 -1 和图 10 -2 所示。此外，为规范高新技术企业培育辅导服务行为，提升服务质量，惠州市科学技术局对在惠州市辅导高新技术企业的科技服务机构进行监测评价，评选出惠州市 2020 年综合实力排名前 20 位的优秀服务机构，入选机构的具体名单如表 10 -3 所示。

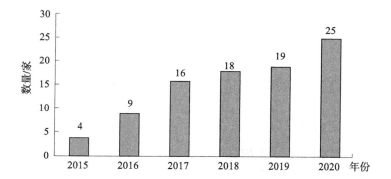

图 10 -1 惠州市 2015—2020 年市级以上新型研发机构数量

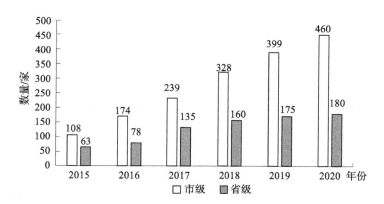

图 10 -2 惠州市 2015—2020 年省、市工程技术研究中心数量

❶ 2020 年惠州国民经济和社会发展统计公报 ［EB/OL］. （2021 -03 -25）［2021 -05 -30］. http：//www. huizhou. gov. cn/attachment/0/120/120747/4238851. pdf.

表 10 – 3　惠州市 2020 年综合实力排名前 20 位的优秀服务机构

排名	机构名称
1	惠州市国昊信诚知识产权服务有限公司
2	惠州市晟瑞企业管理咨询有限公司
3	惠州市科嘉科技有限公司
4	广州市华学知识产权代理有限公司惠州分公司
5	惠州市超越知识产权代理事务所（普通合伙）
6	惠州市弘康企业管理有限公司
7	惠州三环思远管理咨询有限公司
8	惠州力量知识产权代理有限公司
9	惠州市惠蓝企业顾问有限公司
10	广州粤高专利商标代理有限公司惠州分公司
11	深圳市科吉华烽知识产权事务所（普通合伙）惠州分所
12	中楷（惠州）知识产权代理有限公司
13	深圳市千纳专利代理有限公司惠州分公司
14	广东思科科技园有限公司
15	惠州市凯信知识产权代理有限公司
16	惠州科融智创知识产权代理有限公司
17	惠州兆荣科技有限公司
18	惠州市天奇知识产权代理有限公司
19	惠州市深科信企业管理咨询有限公司
20	惠州创合科技服务有限公司

（四）知识产权运用和知识产权示范城市建设发展状况

2020 年，惠州市企业专利融资超过 8 亿元，惠州市企业通过知识产权质押获得融资贷款 27 笔，合计金额 8.35 亿元，比 2019 年全年 32 笔知识产权质押融资贷款总额 46990 万元增长 77.7%。2020 年惠州市下拨专利质押融资贴息项目 13 项，资助贷款贴息 136.352 万元，惠州市企业通过专利权质押累计获得 106 笔，贷款 16.853 亿元。❶ 2020 年 5 月，惠州市市场监督管理局（知

❶ 世界知识产权日：2020 年我市企业"专利变现"融资超 8 亿元 [EB/OL]. (2021 – 04 – 29) [2021 – 04 – 30]. http://www.huizhou.gov.cn/zjhz/spzt/rdxw/content/post_4268874.html.

识产权局）与惠州市科学技术局携手中国建设银行惠州市分行正式发布《关于政银共建"FIT 粤"科技金融创新平台的通知》，成立惠州市政银首个"FIT 粤"科技金融创新平台。惠州某企业获得了中国建设银行惠州市分行投放的全市首笔"重点科研计划立项支持贷"138 万元，有效支持了企业复工复产。

2020 年，惠州市知识产权区域试点示范实现了提档扩面，惠城区、博罗县在积极建设国家知识产权示范区（县），惠阳区、惠东县在积极创建国家知识产权强县工程示范区（县），龙门县在创建申报国家知识产权试点县，仲恺高新技术产业开发区国家知识产权示范园区已通过验收，大亚湾经济技术开发区在创建申报国家知识产权试点园区，为实现惠州市国家知识产权强县和园区试点示范工程全覆盖奠定了重要基础。

（五）促进知识产权发展的其他举措

1. 成立惠州市版权协会，完善著作权代办点登记制度

版权是知识产权的一个重要组成部分，它不仅涉及著作权人的个人利益，也关乎公众利益、国家利益和社会经济的发展。2020 年惠州市加大了版权保护力度，成立了惠州市版权协会，开展了一系列保护版权的宣传活动，并积极推进与完善著作权代办点登记制度。

为进一步促进版权事业发展，在市版权局和民政局的指导下，筹备成立了惠州市版权协会。2020 年 6 月 24 日，惠州市民政局发布《关于同意成立惠州市版权协会的批复》（惠民社〔2020〕112 号）同意成立惠州市版权协会，协会具备法人资格，发放社会团体法人登记证书。惠州市版权协会成立后，设立了版权登记部，受理著作权登记业务，为权利人提供版权登记和档案管理服务，并组建版权纠纷委员会，处理本市的版权纠纷。惠州市还将积极加强与广东省版权保护联合会以及兄弟市版权协会加强沟通协调，推动惠州市版权事业繁荣发展。

2020 年 4—10 月，惠州市"扫黄打非"办、惠州市版权局联合开展 2020 年"绿书签行动"暨版权宣传系列活动。该活动以"护助少年儿童健康成长，

抵制有害出版物和信息"和"强化版权治理，优化版权生态"为主题，加强"扫黄打非"和版权知识的宣传，弘扬"绿书签行动"理念。该宣传活动通过报纸、电视台、广播等传统媒体及利用新媒体传播优势，将短视频、直播、微博、微信等纳入宣传发动手段，面向社会公众宣传报道惠州市近年来相关重大典型案例，普及基本知识，引导与号召全社会积极参与"扫黄打非"与保护版权，利用文化经营场所 LED 显示屏等平台滚动播放"扫黄打非"及版权保护宣传标语。在该系列宣传活动中，惠州市"扫黄打非"办、惠州市版权局联合惠州市版权协会在版权宣传现场设置著作权登记咨询点接受群众咨询，充分发挥惠州市版权协会的作用，积极推进与完善著作权代办点登记制度，鼓励原创作者进行著作权登记，同时，对新冠肺炎疫情防控相关作品实行免费著作权登记。

2. 举办 2020 年惠州市企业知识产权管理规范内审员培训班

为帮助企业加强知识产权风险管理与控制能力，提高企业知识产权创造、运用、管理和保护水平，2020 年 10 月 14—15 日，惠州市市场监督管理局（知识产权局）举办了企业知识产权管理规范内审员培训班。此次培训共有130 多名学员参加，邀请了国内具有丰富知识产权管理经验的专家进行系统授课，讲授了包括《企业知识产权管理规范》的标准解读、知识产权管理体系建设、知识产权管理体系文件编写、知识产权管理体系内部审核实施、管理评审与体系改进和认证审核基本实务六个方面的内容。培训让更多人了解知识产权，有效促进企事业单位对知识产权管理规范国家标准贯彻的全面认识，为企业培养了贯标认证的内审员，有利于为建设一流城市提供强大的知识储备和人才支持。

3. 举办首届"惠州市高校大学生知识产权知识竞赛"活动

为加强知识产权文化建设，营造知识产权学习氛围，2020 年 4—5 月，惠州市市场监督管理局（知识产权局）携手惠州学院等大中专院校，以"知识引导创新，产权创造财富"为主题成功举办了首届"惠州市高校大学生知识产权知识竞赛"活动。竞赛活动历时 36 天，共有 2016 名学生通过各参赛高校的审核获得了报名参赛资格，惠州市市场监督管理局有 1400 余名选手在线完成最终的在线答题阶段。活动采取"以赛促学"的办赛形式，惠州市市场监督管理局（知识产权局）特别开展了为期两周的赛前线上网络课程培训，大赛承办方广东（惠州）知识产权分析评议中心专门购置了 20 多门线上知识产权专业课程供参赛选手免费学习，2000 余名参赛选手学习热情高涨、积极参与，平台的大赛专栏培训课程点击学习量高达 1 万余次。大赛以新颖的形式、海量的知识产权学习资源，达到办赛目的，普及知识产权的知识，让更多大学生加深对知识产权的关注和认知，为加快惠州市创新驱动和一流城市建设贡献知识力量。

4. 开展大亚湾经济开发区 2020 年支持企业提升海外知识产权保护能力活动

为应对企业在国际竞争形势发展需求，形成具有自主知识产权的专利技术优势，支持企业提升海外知识产权风险意识，科学布局海外知识产权，提高企业海外知识产权保护意识和专业维权能力，惠州大亚湾经济技术开发区工业贸易发展局在 2020 年 7—10 月开展了大亚湾经济开发区 2020 年支持企业提升海外知识产权保护能力活动。活动目标是通过支持企业提升海外知识产权保护能力，围绕知识产权工作面临的国内外形势、疫情防控下产业政策发展变化，推动企业不断提高海外知识产权能力水平，提升海外知识产权风险防控能力，加强重点产业知识产权海外布局规划，针对高新技术企业和科技型中小企业或申报惠州市高新技术企业培育单位的企业开展此次活动。该活动最终对大亚湾经济开发区 2020 年海外知识产权保护能力较强的企业包括惠州市金百泽电路科技有限公司、广东暨晴生物医药科技有限公司、惠州市开蒙医疗科技有限公司、惠州海卓科赛医疗有限公司等 9 家企业奖补各 5 万元，合计 45 万元。

三、建议和展望

通过前述内容可见，惠州市知识产权政策和制度在前些年不断建设和探索的基础上日趋完善，2020 年主要侧重促进知识产权创造的机构和机制建设，知识产权运用和保护制度、机制及其实践在既有基础上稳步发展。在综观惠州市当前的知识产权事业发展情况基础上，笔者对惠州市知识产权事业的进一步发展提出三点建议。

第一，进一步探索完善知识产权纠纷人民调解制度。近几年惠州市在知识产权纠纷多元化解决方式探索和实践方面取得了较大成效。保护机制上，知识产权行政保护与司法保护基本实现相融互补，有机衔接。2020 年惠州市惠阳区成立首家知识产权纠纷人民调解委员会，这是一种新的探索，也是符合近几年来国家关于加强知识产权保护的文件精神的举措。笔者建议从以下两方面促进知识产权调解委员会制度的发展与完善。其一，加强调解人员队伍建设。知识产权纠纷具有较强的专业性，且涵盖专利、商标、著作权、地理标志等多个专业方向，调解委员会应该有针对性地选拔和培育针对具体专业方向的专业调解人员，逐步形成专业素质较强且具有一定稳定性的调解人员队伍。其二，加强与知识产权保护的司法行政机关的联系，融入知识产权保护大保护格局。知识产权纠纷人民调解机构不可孤立发展，应该积极与法院和相关行政机关联系，就知识产权纠纷案件的分流形成一定的方案，各方在知识产权纠纷解决工作在形成联动互补。

第二，促进中医药、地理标志等传统产品的知识产权创造。如何促进中医药、地理标志等传统知识的现代演绎，使传统知识符合知识产权客体要件，并通过知识产权法律制度加以保护，是一个值得探索的问题。惠州市物产丰富，惠州市的罗浮山、南昆山、莲花山都是天然的岭南中药宝库。中医药产业是惠州市传统优势产业。2020 年新冠肺炎疫情爆发以来，中医药产业的发展引起了各方关注，广东省委、省政府明确表示支持惠州市打造粤港澳大湾区中医药高地。惠州市应积极探索推动中医药传统产业与创新技术的结合，促进中医药及其他特色农产品的智慧成果产出，促进知识产权创造。

第三，进一步完善创新机构和创新力量的引进和培育体系。壮大创新力量是 2020 年惠州市在促进知识产权事业发展方面的重点工作，这也是一项长期的工作。2020 年，惠州市在创新平台构建、创新机构建设、创新人才引进和本地创新人才培育等方面已经出台了一系列规范性文件，开展了一系列工作，但是有些制度和措施的实效仍待检验，各项制度和措施的体系化也需进一步加强。在接下来的知识产权事业促进中，惠州市仍需在强化创新的道路上继续努力。

第 11 章　肇庆市知识产权报告

肇庆市地处广东省中西部，与珠三角经济圈毗邻，作为粤港澳大湾区的成员之一，具有独特的地理优势。可以说，随着肇庆市加快融入大湾区一体化发展，其竞争力也在逐步增强，成为广东地区生产总值增速排名比较靠前的城市之一。根据《肇庆市 2021 年政府工作报告》显示，2020 年肇庆市生产总值达到 2311.65 亿元，同比增长 3%，增速排名全省第六。此外，在各类投资建设项目中，新增 6 家上市挂牌企业，新增规模以上工业企业 155 家，净增高新技术企业 160 家，新登记各类企业增长 10.3%，获批设立中国（肇庆）跨境电子商务综合试验区。❶ 肇庆市之所以取得如此突出的成绩，其知识产权发展的贡献功不可没，在知识产权建设造、运用、服务、管理、保护等方面也取得了较显著成效。本章梳理、分析 2020 年间肇庆市知识产权建设与发展的基本情况，指出肇庆市知识产权建设发展方面存在的一些不足，并以此为基础，提出一些完善的建议与对策。

一、肇庆市知识产权制度和政策

2020 年，新冠肺炎疫情来势汹汹，全国各地大多数企业都陷入停工停产的困境，为解决部分困难企业资金不足的问题，早日让困难企业复产复工，广东省知识产权保护中心在 2020 年 2 月 20 日推出"知识产权快融贷"服务。按照通知指示，广东省知识产权保护中心与广东股权交易中心股份有限公司

---

❶　肇庆市 2021 年政府工作报告［EB/OL］.（2021 - 02 - 08）［2021 - 04 - 30］. http：//www. zhaoqing. gov. cn/xxgk/zfgzbg/szfgzbg/content/post_2478048. html.

联合为通过审核的企业进行极低利率的贷款，❶ 以此帮助在新冠肺炎疫情防控期间停工的企业度过资金短缺的困难时期。为提高预算完整性，均衡预算执行进度，2019 年 12 月 8 日，广东省财政厅提前下达 2020 年促进经济高质量发展专项资金（知识产权创造保护运用及专利奖励）通知，提高企业的创新积极性。2020 年 7 月 27 日，广东省人民政府办公厅印发了《广东省推广第三批支持创新相关改革举措的工作方案》，鼓励各地市加强与广州知识产权法院衔接，完善诉讼咨询服务平台建设，推动多元化纠纷化解工作，支持省内知识产权保护中心、知识产权快速维权中心与法院合作建立衔接机制，推动成立广东省知识产权纠纷调解中心和知识产权司法保护研究中心。❷ 肇庆市政府分别在 2017 年和 2018 年提出推荐肇庆工业园区和高要区产业转移工业园区申报省级高新技术产业开发区认定。广东省人民政府分别在 2020 年 2 月 25 日❸和 2020 年 12 月 25 日❹作出肯定的回复。随着粤港澳大湾区的建设，为推进广东省数字经济的发展，努力开创新的经济改革方向，找到新的经济发力点，广东省人民政府印发《广东省建设国家数字经济创新发展试验区工作方案》，鼓励骨干企业提高自身科研创新能力，加快研发具有自主知识产权的通用基础软件和集成适配辅助软件。因此，为了更好地贯穿落实广东省政府关于知识产权方面的要求，肇庆市在 2020 年先后出台了一系列促进肇庆市知识产权发展的相关规章制度，其主要内容如下。

---

❶ 广东省知识产权保护中心关于推出"知识产权快融贷"服务缓解企业融资困难的通知［EB/OL］. （2020 - 02 - 20）［2021 - 05 - 30］. http：//www. hzzk. gov. cn/attachment/0/42/42061/3506041. pdf.

❷ 广东省人民政府办公厅关于印发广东省推广第三批支持创新相关改革举措工作方案的通知［EB/OL］. （2020 - 08 - 05）［2021 - 04 - 30］. http：//www. gd. gov. cn/zwgk/wjk/qbwj/yfb/content/post_3059286. html.

❸ 广东省人民政府关于同意认定广东肇庆工业园区为省级高新技术产业开发区的批复［EB/OL］. （2020 - 03 - 06）［2021 - 04 - 30］. http：//www. gd. gov. cn/zwgk/wjk/qbwj/yfh/content/post_2923055. html.

❶ 广东省人民政府关于同意认定广东肇庆高要区产业转移工业园区为省级高新技术产业开发区的批复［EB/OL］. （2020 - 01 - 26）［2021 - 04 - 30］. http：//www. gd. gov. cn/zwgk/wjk/qbwj/yfh/content/post_3184606. html.

（一）印发《肇庆市知识产权质押融资风险补偿管理办法（试行)》

为发挥知识产权推动产业转型升级和经济提质增效的作用，解决企业融资难问题，2020 年 8 月 19 日，肇庆市公布了《肇庆市知识产权质押融资风险补偿管理办法（试行)》（肇市监字〔2020〕1 号），该办法有利于纾缓和解决受疫情影响拥有自主技术企业资金周转困难，鼓励企业创新，提高申请发明专利的积极性，同时推动企业转型升级，提高企业对于自身知识产权的重视程度以及知识产权融资的热情。

（1）成立决策领导小组对资金进行专项管理

由肇庆市市场监督管理局牵头，与肇庆市财政局、肇庆市金融局等单位组建肇庆市知识产权质押融资风险补偿资金决策领导小组，主要负责制定实施风险补偿管理办法以及选定资金管理人，监督资金管理人管理工作，审议资金管理人提交的资金使用情况报告，辅以定期调整资金管理决策的职能。以多个单位共同组成决策领导小组，既体现了肇庆市政府机关上下同心的精神，也可以看出肇庆市对于知识产权融贷服务的重视程度。

（2）确定扶持对象

扶持对象为肇庆市已进入风险补偿资金扶持企业库且应用自主知识产权进行质押融资的科技创新型企业。扶持对象应当符合特定条件，如有一定的注册年限、符合国家划定的中小企业的标准、3 年内在中国银行无不良信用记录等。同时建立风险补偿资金扶持企业库，方便统计扶持企业。该办法对于扶持企业要求不高，只要是正当经营的企业都有机会申请知识产权融贷服务，在一定程度上为肇庆市的经济复苏提供了动力。

（3）加强风险监控

当某家合作机构知识产权质押融资的逾期率或支出的风险补偿金额达到一定程度，就会暂停该合作机构新增风险补偿业务。为确保及时发现合作机构的违法操作行为，资金管理人定期会向决策领导小组报送资金使用情况，及时收集并整理项目企业的季度财务报表、年度审计报告和项目资金使用状况定期报送决策领导小组，接受决策领导小组的监督。一方面开放知识产权融贷服务，增加企业融资通道；另一方面避免有部分企业通过此服务来骗取国家资金，为肇庆市知识产权事业保驾护航。

《肇庆市知识产权质押融资风险补偿管理办法（试行）》的制定，对于肇庆市克服新冠肺炎疫情带来的经济萎靡问题，帮助肇庆市科技型中小微企业解决知识产权融资问题，化解融资风险，推动肇庆市科技型中小微企业更好发展具有重要意义。同时，也有助于促使肇庆市形成一批拥有核心自主知识产权的企业，为肇庆市的知识产权建设提供强大支撑。

（二）印发《肇庆市加快 5G 发展实施方案（2020—2022 年）》

为加快推进肇庆市 5G 商用步伐，促进 5G 网络、技术、产品与应用融合，充分发挥 5G 对经济社会发展的带动和促进作用，推动经济高质量发展，肇庆市政府实施了一系列扶持政策，其中有关知识产权发展的内容具体如下。

（1）推进 5G 技术创新

积极引进 5G 人才，提高 5G 人才的待遇，设立培育 5G 人才的课程，开启 5G 人才的孵化计划，推进 5G 众创空间等公共平台建设。努力将 5G 相关成果融入社会各界，结合交通、金融、管理等方面，成功打造 5G + 时代。

（2）大力发展 5G 相关产业

将 5G 基站组装生产设备产业、5G 基站用的零部件产业、5G 设备用的电容器等元器件产业、5G 滤波器用的基础材料产业继续做大做强，抓住时代机遇，大力推动 5G 相关产业的转型升级，加大对 5G 产业的投入。

（3）开展重点领域 5G 应用试点示范

围绕 5G 开展一系列的试点示范，将其与智能制造、智慧农业、智慧教育、智能交通、智慧医疗、智慧政务、4K/8K 超高清视频、智慧园区、智慧公共服务结合，大力推动肇庆市现代化进程，将 5G 技术融入生活的方方面面之中，打造一个智能城市。

《肇庆市加快 5G 发展实施方案（2020—2022 年）》的制定，对肇庆市加快智能建设步伐，建设国家知识产权示范城市和国家创新型城市具有重要的指导意义。

二、肇庆市知识产权发展状况

为加快推进肇庆市 5G 商用步伐，进一步夯实数字政府基础能力，擦亮肇庆数字特色品牌，深化"互联网＋政务服务"建设，提升肇庆知识产权保护水平，打造知识产权建设强市，肇庆市先后出台了一系列制度和政策推动知识产权建设。但由于制度和政策的数量不多，肇庆市知识产权建设陷入了停滞，知识产权事业甚至有一定程度的倒退，具体体现在知识产权企业、专利的申请和授权、商标的申请和注册、知识产权的保护、人才培养等各个方面。

（一）知识产权企业发展状况

1. 肇庆市高新技术企业发展态势趋缓

（1）获得广东省高新技术企业认定的数量有所下降

根据中国高新技术企业认定管理办公布的《广东省 2019 年第一、第二、第三批高新技术企业名单》，2019 年广东省（不含深圳市）共有 10525 家企业被认定为广东省高新技术企业，其中肇庆市共有 200 家企业被认定为广东省高新技术企业。广东省科学技术厅于 2021 年 4 月 13 日公布了《广东省科学技术厅 广东省财政厅 国家税务总局广东省税务局关于公布广东省 2020 年高新技术企业名单的通知》，正式公布了四批高新技术企业名单，共 13198 家企业被认定为广东省高新技术企业，其中肇庆市排名靠后。由于企业数量较多，故仅列举 2019 年、2020 年粤港澳大湾区九大城市的情况作对比，如表 11 - 1❶和表 11 - 2❷所示。

---

❶ 广东省科学技术厅 广东省财政厅 国家税务总局广东省税务局关于公布广东省 2019 年高新技术企业名单的通知［EB/OL］.（2020 - 03 - 30）［2021 - 03 - 20］. http：//gdstc. gd. gov. cn/gkmlpt/content/2/2956/post_2956766. html#723.

❷ 广东省科学技术厅 广东省财政厅 国家税务总局广东省税务局关于公布广东省 2020 年高新技术企业名单的通知［EB/OL］.（2021 - 04 - 13）［2021 - 05 - 02］. http：//gdstc. gd. gov. cn/zwgk_n/tzgg/content/post_3260601. html.

表 11 - 1   2019 年广东省部分城市获省高新技术企业数量

城市	数量/家	城市	数量/家	城市	数量/家
广州	3565	佛山	1709	惠州	413
深圳	6543	珠海	632	江门	404
东莞	1694	中山	688	肇庆	200

表 11 - 2   2020 年广东省部分城市获省高新技术企业数量

城市	数量/家	城市	数量/家	城市	数量/家
广州	3492	佛山	1647	惠州	597
深圳	6534	珠海	661	江门	371
东莞	2089	中山	581	肇庆	141

从表 11 - 1 和表 11 - 2 可知，与珠三角其他城市相比，肇庆市拥有的省级高新技术企业的数量排名比较靠后，而且肇庆市 2020 年获得省级高新技术企业的数量同比下降29.5%。虽然新冠肺炎疫情使得广东省的经济发展遭受冲击，一定程度上阻碍了各地知识产权事业的发展，但是惠州市获省级高新技术企业数量不仅没有下降，还增长了44.55%，足以看出肇庆市知识产权事业的建设与惠州市存在一定的差距。肇庆市政府应当制定相关政策积极激发市内企业的创新潜力。

（2）获得市级高新技术企业认定情况

根据肇庆市科学技术局官网公布的《关于认定 2020 年度肇庆市高新技术企业的通知》显示，2020 年度被认定为市级高新技术企业的有 45 家企业，其中排名前四的区（县、市）分别是四会市（13 家）、端州区（12 家）、高要区（7 家）、高新区（6 家），占比分别为 28.89%、26.67%、15.56% 和13.33%。另外，官方没有公布 2019 年肇庆市高新技术企业认定名单，仅有《2019 年度肇庆市高新技术企业拟认定名单》，表 11 - 3 是 2019 年肇庆市各行政区拟认定为市级高新技术企业分布的具体情况。❶ 表 11 - 4 是 2020 年肇庆

---

❶ 关于 2019 年度肇庆市高新技术企业拟认定名单的公示 ［EB/OL］. （2019 - 12 - 27）［2021 - 03 - 19］. http：//www.zhaoqing.gov.cn/zqkjj/gkmlpt/content/1/1901/post_1901239.html#4111.

市各行政区获市级高新技术企业分布的具体情况。❶

表 11 - 3　2019 年肇庆市各行政区拟认定为市级高新技术企业数量

行政区域	数量/家	行政区域	数量/家	行政区域	数量/家
端州区	31	四会市	19	怀集县	6
高要区	24	鼎湖区	3	德庆县	1
高新区	15	广宁县	2	封开县	2
市直	1				

表 11 - 4　2020 年肇庆市各行政区获市级高新技术企业数量

行政区域	数量/家	行政区域	数量/家	行政区域	数量/家
端州区	17	四会市	18	怀集县	1
高要区	15	鼎湖区	1	德庆县	2
高新区	9	广宁县	7		
市直					

　　由表 11 - 3 和表 11 - 4 可知，肇庆市各区县的市级高新技术企业的分布是不均匀的，各地发展差异较大。将 2020 年认定为市级高新技术企业数量与 2019 年拟认定为市级高新技术企业数量进行比较可以看出，新冠肺炎疫情在一定程度上阻碍了肇庆市企业的经济发展和技术创新。同时，也反映出肇庆市的高新技术企业数量比较匮乏，说明其知识产权事业的发展仍然任重而道远。

2. 肇庆市知识产权优势企业和示范企业发展状况有所下降

　　2019 年，肇庆市获得国家级知识产权优势企业 19 家，国家知识产权示范企业 1 家，❷ 广东省知识产权示范企业 19 家。❸ 2020 年，肇庆市被确定为省

　　❶　肇庆市科技局 [EB/OL]. [2021 - 03 - 19]. http://www.zhaoqing.gov.cn/zqkjj/gkmlpt/content/2/2428/post_2428117.html#4101.
　　❷　国家知识产权局关于确定 2019 年度国家知识产权示范企业和优势企业及 2013 年度、2016 年度国家知识产权示范企业和优势企业通过复验企业的通知 [EB/OL]. (2019 - 12 - 11) [2021 - 05 - 02]. https://www.cnipa.gov.cn/art/2019/12/11/art_75_132176.html.
　　❸　关于认定 "2019 年度广东省知识产权示范企业" 的通知 [EB/OL]. (20190 - 09 - 12) [2021 - 05 - 02]. http://www.gdippa.com/news/detail.aspx? ChannelId=020202&ID=320668.

级知识产权示范企业仅有 6 家,❶ 发展状况有所下降。由于 2020 年国家知识产权局未公布国家级知识产权优势企业和示范企业的名单，暂未列出相关数据。为了进行客观的比较，将同期珠三角地区部分城市的相关情况进行对比分析，如表 11 - 5 所示。

表 11 - 5　2019 年和 2020 年广东省部分城市知识产权企业发展状况　单位：家

城市	2019 年				2020 年			
	国家优势企业	国家示范企业	省级优势企业	省级示范企业	国家优势企业	国家示范企业	省级优势企业	省级示范企业
肇庆	19	1		19				6
广州	112	8		94				129
深圳	57	4		49				67
佛山	132	11		117				107
东莞	78	4		59				76
珠海	60	2		46				33
中山	32	3		27				15
惠州	12			18				11

由表 11 - 5 可知，2019—2020 年，肇庆市获得省级知识产权示范企业从 19 家下降至 6 家。

总体而言，无论是在国家知识产权优势及示范企业还是省级知识产权优势及示范的企业数量，相较于其他城市，肇庆市明显偏少，尤其是国家知识产权示范企业和省知识产权示范企业的发展状况较其他城市差距非常明显，这说明肇庆市的知识产权发展仍然不够充分。

---

❶ 粤知保协发字〔2020〕43 号 - 关于认定"2020 年度广东省知识产权示范企业"的通知〔EB/OL〕．（2020 - 12 - 11）〔2021 - 05 - 02〕．http：//www. gdippa. com/news/detail. aspx？ChannelId = 020202&ID = 510827.

（二）肇庆市知识产权取得状况

1. 专利申请数量快速上升

如表 11 - 6 所示❶，根据广东省知识产权局官网显示，2020 年肇庆市专利申请数量是 7917 件，比 2019 年下降了 22.57%，其中发明专利 1512 件，实用新型 4491 件，外观设计 1914 件。❷

表 11 - 6　2019 年和 2020 年广东省部分城市专利申请情况

城市	2019 年						2020 年					
	发明/件	发明增长/%	实用新型/件	外观设计/件	合计/件	同比增长/%	发明/件	发明增长/%	实用新型/件	外观设计/件	合计/件	同比增长/%
肇庆	1653	-22.97	3874	1504	7031	-11.07	1512	-8.53	4491	1914	7917	12.60
深圳	82852	18.41	113830	64820	261502	14.39	80525	-2.81	132187	63779	276491	5.73
广州	46643	-7.03	81728	48852	177223	2.37	50782	8.87	127944	69870	248596	40.27
东莞	20290	-17.77	45116	17811	83217	-14.24	19832	-2.26	46983	18700	85515	2.76
佛山	16887	-43.16	40706	23423	81016	-9.37	16036	-5.04	43177	25896	85109	5.05
中山	5548	-32.05	18306	19212	43066	-12.18	5727	3.23	17661	17639	41027	-4.73
惠州	4582	-7.09	12600	5249	22431	4.37	4681	2.16	14450	4156	23287	2.58
珠海	14251	8.46	15595	3291	33137	6.32	13407	-5.92	15412	3201	32020	-3.37

由表 11 - 6 可知，肇庆市 2019—2020 年的专利申请情况整体呈上升趋势，申请专利积极性有所提高，增长率超过东莞、中山、惠州、珠海。但从纵向来看，肇庆市 2020 年发明申请数量下降最大，与中山、惠州等城市还存在较大的差距。

2. 专利授权数量增长明显

2019 年，肇庆市专利授权数量总共为 4524 件，同比增长 15.97%，其中

❶ 2000—2019 年广东省各市专利申请情况［EB/OL］.（2020 - 02 - 27）［2021 - 03 - 20］. http：//amr. gd. gov. cn/zwgk/sjfb/tjsj/content/post_2910458. html.
❷ 2020 年 1—11 月各市专利申请情况［EB/OL］.（2021 - 01 - 19）［2021 - 03 - 20］. http：//amr. gd. gov. cn/zwgk/sjfb/tjsj/content/post_3179135. html.

发明为 309 件，实用新型为 3088 件，外观设计为 1127 件。2020 年，肇庆市
专利授权总数为 5653 件，同比增长 24.96%，其中发明为 334 件，实用新型
为 3854 件，外观设计为 1465 件。从增长率方面看，虽然 2019 年、2020 年的
同比增长超过佛山、中山、东莞，但从数量而言，远远不及广州、深圳，如
表 11 - 7 所示。

表 11 - 7　2019 年和 2020 年广东省部分城市专利授权情况

城市	2019 年						2020 年					
	发明/件	发明增长/%	实用新型/件	外观设计/件	合计/件	同比增长/%	发明/件	发明增长/%	实用新型/件	外观设计/件	合计/件	同比增长/%
肇庆	309	5.10	3088	1127	4524	15.97	334	8.09	3854	1465	5653	24.96
深圳	26051	22.25	87433	53125	166609	18.83	27328	4.90	110697	64174	202199	21.36
广州	12221	13.19	54745	37845	104811	16.68	13281	8.67	76027	51689	140997	34.53
东莞	8006	19.21	37931	14484	60421	- 8.43	7971	- 0.44	41722	18202	67895	12.37
佛山	4582	- 9.41	35480	18690	58752	15.17	5010	9.34	38326	23799	67135	14.27
中山	1476	- 21.28	15565	16354	33395	- 2.11	899	- 39.09	16673	18919	36491	9.27
惠州	1592	10.17	9405	3580	14577	- 0.87	1517	- 4.71	11866	4046	17429	19.57
珠海	3327	- 3.62	12917	2723	18967	10.98	3830	15.12	15077	3288	22195	17.02

由表 11 - 7 可知，肇庆市专利授权数量整体呈上涨趋势，尤其是实用新
型和外观设计的授权专利数量增长较为明显。然而，从组成结构来看，虽然
肇庆市的专利授权数量增长快速，但是基本集中在实用新型和外观设计，发
明的占比较低。此外，跟广州等城市相比，肇庆市的专利授权数量仍远远不
足，反映肇庆市的知识产权发展状况还不够理想。

3. 有效发明专利数量增长较快

2018—2019 年，肇庆市的有效发明数量呈明显增长趋势，从 2018 年的
1587 件到 2019 年的 1930 件，增长了 21.61%，其增长率在珠三角城市中仅次
于珠海东莞，位居第三。具体如表 11 - 8 所示。❶

---

❶ 广东省截至当月底各市有效发明专利量（知识产权）[EB/OL].［2021 - 04 - 18］. http：//
gddata. gd. gov. cn/data/dataSet/toDataDetails/29000_02600057.

表 11 - 8　2018—2019 年广东省部分城市有效发明专利量

城市	2018 年	2019 年	增长率/%
肇庆	1587 件	1930 件	21.61
深圳	137638 件	157697 件	14.57
广州	57528 件	69540 件	20.88
东莞	29487 件	36958 件	25.00
佛山	22842 件	27252 件	19.31
中山	8151 件	8418 件	3.28
惠州	7254 件	8667 件	19.48
珠海	14498 件	18508 件	27.66

由表 11 - 8 可知，肇庆市的有效发明专利数量跟珠三角其他城市相比，差距较悬殊，但是从其增长率来看，已经超过广州、深圳、惠州，这说明肇庆市的知识产权底子较为薄弱，但是有进一步发展的潜力，未来依然有较大的发展空间。

4. PCT 申请量明显偏少

2019 年，肇庆市 PCT 申请量是 36 件，占当年广东省 PCT 总申请量的 0.15%。2020 年，肇庆市的 PCT 申请量是 38 件，基本跟 2019 年持平，占广东省 PCT 总申请量的 0.14%，在广东省排名较靠后，具体情况如表 11 - 9 所示。❶

表 11 - 9　2019—2020 年广东省部分城市 PCT 申请状况

城市	2019 年		2020 年	
	数量/件	占比/%	数量/件	占比/%
深圳	17459	70.61	20209	71.92
广州	1622	6.56	1785	6.35
东莞	3268	13.22	3787	13.48
佛山	853	3.45	745	2.65

---

❶　2019 广东省知识产权统计数据 [EB/OL]. [2021 - 03 - 24]. http：//amr. gd. gov. cn/attach-ment/0/392/392325/2991519. pdf.

城市	2019 年		2020 年	
	数量/件	占比/%	数量/件	占比/%
惠州	448	1.81	331	1.18
珠海	561	2.27	522	1.86
中山	192	0.78	256	0.91
肇庆	36	0.15	38	0.14

由表 11-9 可知，2020 年广东省 PCT 申请量有所上升，肇庆市 2020 年的 PCT 申请数量较 2019 年略有提升，从绝对数方面看，肇庆市的 PCT 申请量跟广东省其他城市相比，依然差距悬殊，这也反映了肇庆市在 PCT 申请方面存在不足，也是未来肇庆市的知识产权针对性发展需要努力的方向。

5. 商标申请量和注册量呈增长趋势

截至 2019 年第四季度，广东省的商标申请量、注册量和有效注册量分别为 1755995 件、1079852 件和 5430003 件，其中肇庆市的商标申请量、注册量和有效注册量分别为 10662 件、6305 件、38216 件，有效注册量相比 2019 年同期增长 15.85%。肇庆市各区县商标申请和注册情况如表 11-10 所示。广东省部分城市 2019 年和 2020 年商标申请、注册情况如表 11-11 所示。

表 11-10　肇庆市 2019 年和 2020 年各区县商标申请、注册情况　　单位：件

各区县	2019 年			2020 年		
	申请量/件	注册量/件	有效注册量/件	申请量/件	注册量/件	有效注册量/件
端州区	1610	1190	6089	1823	1099	7123
鼎湖区	940	554	1935	760	608	2433
广宁县	458	598	2600	671	349	2856
怀集县	1181	1060	3130	1650	838	3909
封开县	442	475	1218	897	308	1494
德庆县	246	218	1187	231	156	1281
高新区	188	142	958			
高要区	1196	1092	6636	1391	860	7106
四会市	1315	914	5678	1599	1053	6502

注：2020 年高新区的数据官方并未公布，故未列出。

表 11 – 11　广东省部分城市 2019 年和 2020 年商标申请、注册情况

城市	2019 年			2020 年		
	申请量/件	注册量/件	有效注册量/件	申请量/件	注册量/件	有效注册量/件
肇庆	8977	7370	32988	10662	6305	38216
广州	409397	337354	1250876	486261	298343	1514106
深圳	500905	395243	1396734	584659	362942	1730268
珠海	25880	25586	88378	32150	17951	103708
惠州	27876	21278	80258	35317	20476	97570
中山	46729	38032	167841	55785	33724	194433
佛山	102341	85117	348840	121593	75195	413433
东莞	108475	82345	308458	123711	82284	382716

　　由表 11 – 10 可知，肇庆市从 2019 年到 2020 年的商标有效注册量总体呈增长趋势，且商标申请量、注册量、有效注册量基本集中在端州区、怀集县、高要区、四会市。肇庆市 2020 年的商标有效注册量比 2019 年总体有所增长，由表 11 – 11 可知，就广东省而言，肇庆市的商标申请量、注册量以及有效注册量仍比较靠后，跟广州、深圳相比，差距是非常明显的，这也为肇庆市未来的知识产权发展提供了需要努力的方向。

6. 地理标志发展优势凸显

　　为落实广东省委、省政府乡村振兴战略，推进广东省地理标志工作，肇庆市全面推进地理标志培育、运用和保护工作，比如大力挖掘培育地理标志产品，大力支持地理标志商标注册；强化地理标志使用运用，完善地理标志产品标准化管理体系，积极打造地理标志品牌；严厉打击地理标志违法行为，提高地理标志主体保护能力。在开展地理标志培育工作的同时，肇庆市积极指导商标注册人规范管理和使用专用标志，利用网络交易模式开展电商服务和宣传力度，拓宽产品销售渠道，提高地理标志商标的市场知名度和美誉度，发挥地理标志商标在促进经济增长和农民收入方面的作用。

　　如表 11 – 12 所示，肇庆市近两年的地理标志注册商标数量一直位列广东省前列，超过了广州、深圳、佛山。如表 11 – 13 所示，在获批的 2020 年广

东省地理标志保护产品名单中，肇庆市占据了 16 件。❶

表 11 - 12 2019 年和 2020 年广东省部分城市有效地理标志注册数量

城市	2019 年	2020 年
肇庆	11 件	16 件
广州	11 件	11 件
深圳	1 件	1 件
珠海	1 件	1 件
惠州	7 件	9 件
中山	3 件	3 件
佛山	7 件	10 件
东莞	3 件	3 件

表 11 - 13 2020 年广东省部分城市获批地理标志保护产品情况

城市	数量/件	产品名称
肇庆	16	端砚、肇实、高要佛手、四会沙糖桔、四会贡柑、德庆贡柑、德庆沙糖桔、德庆紫淮山、德庆何首乌、德庆巴戟、德庆肉桂、德庆鸳鸯桂味荔枝、封开杏花鸡、封开油栗、谭脉西瓜、肇庆裹蒸
广州	11	从化荔枝蜜、钱岗糯米滋、增城丝苗米、增城迟菜心、派谭凉粉草、增城挂绿、增城荔枝、萝岗糯米滋、萝岗甜橙、新垦莲藕、庙南粉葛
深圳	1	南山荔枝
珠海	1	白蕉海鲈
惠州	9	惠州梅菜、龙门年桔、罗浮山大米、柏塘山茶、观音阁花生、观音阁红糖、罗浮山荔枝、福田菜心、镇隆荔枝
中山	3	中山脆肉鲩、神湾菠萝、黄圃腊味
佛山	10	九江双蒸酒、合水粉葛、乐平雪梨瓜、石湾玉冰烧酒、香云纱、三水黑皮冬瓜、顺德国兰、陈村年桔、顺德鳗鱼、三水芦苞鱼干
东莞	3	莞香、东莞荔枝、麻涌香蕉

由表 11 - 12 和表 11 - 13 可知，肇庆市连续两年有效地理标志注册数量以及地理标志保护产品数量稳居粤港澳大湾区八大城市之首，而且数量明显

---

❶ 肇庆市地理标志商标统计表 ［EB/OL］. （2020 - 06 - 30）［2021 - 05 - 02］http：//www. zhaoqing. gov. cn/zqscjgj/gkmlpt/content/2/2411/post_2411789. html#20947.

超过其他城市，这反映了近年来肇庆市能够利用自身资源优势，充分挖掘本地地理产品，打造地方特色品牌，形成独特的地理标志发展优势，这对肇庆市进一步缩小与其他城市之间的知识产权发展差距具有显著意义。

（三）肇庆市知识产权保护状况

知识产权的保护主要从两方面进行，一是行政保护，二是司法保护。对知识产权的保护力度强弱，关系知识产权事业的进步，涉及整个社会的创新发展。知识产权的保护，不仅能激发创新，推动整个肇庆市创新产业继续向前迈进，带动整个社会的不断发展，而且是肇庆市打造国家知识产权强市战略的有力保障。

1. 行政保护

行政保护是知识产权保护的重要组成部分，较之司法救济而言，行政执法能够快捷、及时地制止知识产权的侵权行为。面对知识产权侵权的专业化、技术化以及知识产权纠纷类型多样化、复杂化的趋势，依靠法院处理知识产权纠纷已不能满足社会发展的需求，因此需要行政执法来强化知识产权保护。

肇庆市各级知识产权行政执法部门加大对知识产权的执法、普法工作，深入实施国家知识产权战略，扎实推进国家知识产权试点城市建设，认真落实知识产权事业发展推进计划，稳步推进知识产权创造、运用、保护和管理各项工作，努力提高肇庆市的自主创新能力，为肇庆市实施创新驱动发展战略提供了有力的保障和支撑。

肇庆市积极推进知识产权维权援助体系建设，将知识产权保护和援助服务有机结合，推动企业的创新创造，保障知识产权行政执法的效益，推动肇庆市知识产权保护体系的建设。

广东省部分城市 2019—2020 年专利纠纷执法数据如表 11 - 14 所示。

表 11 – 14　2019 年和 2020 年广东省部分城市专利纠纷案件受结情况

城市	2019 年			2020 年		
	侵权纠纷案件/件	其他纠纷案件/件	假冒案件/件	侵权纠纷案件/件	其他纠纷案件/件	假冒案件/件
肇庆	50	0	32	53	0	5
广州	1917	118	1	1760	4	12
深圳	902	4	146	929	27	18
佛山	1032	0	3	917	0	7
珠海	29	0	0	31	0	0
惠州	97	0	0	3	0	0
中山	806	0	7	375	0	4
东莞	285	0	2	99	3	0

2019 年广东省的侵权纠纷案件为 6319 件、其他纠纷案件为 124 件、假冒案件为 381 件。2020 年广东省的侵权纠纷案为 4981 件，其他纠纷案为 35 件，假冒案件 227 件。2020 年广东省的专利纠纷案件处理数量相比于 2019 年有所下降。

2. 司法保护

司法是保障社会公正的最后一道防线，司法保护对于知识产权保护具有积极的意义，是行政保护的重要补充。司法保护能够有效保障知识产权事业的顺利发展和创新驱动发展战略的实施。近年来，肇庆市加大对知识产权侵权的规范整治，加强对知识产权的监管力度和创新成果保护力度，获得了良好的社会效果。

2018 年，肇庆全市法院共审结各类案件 45460 件，❶ 其中审结知识产权案件 338 件，比 2017 年增长了一倍多，超过 90% 是知识产权侵权案件。2020 年，肇庆全市法院共审结各类案件 55996 件，结案率 94.65%，其中审结知识

---

❶　肇庆法院狠抓审判执行不松劲 服务地方经济社会发展大局 全年办结案件 4.5 万件 创历史新高 [EB/OL]. （2019 – 01 – 17）[2021 – 03 – 20]. http：//www.gzszfw.gov.cn/article/document.do? shId = 12283.

产权案件 296 件，较 2018 年少一些。❶ 由于官方尚未公布 2019 年的数据，故只列举 2018 年和 2020 年的情况作说明，以期提供一定的价值参考。

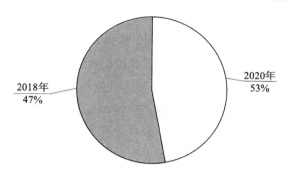

图 11 - 1　2018 年和 2020 年肇庆全市法院审结知识产权案件情况

由图 11 - 1 可知，2020 年肇庆全市法院对侵犯知识产权的打击力度仍保持在 2018 年的同等水准，这反映出肇庆市对侵犯知识产权的行为所不能容忍的态度，为推进粤港澳大湾区建设、肇庆市知识产权市场发展提供有力司法保障。

3. 拓展多元化维权援助机制，提升服务质量

近两年来，肇庆市积极开展各种知识产权维权援助服务工作，完善维权援助体制机制建设，落实有关知识产权保护的相关政策，不仅帮助企业提高知识产权方面的维权意识，而且引导企业加强技术创新和专利运用，努力为经济发展作贡献。

（1）广东省农业科学院中药农业科技创新中心落户肇庆市高要区

2020 年 3 月 11 日，广东省农业科学院中药农业科技创新中心、广东省院士专家工作站在肇庆市高要区举行了揭牌仪式。与此同时，广东省现代农业产业园肇庆市高要区南药产业园、肇庆学院产学研基地、肇庆医学高等专科学校教学基地等也在此进行了揭牌，正式落户肇庆市高要区，致力于创立"统一品种、统一生产资料、统一田间管理、统一技术服务、统一产品回购及

---

❶　为肇庆高质量发展提供有力司法服务和保障 肇庆法院 2020 年结案率达 94.65%，连续四年居全省法院前列 ［EB/OL］．（2021 - 02 - 25）［2021 - 03 - 20］．http：//k．sina．com．cn/article_2456473762_926ad0a202001awsj．html．

加工”的中药材种植管理模式，构建“生产＋加工＋营销品牌＋科技”于一体的南药产业园。肇庆市通过与广东省农业科学院的合作，将会给肇庆市农业发展带来新的机遇，新型农业发展离不开现代科学技术的支撑，彼时肇庆市在农业领域的知识产权发展会得到进一步提升。

（2）肇庆市成立粤港澳大湾区国际科技创新中心建设领导小组

2020年1月20日，粤港澳大湾区国际科技创新中心建设领导小组正式成立，加强了肇庆市对推进粤港澳大湾区建设国际科技创新中心专项工作的统筹协调，对于肇庆市的知识产权事业的发展将带来新的发力方向。因为粤港澳大湾区是增强国家内需的重要战略决策，办好粤港澳大湾区国际创新中心建设工作是肇庆市知识产权事业发展的重要一步。在粤港澳大湾区国际创新中心落地之后，源源不断的人才供应会给肇庆市带来不可错过的知识产权事业蓬勃发展之际遇。

（四）人才培养和科研建设状况

1. 重视人才培养和引进

2020年12月12日，肇庆市人力资源服务产业园、肇庆市港澳青年创新创业基地两个平台同时开园运营。❶ 肇庆市切实实施人才强市战略，不断完善引进人才策略，出台一系列人才计划，深化人才培养与发展机制的改革，吸引高层次人才进驻。肇庆市政府创新性地提出建设肇庆“1＋9＋N”港澳青年基地创新创业体系，全力以赴打造粤港澳青年创新创业的最优配套服务，全面实施“西江人才计划”“百千万”人才引育工程、高新技术企业扶持办法等优惠政策，积极创造有利于青年成长和成才的生态环境，吸引更多青年人才到肇庆市创新创业、安居乐业。

2. 加快科技研发机构建设，贯彻创新驱动战略

近年来，肇庆市通过出台系列扶持政策，加大财政投入、完善服务体系，

---

❶ 肇庆重点建设“两个平台”筑巢引凤 打造大湾区聚才“洼地”用才“高地”[EB/OL].（2020 – 12 – 21）[2021 – 03 – 20]. http://www.zhaoqing.gov.cn/xwzx/zwdt/content/post_2425517.html.

科技研发机构建设成效显著。截至 2020 年底，新增 6 家上市挂牌企业，新增规模以上工业企业 155 家，净增高新技术企业 160 家，新登记各类企业增长 10.3%。此外，西江高新区、高要区产业转移工业园（金利高新区）成功获批省级高新区。这些都体现了肇庆市近年来创新能力持续提高。❶

三、建议和展望

肇庆市在 2018—2020 年出台一系列关于知识产权方面的政策，也取得了较显著的效果，有力地促进了肇庆市社会经济的发展。但是，由于底子较为薄弱，肇庆市知识产权事业仍然存在一些不足。

（一）肇庆市知识产权建设与发展存在的问题

1. 企业整体创新能力较弱

截至 2020 年，肇庆市高新技术企业数量相比珠三角其他城市明显偏少，知识产权优势企业和示范企业，尤其是国家优势企业和示范企业更是寥寥无几，高新技术产业和战略性新兴产业相对薄弱，这在一定程度上反映了肇庆市企业创新能力的不足。其中有两个原因，一是肇庆市的城市规模比较小，相较于广州、深圳等地商业不算发达，企业基数低；二是虽然有一定企业基数，但从事的行业大多数不属于高新技术企业，其知识产权数量也不如高新技术企业多。

2. 知识产权结构失衡

知识产权结构失衡，尤其是发明申请和授权状况不佳。如前文所述，肇庆市的专利申请数量远远落后于广州、深圳等地，尤其是 2020 年肇庆市 PCT 申请量占广东 PCT 申请总量的 0.14%。此外，2020 年肇庆市的专利申请量以实用新型和外观设计为主，发明专利申请量最少，特别是发明专利的授权量

---

❶ 肇庆市 2021 年政府工作报告 ［EB/OL］.（2021 – 02 – 08）［2021 – 03 – 20］. http://www.zhaoqing.gov.cn/xxgk/zfgzbg/szfgzbg/content/post_2478048.html.

远低于前两者。总体而言，肇庆市的专利申请量和专利授权量跟广东省珠三角其他城市相比差距悬殊。

3. 高端知识产权人才匮乏

虽然近几年肇庆市制定了多项引进、孵化高新技术人才等政策，但知识产权人才无论是在质量上还是在数量上都严重不足，无法吸引大量的高层次人才入驻肇庆市。根据 2020 年广东省市场监督管理局公布的数据显示，截至 2020 年底，肇庆市依然无知识产权代理服务机构，只有 2 家分支机构，❶ 远不及广州、深圳、佛山等地。2020 年，肇庆市新培育国家"万人计划"专家 1 名、国家百千万人才工程人选 1 名、享受国务院特殊津贴专家 3 名，柔性引进国内外院士 15 名，但与广州市相比，肇庆市无论从质量还是数量上都相差甚远，❷ 与江门市相比，在质量上优胜但在数量上还是存在一定的差距。❸ 可以说，肇庆市在高层次知识产权人才和实务型知识产权人才方面，缺口都相对较大，严重制约着肇庆市知识产权事业的快速发展。此外，肇庆市由于缺乏科研实力水平较高的高校，不利于综合型知识产权人才的培养和知识产权基地的建设。

（二）完善的对策与建议

1. 挖掘培育高新技术企业的创新能力，发挥自身独特的地理标志产品优势

首先，高度重视激发与培育高新技术企业的科技创新能力。知识产权事业的发展高度依赖高新技术产业，为了壮大肇庆市知识产权事业，可以发挥自身的后发优势，布局如新能源汽车、5G 产业等需要大型生产工厂的高新技

---

❶ 专利代理机构名录信息（知识产权）[EB/OL].[2021 - 03 - 20]. https：//gdda-ta. gd. gov. cn/data/dataSet/toDataDetails/29000_02600044.

❷ 2021 年广州市政府工作报告 [EB/OL].（2021 - 02 - 20）[2021 - 03 - 20]. http：//www. gz. gov. cn/zfjgzy/gzsrmzfyjs/sfyjs/zfxxgkml/bmwj/gfxwj/content/post_7100030. html.

❸ 2021 年江门市政府工作报告 [EB/OL].（2021 - 03 - 11）[2021 - 03 - 20]. http：//www. jiangmen. gov. cn/home/zwyw/content/post_2268951. html.

术产业，制定高新技术企业落地肇庆的优惠政策，从而吸引大型企业落地肇庆市，给肇庆市高新技术企业发展带来新的风向，促进当地高新技术企业的发展。同时，要利用广东省财政厅促进经济高质量发展专项资金等机会，● 增强肇庆市科技型企业的创新能力，加大对新型科学技术的企业科研投入的支持力度，以新能源汽车和 5G 产业为主要利导方向。在这两个领域进行试点，制定知识产权免税政策以及高新技术企业落户减免税政策，吸引更多的社会资本投入到高新技术产业之中，培育更多、更富创造力的高新技术企业，促进肇庆市企业的知识产权创新、转化和应用能力的提升，进一步优化肇庆市企业的结构。

其次，肇庆市拥有广东省内最多的地理标志，在一定程度上可以借此宣传肇庆市，其对于知识产权事业发展也具有重要的作用。肇庆市政府可以以地理标志产品为基础，以已经落户肇庆市高要区的广东省农业科学院中药农业科技创新中心为技术支撑，发挥自身独特的地理标志产品优势，发展现代化农业，规模化优质地理标志产品，同时加强农业科学技术的发展，增强肇庆市农业科学的实力，打造一张肇庆市的知识产权名片。2020 年 9 月 14 日，中国、德国和欧盟正式签署《中华人民共和国政府与欧洲联盟地理标志保护与合作协定》。肇庆市的地理标志产品作为广东省知名产品，应当加强中国与欧盟农产品的交流，将肇庆市的地理标志产品卖向欧洲市场，扩大肇庆市的影响力，该协定的签订是肇庆市走向国际化都市的一个重要机会，更是发展肇庆市知识产权事业的机遇。

2. 进一步完善知识产权服务体系，优化知识产权结构

首先，继续完善知识产权服务支持平台与规则。服务型政府是习近平中国特色社会主义思想的一个重要建设方向，知识产权服务体系是政府为知识

● 关于下达 2021 年度省促进经济高质量发展专项资金（市场监督管理 - 知识产权创造运用保护及省部会商、专利奖励）的通知 ［EB/OL］. （2021 - 04 - 19）［2021 - 05 - 30］. http：// www. zhaoqing. gov. cn/zqczj/gkmlpt/content/2/2509/post_2509013. html#20896.

产权事业保驾护航的一大重要法宝。肇庆市可以积极借鉴、吸纳广州❶、深圳❷等创新型城市的经验，结合自身实际情况，逐步完善知识产权运营体系，包括但不限于建设知识产权维权援助中心、建设知识产权交易平台、建立重点产业知识产权维权援助和知识产权保护工作站、支持知识产权侵权纠纷案件行政裁决的检验鉴定工作、知识产权宣传活动、支持知识产权服务机构引进中高端人才、建立市级知识产权运营中心、支持地理标志保护运用、支持举办知识产权大型活动等。

其次，应加大对发明专利的资助、扶持力度。发明专利的多少可作为衡量一个城市知识产权实力的重要指标。肇庆市可以建设知识产权代理机构帮助企业申请发明专利，避免明珠蒙尘的情况出现。另外，肇庆市政府还可以组建发明专利资助资金项目，向广州市学习，❸ 例如，根据专利申请难度分为不同的资助力度，获得国家发明专利授权的资助 4000 元/件，获得欧洲专利局发明专利授权的资助 8000 元/件，获得美国、日本发明专利授权的资助 4000 元/件，获得其他国家或地区发明专利授权的资助 1000 元/件。

3. 提升行政执法和司法保护水平，进一步优化营商环境

首先，府院联动，形成合力。知识产权事业的建设需要多方合力，不仅仅需要企业发展自己的创新能力，还需要专利审查人员严格把关。肇庆市可以通过开展专家研讨会、定期专业学习班、工作汇报研讨会等形式提升知识产权执法人员的专业水平，可以通过组织类似检察院十佳公诉人比赛竞赛，组织十佳知识产权执法人员比赛，邀请知识产权专家作为裁判，让同行之间进行友好切磋，提升彼此的专业水平。

---

❶ 广州市市场监督管理局关于印发《广州市知识产权运营服务体系建设中央专项资金 2019—2020 年项目资金安排计划》的通知 [EB/OL]．（2019－12－12）[2021－03－20]．http：//scjgj．gz．gov．cn/zwdt/tzgg/content/post_5449550．html．

❷ 深圳市市场监督管理局关于组织申报 2020 年度深圳市知识产权运营服务体系建设专项资金项目的通知 [EB/OL]．（2020－07－09）[2021－03－20]．http：//amr．sz．gov．cn/xxgk/qt/tzgg/content/post_7873908．html．

❸ 广州市市场监督管理局关于印发《广州市知识产权运营服务体系建设 2019—2020 年中央财政资金项目调整计划》的通知 [EB/OL]．（2021－03－25）[2021－03－20]．http：//scjgj．gz．gov．cn/zwdt/tzgg/content/post_7160453．html．

其次，《民法典》确立了知识产权惩罚性赔偿制度，利用这一难得契机，肇庆市各类主体进一步提升知识产权保护意识，加大违法成本，打击和震慑各类知识产权侵权和犯罪行为。因此，肇庆市在培养高新技术企业高端人才和知识产权服务机构高端人才时一方面要加强高端人才的专业技能的培训，例如开办高端人才培训班、❶ 组织高端人才论坛，促进肇庆市高校与研究所之间的交流等措施；另一方面要强化高端人才知识产权专业水平，认清新增知识产权惩罚性赔偿制度的立法目的，自发地尊重他人的知识产权，增加保护知识产权的手段。

4. 进一步强化与粤港澳大湾区内外城市的交流与合作，打造知识产权保护协同机制

首先，进一步强化与粤港澳大湾区内其他城市的合作。其一，肇庆市作为粤港澳大湾区的一员，无论是学习先进城市还是接收核心城市溢出产业都具有非粤港澳大湾区城市所不能及的优势。2018 年，广州市成功获批为国家知识产权运营服务体系建设重点城市，以促进广州市的相关知识产权运营服务体系建设。正所谓近水楼台先得月，肇庆市在广州市建设知识产权运营服务体系中可以与其进行交流合作，在知识产权运营中心、重点产业知识产权维权援助和知识产权保护工作站、知识产权援护中心的建设上互通有无，借鉴广州市成功的经验，为肇庆市探索市级知识产权运营服务体系的建设添砖加瓦。其二，肇庆市可以加强粤港澳大湾区城市之间的行政执法人员和司法执法人员专业水平的交流，参加先进城市组织的知识产权培训班、新行政执法和司法执法论坛，提升肇庆市知识产权执法人员的专业水平。其三，肇庆市的知识产权服务机构较为缺乏，可以由肇庆市政府出资建设知识产权服务机构，派遣人员前往广州、深圳、佛山、东莞等知识产权先进城市进行学习交流，在知识产权服务机构的运营、专业水平等方面进行深入合作。其四，肇庆市可以作为粤港澳大湾区产业的"溢出池"，接收广州、深圳、佛山、东

❶ 广州市市场监督管理局关于举办 2021 年广州市高端装备制造企业知识产权人才提升培训班的通知［EB/OL］.（2021 - 04 - 16）［2021 - 05 - 30］. http：//scjgj. gz. cn/zwdt/tzgg/content/post_7226145. html.

· 283 ·

莞等市的溢出产业，以此为桥梁加强兄弟城市之间的合作交流，肇庆市政府给予优惠落地政策，吸引一部分企业在肇庆市落地，促进肇庆市当地的其他同类企业发展。

其次，进一步强化与粤港澳大湾区以外城市的合作。除了粤港澳大湾区，肇庆市可以向其他发展知识产权优秀的城市学习，譬如南京市，为了建设知识产权保护先进城市，由南京市政府引导，高校科研院所联动，企业主体和行业组织共同参与组建了由中国（南京）知识产权保护中心、中国药科大学、江苏省药物研究与开发协会及南京市律师协会联合发起设立的生物医药知识产权保护联盟。[1] 肇庆市应进一步加大在国际交流方面的投入，采取"请进来，走出去"等方式，为行政执法机关、司法机关、高科技企业等参与知识产权建设、保护提供国际交流，使肇庆市的知识产权建设与保护能在较高起点上起步，在较快时间内形成后发优势。

---

[1] 2020 南京创新周：打造知识产权保护先进城市 [EB/OL]. （2020 – 06 – 24）[2021 – 05 – 30]. http：//www. js. chinanews. com/news/2020/0624/196902. html.

第 12 章　江门市知识产权报告

　　江门市自进入国家知识产权试点城市示范培育阶段以来，一直秉承高质量、绿色发展的理念，稳步推进江门市知识产权建设与保护工作，营造良好的法制化营商环境。根据《2021 年江门市政府工作报告》❶，2020 年江门市地区生产总值为 3201 亿元，比 2015 年增加 961 亿元，五年年均增长 5.9%。规模以上工业增加值年均增长 6%。5 年来，江门市抢抓国家重大发展战略机遇，融入粤港澳大湾区建设步伐加快，重大平台建设成效明显。广海湾经济区、银湖湾滨海新区、华侨华人文化交流合作重要平台和"侨梦苑"等写入《粤港澳大湾区发展规划纲要》。粤港澳大湾区（珠西）高端产业集聚发展区、粤港澳大湾区（江门）高质量农业合作发展平台等重大平台启动建设。高标准建设江门人才岛，累计完成投资超 85 亿元。

　　江门市创新发展水平不断提升，工业经济跃上新台阶，累计完成工业投资 3487 亿元。规模以上高技术产业、先进制造业、装备制造业增加值分别年均增长 15.9%、7.5% 和 7.5%。五大新兴产业规模以上工业总产值超 2100 亿元，约占规模以上工业总产值的一半。技术改造投资总量位居全省前列，年均增长 22.9%。招商引资成效显著，累计引进投资超亿元项目 748 个，投资总额达 4592 亿元，新投产投资超亿元项目 244 个。产业平台建设提速，"1 + 6"核心园区全部纳入国家开发区开发目录，五大万亩园区全部纳入省产业园政策扶持范畴、累计平整土地 10958 亩，江门产业转移工业园连续六年获省考评优秀。江门国家高新技术产业开发区在全国综合排名实现大幅跃升，高新技术企业存量超 1800 家，是"十二五"期末的 9 倍，年均增速排名全省第一。省级工

---

❶ 2021 年江门市政府工作报告［EB/OL］.（2021 - 03 - 11）［2021 - 05 - 30］. http：//www. jiangmen. gov. cn/newzwgk/bggb/zfgzbg/content/post_2268950. html.

程技术研究中心 397 家，是"十二五"期末的 4 倍，数量排名全省第五。规模以上工业企业研发机构覆盖率 61%，位居全省第一。建成全国首家博士后创新示范中心和 11 家院士工作站。荣获"全国小微双创示范城市"称号。

江门市科技创新能力增强，创新载体建设加快。开平翠山湖科技产业园、鹤山工业城创建成为省级高新区。国家大科学装置江门中微子实验站、粤港澳大湾区人类重大疾病大动物模型联合创新基地基本完成基建工程。五邑大学参与研发我国首颗工业数字光场芯片，广东南方职业学院大学科技园获批广东省级大学科技园，江门市创新主体不断壮大。新认定国家高新技术企业 403 家，江门市科技创新企业获得 2020 年第九届中国创新创业大赛（广东赛区）新材料行业决定一、二、三等奖，2020 年第十届广东省"省长杯"工业设计大赛总决赛获奖数量排名全省第二，设立"无限创新"江门科学技术奖。人才引进培育力度加大，江门市在广东省率先建立外国人才驿站，新增 2 家国家级博士后科研工作站，新增在站博士后 22 人，新引进博士 243 人，新增认定评定高层次人才 3076 人。

本章将围绕江门市 2020 年知识产权建设与保护工作进行介绍。

一、江门市知识产权制度和政策

2017 年 1 月，广东省印发了《广东省知识产权事业发展"十三五"规划》，明确了"十三五"时期广东省知识产权事业发展的指导思想、发展目标和主要任务、保障措施。江门市为全面贯彻落实国家有关知识产权政策的精神，2019—2020 年相继出台了一系列知识产权建设与保护方面的政策，这些政策主要有两个特色，一是加大资金扶持力度，出台的政策大多为资金扶持管理办法；二是重视科技型中小微企业激励，比如《江门市科技创新券补助实施办法》《江门市科技型企业"邑科贷"管理办法》《江门市激励企业研究开发财政补助细则（试行）》，扶持对象均以中小微科技型企业为主。具体而言，2020 年江门市知识产权建设与保护方面的政策包括以下几项。

（一）《江门市关于科技创新平台建设资助实施办法》

科技创新平台是科技创新体系的重要组成部分，具有聚集研发资源、促进关键技术研发、优化产业结构以及提升区域创新能力等作用。科技创新平台的建设应大力发挥政府的政策引导和宏观调控作用。2020 年 9 月 1 日,江门市科学技术局、江门市人才工作局、江门市财政局联合发布了《江门市关于科技创新平台建设资助实施办法》,该办法主要内容如下。

(1) 资助范围广泛

凡 2019 年 1 月 1 日—2024 年 2 月 17 日,在江门市注册的重点实验室、新型研发机构、技术创新中心、工程技术研究中心、院士工作站、科技特派员工作站,以及江门市高校、科研机构、企业在国际创新人才密集区和"一带一路"沿线国家设立的离岸研发机构都可以申请资助。

(2) 资助金额具有针对性

对国家级的科技创新平台给予最高额 500 万资助,助力高水平科技创新平台建设;对于市级科技创新平台,也给予一定金额资助,助力其成长和提升,具体标准如表 12 - 1 所示。

表 12 - 1 2019—2024 年江门市科技创新平台建设资助额度

平台类型	级别	资助金额/万元
重点实验室	国家级	500
	省级	200
新型研发机构	国家级	300
	省级	200
	市级	20
技术创新中心	国家级	500
	省级	200
工程技术研究中心	省级	50
	市级	10
院士工作站	省级	50
	市级	20
科技特派员工作站	市级	15
离岸研发机构	国际级	300
	省级	100

资助资金以自愿申请为原则，申请单位需满足以下要求：第一，须为江门市注册的高校、科研院所、行业组织和企业等，且应具有独立法人资格，科研或经营情况良好，未出现科研违信等行为；第二，已获得相应科技创新平台的认定，且科技创新平台仍在运行当中。

（3）严格规范资助资金的使用

获得资助资金的单位应当严格按照江门市扶持科技发展专项资金管理的有关规定使用资助资金，资助资金可用于设备费、科研材料及事务费、人力资源费、差旅费、会议费、国际合作与交流费等直接费用的支出，以及在组织实施科研活动过程中发生的单位水电暖等消耗、管理费用、绩效支出等间接费用的支出。其中用于科技创新平台建设必要的设备费、项目研究开发费不得低于总资助经费的70%。资助资金使用期限不超过2年。为加强对资助资金使用情况的监管，获得资助资金的单位在资助资金使用完的2个月内，须向江门市、区（市）两级科技主管部门提交资助资金使用决算表和科技创新平台建设情况报告，资助资金超过100万元（含100万元）还须提供专项财务审计报告。资助资金2年内未使用完毕的，余下部分按原渠道退回。对存在违规使用资助资金的单位，依据相关法律法规或规章等进行处理。违规单位及违规情况将通过主流媒体和网站向社会公布。

（二）《江门市重大科技计划项目实施办法》

组织实施重大科技项目是提升科技创新竞争力的重要手段。为深入实施创新驱动发展战略，瞄准江门市支柱产业和战略性新兴产业重大战略需求与未来产业发展趋势，以科技创新推动江门市经济社会高质量发展，江门市科学技术局、江门市财政局于2020年9月1日颁布了《江门市重大科技计划项目实施办法》。该办法主要内容如下。

（1）以重大科技计划项目为重点扶持对象

2020年1月1日—2022年12月31日，江门市的高校、科研机构、行业组织、创新型企业等单位作为牵头或参与单位承担的，由国家科学技术部、广东省科学技术厅、江门市科学技术局立项资助的重大（或重点）科技计划项目，均可获得配套资助。

（2）规范重大科技计划项目认定条件

作为满足国家战略领域科技需求的一种重要组织形式，重大科技计划项目的实施必须首先服务于国家目标，体现国家利益。因此该办法详细规定了申报单位应具备的六个条件。其一，科研或经营情况良好，未有科研违信行为。申报单位应为江门市注册的具有独立法人资格的高校、科研机构、行业组织和创新型企业等。其二，申报单位具备相应的高水平科研能力。申报单位应具有较好的项目实施条件，能提供相应的配套资金投入，建有省级以上的工程技术研究中心、重点实验室等，拥有一支高水平的科研人才队伍，项目牵头人承担过 2 项以上国家或省、市级科技研发项目，拥有 5 项专利以上（其中至少有 1 项发明专利）或获得 1 项以上省级科技奖励。其三，申报项目有明确的建设任务或研发任务，有量化的技术指标和经济社会效益指标。其四，重大科技计划项目最终瞄准的是国家重大需求，解决的是技术前沿问题，是原始创新和自主知识产权的重要来源，是国家核心竞争力的重要体现，实施的结果将对某一行业或国民经济产生广泛的影响或潜在效益。因此，国内已开展过相应研究的或者研究水平比较成熟的项目不再立项支持。优先支持高新技术企业或由大型企业牵头、产学研结合的申报项目。涉及前沿性、公益性和公共性较强的项目可由江门市高校、科研机构等牵头申报，且应有企业参与申报。其五，申报单位当年度只能牵头申报 1 项或参与申报 2 项江门市重大科技计划项目（不包括配套资助的项目）。作为牵头申报的单位如有逾期未验收的项目，或在研市级科技研发类项目超过 2 项（含 2 项）的不得申报。其六，项目实施起始时间不得晚于项目申报时间，实施期限不超过 3 年。

（3）简化申报流程，降低申报成本

申报流程分项目申报、材料审核、专家评审、公示与资金下达四个阶段进行。拟立项项目名单通过江门市科学技术局政务网站向社会公示，公示期为 7 天。对公示有异议的，由江门市科学技术局研究提出处理意见，并反馈给异议提出单位或提出人。经公示无异议的，由江门市科学技术局按程序报江门市政府审批后下达项目立项计划，江门市财政局按程序下达资金，各级科技主管部门和财政局按规定落实配套资金并进行资金拨付。

（4）按梯队予以资助

重大科技计划项目意义重大、规模庞大、耗资巨大、内容涉及广、研究周期较长，涉及国家创新体系的各个组成部分。重大科技计划项目往往有多个参与单位，上百名科技人员参与，并涉及多门学科，相对于中小型项目，规模大、耗资大是重大科技项目的一个显著特征。因此，有必要对重大科技计划项目予以资金扶持。江门市的具体资助额度如表 12 - 2 所示。

表 12 - 2 江门市重大科技计划项目资助额度

级别	资助额度	资助方式	备注
国家级	立项资金≥1000 万，资助额度 100 万	后补助	
	立项资金≥500 万，资助 50 万		
省级	立项资金≥1000 万，资助额度 50 万	后补助	
	立项资金≥500 万，资助额度 20 万		
市级	企业申报：自筹资金 20% 资助	事前资助	最高不超过 100 万元/项；
	非企业申报：自筹资金 30% 资助		全年不超过 5 项

（5）严格规范资金的使用

获得资助的单位须严格按照江门市扶持科技发展专项资金管理的有关规定和合同约定，专款专用使用资助资金。资助资金的用途主要包括设备费、科研材料及事务费、人力资源费、差旅费、会议费、国际合作与交流费等直接费用，以及在组织实施科研活动过程中发生的单位水电暖等消耗、管理费用、绩效支出等间接费用。间接费用按照不超过项目直接费用扣除设备购置费后的 20%。项目申报单位原则上在合同约定的时间内完成项目所有任务。

（三）《江门市科技创新券补助实施办法》

科技创新券作为以企业需求为导向的普惠性政策，有利于满足企业创新发展需求，促进科技服务业的发展，提高科技资源配置效率，确保财政经费高效使用，代表了科技创新政策发展的重要方向。为贯彻落实广东省人民政府《关于进一步促进科技创新的若干政策措施》，深入实施创新驱动发展战略、发挥财政资金引导效应、促进科技资源开放共享、激励科技型企业加大科技研发投入，继 2019 年发布《关于进一步促进科技创新的若干政策措施》后，江门市 2020 年 9 月 1 日又发布了《江门市科技创新券补助实施办法》。对 2019 年 1 月 1 日—2021 年 12 月 31 日获得广东省科技创新券政策支持的江门市内项目给予补助支持，该办法主要内容如下。

（1）支持对象和支持范围较为广泛

江门市科技创新券政策支持对象为在江门市登记注册的企业，尤其是缺乏创新资源、创新能力不足的科技型中小企业、创业者和其他创新主体。江门市的支持范围为使用境内外高端科技服务机构、研究开发机构和高等院校提供的研究开发、检验检测服务、大型科学仪器设施共享等科技创新服务。值得一提的是，上海市已将战略规划、人才培养等与企业创新发展密不可分的"软环境"服务纳入支持范畴。荷兰、新加坡等发达国家创新券适用范围也呈现向人力资源管理、财务管理等领域拓展的趋势。❶ 江门创新券服务范围可以考虑进一步拓宽，把与企业创新发展相关的"软环境"服务纳入其中。

（2）资助比例较为充足

江门市科技创新券政策按照广东省科技创新券政策补助额度的50%给予补助，省（市）对单个项目的累计支持金额最高不超过服务实际交易金额的50%。

（3）申请资料简化

补助申请人应当提供的资料包括：江门市科技创新券补助申请表；企业法人营业执照复印件；技术合同以及对应的发票、支付凭证等购买科技创新券服务交易凭证；获得广东省科技创新券补助的有关凭证。

（4）申请流程简单

在江门市科学技术局发布科技创新券政策补助资金申请通知后，补助申请人按照通知要求向各级科技主管部门提交上述申请资料，由各级科技主管部门对资料进行初步审查并出具审核意见，报送江门市科学技术局；江门市科学技术局对申请补助项目进行复核；经复核符合要求的，初步确定拟补助企业及项目，并在江门市科学技术局网站公示不少于5个工作日；经公示无异议的，由江门市科学技术局按程序报批后下达项目计划，江门市财政局按程序下达资金。

---

❶ 廖晓东，袁永，胡海鹏，等. 新加坡创新驱动发展政策措施及其对广东的启示［J］. 科技管理研究，2018，38（10）：53-59.

（四）《江门市技术交易补助实施办法》

技术交易的本质是技术知识的流动，是技术转化为生产力的重要方式。为促进科技成果转移转化、鼓励企业购买先进技术、推动科技成果转化为现实生产力，江门市科学技术局、江门市财政局根据《江门市人民政府关于进一步促进科技创新推动高质量发展的工作措施》联合制定了《江门市技术交易补助实施办法》。该办法主要内容如下。

（1）明确支持对象为先进技术购买企业

在江门市登记注册的，具有独立法人资格的技术交易中的先进技术成果买方企业。

（2）申请条件

技术成果买方企业还应当符合以下条件之一：一是按照《科技型中小企业评价办法》规定入库登记的科技型中小企业；二是江门市入库登记的科技型小微企业；三是江门市内孵化平台在孵初创科技型企业（工商注册时间不超过 2 年）；四是在市级以上创新创业大赛获奖的企业；五是上年度营业收入不超过 1 亿元的工业企业。从以上申请条件看，江门市主要扶持的是中小企业和初创企业，这些企业由于规模或经验限制，需要政府的政策扶持。

（3）补助标准

申请成功后，企业技术合同项下的技术交易年度总额在 10 万元以上的，按照实际发生技术交易额的 10% 给予技术成果买方补助，每家企业年度补助总额不超过 30 万元。

（4）不予补助情形

不予补助情形包括：一是技术交易双方存在投资与被投资、隶属、共建、产权纽带等关联关系的；二是专利许可实施项目和已获得省（市）科技创新券政策补助的属于技术开发合同性质的技术交易项目；三是以样品、样机、设备等货品为载体提供技术和开发成果的；四是补助申请人被列入异常经营名录或者存在严重失信行为记录的。

（5）申请流程

江门市科学技术局通过门户网站、微信公众号等渠道发布技术交易补助申请通知后，申请流程依旧分为提交申请、资料初审、复核公示、下达资金四个阶段。

（6）申请资料

申请资料包括：一是技术交易补助申请书；二是企业法人营业执照复印件；三是技术合同文本，以及与技术交易对应的付款凭证、税务发票；四是涉外技术交易，还需提交中文和外文技术交易合同、商务部门自由进口技术备案材料、外方营业证件、付款凭证和外方收款凭证；五是技术交易项目涉及商业秘密的，需提供书面报告；六是补助申请人所提供资料以及技术合同履行真实性承诺书。

（五）《江门市科技型企业"邑科贷"管理办法》

江门市科技金融工作一直走在广东省前列，早在 2015 年，江门市为破解科技型小微企业融资难问题，就开展了科技贴息贷款。2020 年，为进一步促进科技和金融结合，扩大科技金融的普惠面，鼓励银行加大对科技信贷的支持力度，创新知识产权质押融资产品和服务，同时规范江门市科技信贷风险准备金和知识产权质押融资风险补偿资金的管理和使用，江门市科学技术局和江门市市场监督管理局根据《中国银保监会 国家知识产权局 国家版权局关于进一步加强知识产权质押融资工作的通知》《广东省人民政府印发关于进一步促进科技创新若干政策措施的通知》，正式出台了《江门市科技型企业"邑科贷"管理办法》，该办法主要内容如下。

（1）明确"邑科贷"的内涵

科技型企业"邑科贷"是指由省（市）财政资金组成"邑科贷"风险补偿资金池作为增信手段，通过撬动合作银行增加对科技型企业的贷款投放量，帮扶江门市科技型企业以信用方式、知识产权（包括专利、商标）质押担保方式或无其他实物抵押、质押方式获得贷款，对合作银行贷款所产生的本金损失，按一定比例进行补偿。"邑科贷"风险补偿资金池包括科技信贷风险准备金和知识产权质押融资风险补偿资金。知识产权质押融资风险补偿资金专项用于代为补偿合作银行开展知识产权质押融资贷款项目时产生的部分风险损失。

（2）申请"邑科贷"合作银行条件

江门市通过公开征集的方式择优选定"邑科贷"合作银行。申请"邑科贷"合作的银行应符合两个条件：第一是为地方法人银行业金融机构或各商业银行在江门市设立的地级市分行，且设立时间不少于2年；第二是申请合作的银行其所属机构中应已建立科技金融专营机构（已备案科技支行）。拟合作银行数量不少于3家。

（3）"邑科贷"服务对象

"邑科贷"服务对象主要是江门市科技型中小企业，具体要求包括：一是职工人数在500人以下，年营业收入不超过人民币1.5亿元的高新技术企业；二是成立不超过10年，且获得申请当年国家科技型中小企业评价系统入库编号的科技型中小企业、江门市科技型小微企业、科技企业孵化器（众创空间）在孵企业；三是获得国家、省、市级知识产权示范、优势企业，通过知识产权管理规范国家标准认证的企业；四是拥有核心自主知识产权（主要指拥有发明专利权）的企业。

（4）"邑科贷"的自动获取

和前面几个管理办法不同，申报"邑科贷"的企业对象采取名单制管理，符合条件企业，无须申请，自动入选"邑科贷"支持企业名单。名单由江门市科技局、江门市市场监管局进行动态管理，名单内的企业可随时申请办理"邑科贷"业务。名单内的企业可通过在线受理平台在线提交融资需求，或通过线下方式向合作银行各营业网点或受托管理机构提交《江门市"邑科贷"贷款申请表》即可完成申请。

（5）"邑科贷"授信额度和授信期限

符合条件的企业获得合作银行的单笔"邑科贷"贷款授信金额不超过人民币500万元，同一企业由"邑科贷"对应支持的贷款金额年度累计最高不超过1000万元。企业单户授信额度有效期最长1年，单笔流动资金贷款期限最长不超过1年。

（6）"邑科贷"采取灵活的还款方式

企业可采用到期一次性还款或分次还款方式，循环贷款在额度有效期内随借随还、循环使用。"邑科贷"贷款仅用于研发及生产经营周转，不得用于股市和证券投资以及其他权益性投资或国家有关法律法规和规章禁止的其他投资行为（如高利贷、非法集资等），不得用于房地产开发。

（7）"邑科贷"实行风险共担机制

合作银行可按市场化方式自主选择"贷款 + 财政风险补偿"或"贷款 + 保险 + 财政风险补偿"的融资模式。对合作银行选择"贷款 + 财政风险补偿"模式，发生贷款损失的本金部分分担比例如表 12 - 3 所示。

表 12 - 3　合作银行选择"贷款 + 财政风险补偿"模式

序号	对应贷款条件	银行分摊占比/%	"邑科贷"风险补偿资金池分摊占比/%
1	知识产权质押	60	40
2	企业首贷	60	40
3	市级（含）以上孵化载体在孵企业	60	40
4	其他	70	30

对引入保险的融资模式，贷款损失的本金补偿由银行、保险公司和风险准备金按比例分担，其中风险准备金的分摊比例不超过30%。保险公司的职责由合作银行与保险公司在合作协议中另行约定。

（六）《江门市激励企业研究开发财政补助细则（试行）》

《江门市关于激励企业研究开发财政补助试行细则》已于 2018 年 7 月 1 日有效期满。根据《关于进一步促进科技创新的若干政策措施》《江门市关于进一步促进科技创新推动高质量发展的工作措施》和江门市实际情况，为推动企业普遍建立研发准备金制度，引导企业有计划、持续地增加研究开发投入，促进江门市的科技进步和经济发展，2020 年江门市科学技术局联同江门市财政局、江门市税务局制定了《江门市激励企业研究开发财政补助细则（试行）》，该细则主要内容如下。

（1）主要支持对象是处于创设初期的科技型中小企业

一是在江门市注册且成立时间不超过 5 年的科技型中小企业。二是进行税前加计扣除的研发费用的发生时间和评价入库日期在 2019 年 1 月 1 日—2020 年 12 月 31 日。三是企业已建立研究开发准备金制度，根据研究开发计划及资金需求，提前安排研究开发资金，并已先行投入自筹资金开展研究开发活动。四是企业开展的研究开发活动应符合国家、省、市产业发展方向，并以《国家重点支持的高新技术领域》和《当前优先发展的高技术产业化重点领域指南》的规定和各级科技主管部门发布的年度科技计划申报指南为指引，实施地在江门市内。

（2）明确规定补助资金的计算标准

每个企业获得的补助资金不超过其评价入库当年度地方财政贡献额度，且不超过 10 万元。江门市科学技术局将根据江门市税务局提供的企业评价入库当年度研发费用加计扣除额计算的减免部分按一定比例给予奖补，计算公式如下。

补助资金＝企业评价入库当年度研发费用加计扣除额计算的减免部分/3。

（七）《江门市促进高新技术企业发展细则（试行)》

江门市高新企业数量一直呈上升趋势，但相比粤港澳大湾区的其他城市而言，还有一定差距。为加快推动江门市创新驱动和科技创新工作，坚持高新技术企业数量增长与质量提升并举，推动江门市高新技术产业快速增长，江门市科学技术局联同江门市财政局制定了《江门市促进高新技术企业发展细则（试行)》，该细则主要内容如下。

（1）补助对象

补助对象为在江门市注册、由广东省高新技术企业认定管理工作领导小组办公室组织认定，并报全国高新技术企业认定管理工作领导小组办公室备案批复同意的高新技术企业。

（2）资助标准

2019 年 1 月 1 日—2021 年 12 月 31 日，高新技术企业认定的情形不同，资助标准也不同，主要包括：一是初次认定为高新技术企业的企业，一次性给予 30 万元；若企业登记住所在江门人才岛范围内，补助标准提升至 50 万元；二是重新认定（2008 年以来曾经通过高新技术企业认定）为高新技术企业的企业，一次性给予 10 万元；若企业登记住所在江门人才岛范围内，补助标准提升至 20 万元；三是从广东省其他地市整体迁移到江门市，并能按照我国现行科技统计报表制度要求真实准确报送该单位 R&D 经费投入情况的高新技术企业，高新技术企业证书有效期在 1 年以上的，按照企业下一年度研发投入的 3‰给予补助，单个企业补助金额不低于 10 万元，最高不超过 100 万元。

（八）《江门市科技创新平台认定管理办法》

科技创新平台是实施创新驱动发展战略、提升区域自主创新能力的重要载体，为贯彻落实《广东省人民政府关于印发广东省科技创新平台体系建设方案的通知》《广东省人民政府印发关于进一步促进科技创新若干政策措施的通知》等文件精神，推动江门市科技创新平台高质量发展、完善区域创新平台体系、提升产业自主创新能力，江门市科学技术局于 2020 年 3 月发布了《江门市科学技术局关于江门市科技创新平台认定管理办法》，该办法主要内容如下。

（1）认定原则

江门市科技创新平台采用"自愿申请、专家论证、择优遴选"的认定原则。

（2）申请条件

江门市科技创新平台分为新型研发机构、工程技术研究中心、院士工作站、科技特派员工作站四类。符合条件的江门市内高等院校、科研院所、企业等单位均可申报，具体认定条件如表 12-4 所示。

表 12-4　2020—2024 年江门市科技创新平台认定类型和条件

类型	定义	认定条件
江门市新型研发机构	主要从事研发及其相关活动，投资主体多元化，建设模式国际化，运行机制市场化，管理制度现代化，创新创业与孵化育成相结合，产学研紧密结合的独立法人组织	一是申报单位须在江门市注册成立的企事业单位、社会组织等具有独立法人资格的组织或机构，主要办公和科研场所需设在江门市内，具有一定的资产规模和相对稳定的资金来源，成立运营时间一年以上；二是上年度研究开发经费支出占年收入总额比例不低于30%，且不少于 200 万元；三是在职研发人员占在职员工总数比例不低于 30%，且不少于 10 人；四是具备进行研究、开发和试验所需的科研仪器、设备和固定场所，办公场地面积不少于 1000 平方米，设备原值不少于 300 万元；五是管理制度健全、运行机制高效、引人机制灵活、业务发展方向明确，符合国家和地方经济发展需求；六是不受理主要从事生产制造、教学教育、检验检测、园区管理等活动的单位申报

续表

类型	定义	认定条件		
		基本条件	分类条件	
			企业类	公益类
江门市工程技术研究中心	主要依托市内综合实力和创新能力较强的企业建设的工程技术研究及开发应用的科技创新平台。江门市部分重点发展产业和特色优势产业，可少量依托高校和科研院所组建	一是在江门市内注册登记的具有独立法人资格的科技型企业、科研院所和高等院校，组织机构完善、管理机制合理；二是依托单位应为江门市工程技术研究中心，应配备管理负责人和技术带头人，专职研发人员不少于 10 人，拥有本科（含）以上学历或中级职称以上的人员不低于专职研发人员总数的 40%；三是具备工程技术试验条件和基础设施，且研发设备原值不低于 200 万元；四是重视科技人员和高技能人才的培养、引进和使用。有产学研合作基础的优先；五是对近三年牵头或参与省级以上科研项目，解决产业技术重大问题的企业，给予优先认定	一是依托企业在行业、领域具有较强科技创新能力，企业单位上一年度主营业收入在 2000 万元以上；二是依托企业每年研发经费不少于 100 万元且不低于主营业务收入的 3%（研发经费超过 3000 万元的，不受该比例限制）；三是依托企业在该领域开展关键共性技术研究，具有较高的成果产出和转化水平，拥有 3 项以上自主知识产权，其中须有 1 项发明专利或软件著作权或成为行业标准；四是鼓励有较强创新实力的新经济企业建设工程技术研究中心，新经济企业获得股权投融资 300 万以上或上一年度研发经费投入高于 300 万元的，不受企业类条件一和二的限制	一是依托单位重视产业技术研发，近三年在该领域实施的研发项目不低于 5 项，研发经费投入总额不少于 1000 万元；二是依托单位在本领域开展关键共性技术研究，具有较高的成果产出和转化水平，拥有 5 项以上自主知识产权；三是依托单位近三年牵头承担过本领域市级及以上科研项目，且与企业开展产学研合作形成的标志性成果不少于 3 项

续表

类型	定义	认定条件
江门市 院士工作站	以江门市各科研院所、新型研发机构、企业等单位为依托,以产业发展技术需求为导向,以国内院士及其创新团队为技术核心,联合攻克产业关键、共性技术,促进科技成果转化及产业化的科技创新平台	一是在江门市注册登记的创新型企业、社会组织等科研单位,经营或运行状况良好; 二是与1名以上(含1名)的中国科学院院士或中国工程院院士已经建立紧密的合作关系,院士签约同意与其共同开展技术创新活动; 三是有良好的科研基础、明确的研究课题和稳定的经费支持,能为院士及其团队提供较好的科研条件和必要的生活条件; 四是凡涉及技术、知识产权和商业秘密保护问题,双方要签订协议和责任书,明确双方权利和义务,明晰产权归属; 五是对已经与院士建立科研合作关系,或建有市级以上工程技术研究中心、重点实验室,或承担省级以上科研项目的企业,可优先考虑认定
江门市 科技特派员 工作站	立足于江门市产业创新发展需求,从国内外高校、科研院所中选派高层次创新人才作为省部院科技特派员,派驻到江门市各企业开展产学研合作的科技创新平台	一是在江门市注册登记的科技型企业,经营或运行状况良好; 二是设站单位需具备2名以上的不同学科背景的省部院科技特派员,建立了市级以上工程技术研究中心或重点实验室等科技平台,与科技特派员之间有良好的产学研合作基础,有明确的科研合作项目,近三年每年投入研发的项目资金不少于200万元; 三是设站单位需建立相关的工作制度和服务配套措施,制订合理、清晰的企业科技特派员工作站建设方案,对进站特派员提出明确的工作任务,设立合适的特派员工作岗位,并保证特派员基本的生活条件及薪酬待遇; 四是工作站要建立与科技特派员或科技特派员所在单位之间产学研合作机制,积极引进高校、科研院所的科研力量,共建研发机构或开展项目合作等,提升企业自主创新能力

二、江门市知识产权发展状况

在一系列政策和制度的引导和支持下,2020 年江门市的知识产权事业更进一步,在知识产权的创造、管理、保护、运用等各个方面均取得了不错的成绩。

（一）知识产权企业发展状况

1. 江门市高新技术企业数量继续增加

如图 12 - 1 所示，2020 年，江门市被认定为高新技术企业的共有 689 家，❶ 高于 2019 年的 560 家，高于 2018 年的 601 家，高于 2017 年的 423 家，高于 2016 年的 357 家。

图 12 - 1　2016—2020 年江门市高新技术企业数量

2. 江门市知识产权优势企业和示范企业发展状况进步明显

根据国家知识产权局公布的《2019 年度国家知识产权优势企业名单》，江门有 8 家企业被评为国家知识产权优势企业，分别是广东绿岛风空气系统股份有限公司、江门崇达电路技术有限公司、江门大诚医疗器械有限公司、量子高科（中国）生物股份技术有限公司、广东华辉煌光电科技有限公司、台山市心华药用包装有限公司、开平市瑞霖淋浴科技有限公司、广东敞开电

---

❶　江门市科学技术局 江门市财政局 国家税务总局江门市税务局转发关于公布广东省 2020 年高新技术企业名单的通知 [EB/OL]. (2021 - 04 - 14) [2021 - 05 - 30]. http://www.jiangmen.gov.cn/bmpd/jmskxjsj/zwdt/tzgg/content/post_2296259.html.

气有限公司。❶ 2019 年之前，江门市国家知识产权优势企业仅 1 家，进步十分显著。

2016 年，江门市还没有企业被认定为广东省知识产权示范企业，被认定为广东省知识产权优势企业的有 2 家，分别是天地壹号饮料股份有限公司和广东瑞荣泵业有限公司。2017 年，恩平市海天电子科技有限公司被认定为广东省知识产权示范企业，广东富华重工制造有限公司、广明源光科技股份有限公司被认定为广东省知识产权优势企业。2018 年，广东富华重工制造有限公司被认定为广东省知识产权示范企业，江门崇达电路技术有限公司被认定为广东省知识产权优势企业。2019 年，广东省取消了知识产权优势企业的评定工作，继续保留知识产权示范企业的评定。江门市有 6 家公司被认定为 2019 年广东省知识产权示范企业。2020 年，江门市有 10 家公司入选广东省知识产权示范企业，分别是广东道氏技术股份有限公司、广东海信宽带科技有限公司、广东新会中集特种运输设备有限公司、广明源光科技股份有限公司、海信（广东）空调有限公司、江门市安豪贸易有限公司、江门市阪桥电子材料有限公司、江门市贝尔斯顿电器有限公司、开平市盈光机电科技有限公司、雅图高新材料股份有限公司。江门市的省级知识产权示范企业少于中山市（15 家），与惠州市（11 家）差距不大，超过了清远市（8 家）、肇庆市（6）、韶关市（5 家）。❷

目前，江门市被认定的国家知识产权优势企业 9 家、广东省知识产权示范企业 9 家、广东省知识产权优势企业 37 家、江门市知识产权示范企业 187 家。虽然国家知识产权优势企业、广东省知识产权示范企业增长显著，但相较于粤港澳大湾区的其他城市，在知识产权优势企业和示范企业的总体数量上，江门市尚有追赶空间，有待进一步推动企业自主创新能力以及知识产权的保护和运用。

---

❶ 2019 年度国家知识产权示范企业名单公布 ［EB/OL］. （2019 - 12 - 19）［2021 - 05 - 30］. http：//www. gov. cn/xinwen/2019 - 12/19/content_5462274. htm.

❷ 关于认定 "2020 年度广东省知识产权示范企业" 的通知 ［EB/OL］. （2020 - 12 - 11）［2021 - 05 - 30］. http：//www. gdippa. com/news/detail. aspx？ChannelId＝020202&ID＝510827.

（二）知识产权取得状况

1. 江门市专利申请量连年增长

（1）2017 年专利申请量大幅增长

2016 年，广东省共申请专利为 505667 件。其中，发明为 155581 件，实用新型为 203609 件，外观设计为 146477 件。该年度内，江门市共申请专利为 13366 件。其中，发明为 3244 件，实用新型为 5195 件，外观设计为 4927 件。2017 年，广东省共申请专利为 627819 件，同比增长 24.16%。其中，发明为 182639 件，实用新型为 283560 件，外观设计为 161620 件。该年度江门市共申请专利为 17966 件，申请量同比增长 34.41%，超过了广东省的总体水平。其中发明为 5687 件，实用新型为 7738 件，外观设计为 4541 件。由此可知，江门市 2017 年专利申请的总数量、发明的数量和实用新型的数量均增长，外观设计的数量略有下降。

（2）2018 年专利申请量小幅增长

根据广东省知识产权局数据显示，2018 年，广东省共申请专利为 793819 件，同比增长 26.44%。其中，发明为 216469 件，实用新型为 367938 件，外观设计为 209412 件。江门市申请专利为 19748 件，同比增长 9.92%，低于广东省的总体水平。其中，发明为 4089 件，同比下降 28.10%；实用新型为 9648 件，同比增长 24.68%；外观设计为 6011 件，同比增长 32.37%。总体上，江门市的发明申请量有所下降，外观设计的申请量有大幅度回升。

（3）2019 年专利申请量继续增长

根据广东省市场监督管理局数据显示，2019 年广东省共申请专利为 807700 件，同比增长 1.75%。其中发明为 203311 件，实用新型为 369143 件，外观设计为 235246 件。江门市申请专利为 20475 件，同比增长 3.68%，增幅下降，增长率高于广东省总体水平。其中发明为 3055 件，同比下降 25.29%，发明申请量持续下跌，且跌幅较大；实用新型为 8725 件，同比下降 −9.57%；外观设计为 8695 件，同比增长 44.65%。总体上，江门市的专利申请量有所上升，但发明申请量降幅较大，而外观设计申请量继续大幅度上涨。

（4）2020 年专利申请量小幅下降

根据广东省市场监督管理局数据显示，2020 年 1—11 月广东省共申请专利为 905277 件，同比增长 12.08%，其中发明为 204227 件，实用新型为 444402 件，外观设计为 256648 件。江门市申请专利为 20085 件，同比下降 1.9%，增幅下降，增长率低于广东省总体水平。其中发明为 3367 件，同比增长 10.21%；实用新型为 9834 件，同比增长 12.71%；外观设计为 6884 件，同比下降 20.83%。总体上，江门市的专利申请量有所下降，发明申请量与 2019 年相比增加，实用新型、外观设计申请量下降幅度较大。如图 12－2 和表 12－5 所示。❶

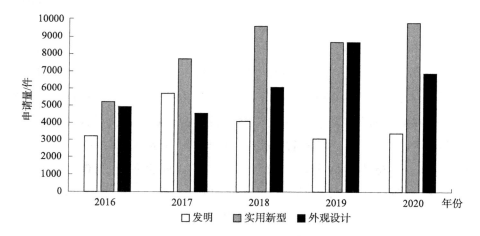

图 12－2　2016—2020 年江门市专利申请量统计对比

表 12－5　2020 年 1—11 月广东省部分城市专利申请量统计

城市	发明/件	实用新型/件	外观设计/件	合计/件
江门	3367	9834	6884	20085
广州	50782	127944	69870	248596
深圳	80525	132187	63779	276491
东莞	19832	46983	18700	85515
佛山	16036	43177	25896	85109

❶ 2020 年 1—12 月各市专利授权情况［EB/OL］.（2021－03－30）［2021－05－30］. http：// amr. gd. gov. cn/gkmlpt/content/3/3251/post_3251873. html#3066.

续表

城市	发明/件	实用新型/件	外观设计/件	合计/件
中山	5722	17661	17639	41027
珠海	13407	15412	3201	32020
惠州	4681	14450	4156	23287
肇庆	1461	4030	1753	7244

2. 专利授权量继续保持增长

2016 年，广东省共获得授权的专利为 259032 件，江门市共获得授权的专利为 6763 件。其中，发明为 544 件，实用新型为 2714 件，外观设计为 3505 件。2017 年，广东省共获得授权的专利为 332648 件，同比增长 28.42%。江门市共获得授权的专利为 8577 件，同比增长 26.82%，略微低于广东省的总体水平。其中，发明为 589 件，实用新型为 4370 件，外观设计为 3618 件。实用新型获授权的数量增长幅度超过 60%，发明和外观设计获授权的数量均有小幅度上涨。2018 年，广东省共获得授权的专利为 478082 件，同比增长 43.72%。江门市共获得授权的专利为 12273 件，同比增长 43.09%，基本上与广东省的总体水平持平。其中，发明为 712 件，同比增长 20.88%，实用新型为 7219 件，同比增长 65.19%，外观设计为 4342 件，同比增长 20.01%。根据数据显示，江门市获得授权的专利数量在 2018 年快速增长，发明、实用新型、外观设计均有涨幅，尤其是实用新型依旧保持着快速增长的态势。

2019 年，广东省共获得专利授权为 527389 件，同比增长 10.31%。江门市获得专利授权为 13282 件，同比增长 8.22%，低于广东省总体水平两个百分点。其中，发明为 647 件，同比下降 9.13%；实用新型为 7224 件，同比增长 0.07%；外观设计为 5411 件，同比增长 24.62%。与前两年相比，专利授权量继续增长，但增长放缓，其中发明授权量明显下降，外观设计授权量继续保持了较好的增长速度。2020 年 1—11 月，广东省共授权专利为 709725 件。其中发明为 70695 件，实用新型为 380882 件，外观设计为 258148 件。江门市共获得专利授权为 16891 件。其中发明为 624 件，发明申请量跌幅较小；实用新型为 8702 件；外观设计为 7565 件。总体上，江门市的专利授权量有

所上升，发明申请量降幅较小，实用新型、外观设计授权量小量增幅，如
图 12 - 3 和表 12 - 6 所示。

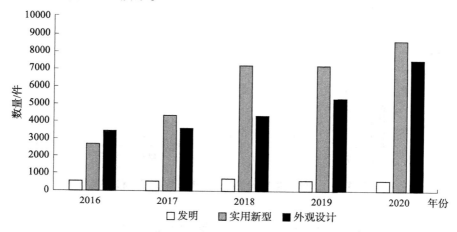

图 12 - 3　2016—2020 年江门市专利授权量对比

表 12 - 6　2020 年 1—12 月广东省部分城市专利授权情况

地区	发明/件	实用新型/件	外观设计/件	合计/件
江门	624	8702	7565	16891
广州	15077	83462	57296	155835
深圳	31138	121613	69661	222412
东莞	8718	45639	19946	74303
佛山	5652	41989	26229	73870
中山	1032	18217	20449	39698
珠海	4362	16569	3503	24434
惠州	1706	12943	4410	19059
肇庆	385	4315	1626	6326

3. 有效发明专利量继续增加

截至 2020 年 12 月，广东省有效发明专利量升至 357926 件，江门市为
4620 件，上涨 12.19%，排名广东第八位，如图 12 - 4 所示。❶

---

❶　广东省截至当月底各市有效发明专利量（知识产权）［EB/OL］. ［2021 - 05 - 03］. http：//
gddata. gd. gov. cn/data/dataSet/toDataDetails/29000_02600057.

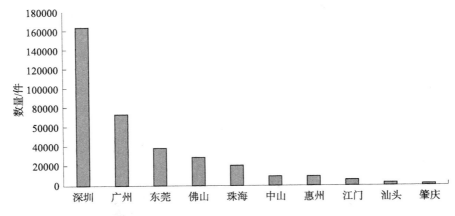

图 12 – 4　2020 年广东省部分城市有效发明专利分布

4. 商标申请量小幅上升，注册量继续大幅度攀升

2017 年，广东省商标申请总量为 109505 件，注册总量为 514024 件，有效注册量为 2525055 件。其中，江门市的商标申请量、注册量和有效注册量分别为 12983 件、7214 件和 48252 件，同比增长分别为 32.79%、18.26% 和 15.01%。2018 年，广东省商标申请总量为 1462435 件，注册总量为 940624 件，有效注册量为 3410021 件。其中，江门市的商标申请量、注册量和有效注册量分别为 17401 件、11317 件和 57857 件，同比增长分别为 34.03%、56.88% 和 19.91%。2019 年，广东省商标申请总量为 1463989 件，注册总件数为 1187686 件，有效注册总量为 4477109 件。其中，江门市的商标申请总量、注册总件数和有效注册总量分别为 18253 件、15469 件和 70063 件，与 2018 年相比，同比增长分别为 4.9%、36.69% 和 21.1%。2020 年，广东省商标申请总量为 1755995 件，注册总件数为 1079852 件，有效注册量为 5430003 件。其中，江门市的商标申请总量、注册总件数和有效注册总量分别为 22944 件、13557 件和 80516 件。与 2019 年相比，商标申请总量和有效注册总量同比增长分别为 25.70% 和 14.92%，注册总件数同比下降 12.36%。如图 12 – 5 和表 12 – 7 所示。

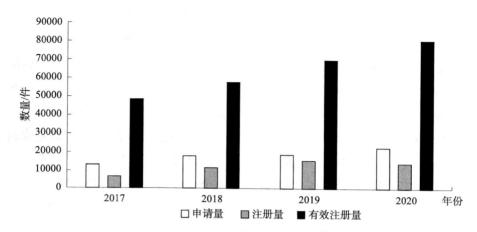

图 12 - 5　2017—2020 年江门市商标申请与注册数量对比

表 12 - 7　2020 年江门市各市（区）商标申请和与注册情况

市（区）	申请量/件	注册量/件	有效注册量/件
蓬江区	6246	3960	19369
江海区	3150	2123	8589
新会区	5004	2794	16241
台山市	2672	1145	5384
开平市	1596	1067	9589
鹤山市	1244	655	7706
恩平市	2017	1107	5878

5. 地理标志产品培育、保护和运用情况位居前列

2019 年，江门市国家地理标志产品新增了台山蚝和恩平濑粉，加之杜阮凉瓜、马冈鹅、鹤山红茶、恩平籶菜、台山大米、新会柑、新会陈皮、台山鳗鱼，江门市国家地理标志产品数增至 10 个。❶ 江门市还拥有新会陈皮、杜阮凉瓜、台山大米、大沙天露茶、恩平籶菜等 5 个地理标志证明商标。江门市十分重视地理标志品牌产品的推广。《江门市加快建设现代农业强市工作纲

❶ 2020 江门市政府工作报告［EB/OL］.（2020 - 01 - 16）［2021 - 05 - 30］. http://www. jiangmen. gov. cn/newzwgk/bggb/zfgzbg/content/post_1953238. html.

要（2015—2020 年）》明确提出了"支持开展地理标志商标注册，打造区域公共品牌"这一目标。近年来江门市借助农产品博览、展销、推介活动和新媒体包装宣传，积极对外推广，提升品牌价值。通过"公司＋农户＋商标（地理标志）"的产业化经营模式，将农产品商标或地理标志作为联系企业与农户的纽带，大大提升地理标志产品的品牌价值。新会陈皮品牌总价值突破100 亿元并入选"中国地理标志农产品品牌声誉百强榜"。2020 年，农业农村部发布公告，对全国 312 个产品实施农产品地理标志登记保护。在广东省新增的 11 个登记保护产品中，江门市占了 4 个，分别为恩平濑粉、鹤山粉葛、恩平大米和台山蚝。这标志着江门市正逐步形成一条具有侨乡特色的高品质品牌发展道路，农业现代化步伐加快。❶

值得注意的是，江门市十分重视新会陈皮公共品牌的维护。2006 年，新会柑和新会陈皮获得国家地理标志保护产品，江门市 2008 年制定《国家地理标志产品新会柑》和《国家地理标志产品新会陈皮》两个地方标准；2009 年新会陈皮获得地理标志证明商标，2012 年江门市制定《新会柑（陈皮）种植永久保护地规划方案》；2018 年制定《新会陈皮国家现代农业产业园促进产业绿色提质增效扶持办法》。2019 年 6 月，《江门市新会陈皮保护条例》正式进入立法审议程序，一旦获得通过，该条例将成为广东省首部针对单个地理标志产品进行立法保护的地方性法规。2020 年，江门市创新开展地理标志产品专用标志使用核准改革试点，建设广东省首个地理标志服务管理平台，利用现代信息化和大数据技术，建立新会陈皮、新会柑地理标志产品专用标志使用信息库，创新开展地理标志产品专用标志使用核准工作。82 家企业被核准使用新会陈皮专用标志，37 家企业被核准使用新会柑专用标志。市场监管部门可通过该平台有效管理专用标志的使用情况，对专用标志的印刷、发放、使用情况等进行全链条监管。该平台的可追溯性和可验证性保护原产地产品，避免其受到来自其他劣质伪造产品的侵害，助力提升新会陈皮产业品牌价值。

---

❶ 我市新增 4 个农产品地理标志登记保护产品［EB/OL］.（2020 - 05 - 10）［2021 - 05 - 30］. http://www.jiangmen.gov.cn/home/zwyw/content/post_2048671.html.

（三）江门市知识产权保护情况

1. 司法保护亮点纷呈

司法是保护知识产权的最后一道防线，保护知识产权就是保护创新。因此，通过司法保护知识产权可以激发创新活力，保障知识产权战略和创新驱动发展战略的实施。2018 年，江门市中级人民法院被广东省委政法委指定为"在营造共建共治共享社会治理格局上走在全国前列广东首批实践创新项目"知识产权司法保护试点单位，成为除广州知识产权法院、深圳市中级人民法院之外的三家试点法院之一。2019 年 2 月 28 日，江门市中级人民法院召开研究创新知识产权司法保护试点工作会议。会议确定了下一步工作任务：一是法院要深刻领悟"共建共治共享社会治理格局"的精神实质。二是要深入调研，了解行业和重点企业需求，切实形成知识产权保护共建共治共享的局面。三是法院相关部门要积极配合，真正打造江门市特色社会治理创新品牌。2019 年 4 月 11 日，江门市知识产权司法保护服务中心正式揭牌成立。该中心旨在为江门市市场主体提供知识产权司法保护服务的专门平台，为企业特别是重点产业、重点企业、重点领（区）域的民营经济主体提供精准有效的司法服务，如诉讼引导、建立健全企业知识产权管理制度、促进知识产权纠纷快速审理。

2021 年 4 月 26 日，江门市中级人民法院发布《江门市知识产权司法保护状况白皮书》（2018—2020 年）。江门市中级人民法院积极推进知识产权一站式多元化解纠纷机制建设，知识产权纠纷化解平台成为江门市中级人民法院已建成的九个多元化解纠纷平台之一。江门市江海区人民法院与江海区市场监督管理局联合成立了"知识产权纠纷诉调对接工作室"；与江海区侨联签订涉侨纠纷诉调对接机制，建立涉侨纠纷诉调对接工作室。江门市新会区人民法院通过"广东诉讼服务网"采取了"视频＋现场"方式进行庭审，诉讼中借助知识产权纠纷化解平台邀请新会区新闻出版局、开平市新闻出版局派员参与调解，最终将历时 3 年、争议较大的 120 宗系列著作权侵权诉讼案件全部调解，纠纷得到圆满解决。2018—2020 年，江门市两级法院通过知识产权纠纷化解平台委托调解案件 2578 件，调解成功 722 件，调解成功率达 28.00%。

（1）江门市法院知识产权案件情况

江门市一直致力于加强知识产权司法保护力度。根据 2021 年江门市中级人民法院发布的《江门市知识产权司法保护状况白皮书》显示，2018—2020 年，江门市两级法院累计受理各类知识产权案件共 9203 件，案件数量由前五年的年均 1000 余件，急剧上升到近三年年均 3000 余件，知识产权类案件数量急剧攀升，增幅达到 2 倍。2018—2020 年，江门市两级法院共受理一、二审知识产权民事案件共 9123 件，审结 9046 件，结案率 99.16%；共受理一、二审知识产权刑事案件 77 件，审结 66 件，结案率 85.71%，涉及刑事犯罪人员 216 人；共受理一、二审行政案件 3 件，结案率 100%。

2018—2020 年，江门市中级人民法院知识产权案件数量整体呈快速增长态势。2019 年共受理知识产权案件 2575 件，与 2018 年相比，案件数量增加 863 件，增幅为 50.41%。2020 年共受理知识产权案件 4916 件，与 2019 年相比，案件数量增加 2341 件，增幅为 90.91%。

2018—2020 年，江门市中级人民法院受理的知识产权案件以民事案件为主，约占总受案数 99.13%。在民事案件中，案件类型包括著作权、商标权权属、侵权纠纷案件、知识产权合同纠纷案件、不正当竞争案件等，其中著作权、商标权权属、侵权类传统知识产权案件占总受案数的 98% 以上。知识产权刑事案件占总受案数约 0.84%，主要涉及假冒注册商标罪、销售假冒注册商标的商品罪、非法制造、销售非法制造的注册商标标识罪等类型。2018—2020 年，知识产权行政案件仅受案 3 件，分别涉及商标侵权投诉处理以及企业名称争议裁决（详见表 12 – 8）。❶

---

❶ 江门中院发布知识产权司法保护状况白皮书 ［EB/OL］.（2021 – 04 – 26）［2021 – 05 – 03］https：//mp. weixin. qq. com/s/G0Zisk9TSZHLufahkCvLZQ.

表 12 - 8 2018—2020 年江门市知识产权案件审理情况 单位：件

类型	2018 年	2019 年	2020 年
民事	1697	2548	4878
刑事	15	25	37
行政	0	2	1

（2）江门市法院知识产权案件审理模式

江门法院从 2017 年 1 月正式开展知识产权民事、行政和刑事审判"三合一"工作。在实施知识产权"三合一"审判机制初期，由于知识产权案件由三个基层法院集中管辖，其余四个基层法院没有知识产权案件管辖权。知识产权"三合一"后，存在提起公诉的检察院与受理的法院不在同一个市（区），公安机关、检察院与法院衔接不畅顺等问题。为了进一步完善与公安机关、检察机关、行政执法机关的配合、协调和统一，2019 年江门市中级人民法院与江门海关、江门市人民检察院、江门市市场监督管理局、江门市文化广电旅游体育局、江门市版权局及江门市公安局联合签署发布了《关于进一步推动知识产权"三合一"审判有效衔接的意见》，完善与公安机关、检察机关、行政执法机关的配合、协调和统一。该意见结合江门市知识产权工作的实际，从职能对接、联络机制、协调机制等方面着手，完善"三合一"审判工作机制，明确了知识产权"三合一"案件管辖、刑事案件侦查和移送衔接，以及行政案件的诉讼衔接。在该意见指导下，江门市蓬江区人民法院成立"三合一"审判领导协调小组，与公安、检察机关及其他知识产权行政执法机关建立沟通协调长效机制，加强对相关法律理论问题、程序衔接问题的研讨和合作。自实行知识产权"三合一"审判以来，江门市两级法院知识产权案件专业化审判进一步加强，江门市新会区人民法院审理的特大假冒"爱普生""佳能"注册商标案被中国外商投资企业协会优质品牌保护委员会评为"2017—2018 年度全国知识产权保护十佳案例"。

（3）建立"繁简分流、简案快审"机制

2017 年，江门市中级人民法院发布了《江门市中级人民法院关于全市法院推进简案快审的实施方案》，根据该方案的要求，江门市两级法院建立了"繁简分流、简案快审"的审判机制。2018 年开始，江门市中级人民法院全力推进符合知识产权诉讼规律的裁判方式改革，组建知识产权审判"快审团队"，进一步提高知识产权案件质效。2019 年 4 月，江门市中级人民法院出台《关于全面推进知识产权案件快速审判的若干意见》，实现审判流程规范化、便捷化、简易化，对知识产权案件，特别是对企业有重大影响的知识产权案件，通过知识产权案件"绿色通道"，在立审执环节提档增速。江门市两级法院也制定了落实知识产权案件"繁简分流"的相关政策。

江门市蓬江区人民法院对知识产权案件进行分类集约管理，建立"快立案、快审理、快执行"的知识产权维权绿色通道。江门市江海区人民法院设立专门立案窗口，对于知识产权案件实行快速立案，做到当事人立案时只跑一次，充分保障当事人依法行使诉权。江门市新会区人民法院制定了《知识产权案件"简案"标准》《法官助理办理知识产权"简案"工作指引（试行）》《关于知识产权"简案"庭前准备程序指引（试行）》等系列文件；同时，梳理了著作权和商标权裁判说理词库、庭审笔录模板以及要素式裁判文书模板，旨在结合繁简分流要求对知识产权案件审理要点进行梳理，在确保案件审理质量的情况下加快案件审理速度。2018—2020 年，江门市两级法院简案团队共审理了知识产权民事案件 7628 件，占知识产权民事案件数量的83.61%，平均审理周期为 36 天，进一步缩短了知识产权案件的审理周期。

（4）江门市知识产权典型案例❶

典型案例一：陈某行等假冒注册商标罪案

被告人陈某行伙同吴某健、陈某享，在未经注册商标权利人许可的情况下，非法生产假冒注册商标"爱普生""佳能"的墨水，非法经营数额共计2230881.5 元（380006 瓶）。被告人吴某健除参与生产上述墨水外，还伙同甄某婷通过淘宝网店以及线下批发的方式销售上述假冒注册商标的墨水，非法经营数额共计 422428 元（25751 瓶）。

江门市新会区人民法院经审理认为，被告人陈某行、吴某健、陈某享假冒二种注册商标，数额巨大，情节特别严重，构成假冒注册商标罪；被告人吴某健、甄某婷销售明知是假冒注册商标的商品，数额巨大，构成销售假冒

---

❶ 江门法院知识产权司法保护典型案例（2017—2019 年）[EB/OL]. （2021 - 04 - 25）[2021 - 05 - 30]. http://fy. jiangmen. cn/web/content? gid = 3261.

注册商标的商品罪。鉴于被告人吴某健既实施了假冒注册商标犯罪，又构成销售该假冒注册商标的商品罪，属于犯罪竞合，依法按假冒注册商标罪定罪。江门市新会区人民法院经审理判处被告人陈某行有期徒刑三年，并处罚金 130 万元；判处被告人吴某健有期徒刑三年，并处罚金 70 万元；判处被告人甄某婷有期徒刑三年，缓刑四年，并处罚金 22 万元；判处被告人陈某享有期徒刑一年六个月，缓刑三年，并处罚金 1 万元。各方当事人均未上诉。

假冒注册商标，不仅侵犯商标人合法权益，达到法定数额，还将触犯刑法，构成犯罪。生产经营者应增强法律意识，摒弃侥幸心理，合法生产，诚实经营，避免为牟利而触犯刑法，得不偿失。

典型案例二：东古公司诉台山市某调味品食品公司侵害商标权纠纷案

广东省鹤山市是江门市代管县级市，原告鹤山市东古调味食品有限公司（以下简称"东古公司"）是生产酱油等调味产品的知名企业，其于 2003 年获得了"东古"注册商标专用权。伍某是"柬古"注册商标专用权人。台山市某调味品食品公司受伍某委托生产"柬古"商标的产品。2018 年，台山市市场监督管理局执法人员检查时，发现在被告公司的仓库中有一批酱油的包装盒及商品标签上印有"柬古"的标识，东古公司认为该标识与其注册商标"东古"相近似，故向江门市新会区人民法院提起诉讼请求停止侵权并赔偿损失。

新会法院经审理认为，原告东古公司注册商标中的文字"东古"在商标整体中具有较强的识别力和显著性，在市场上享有较高的知名度，在酱油产品市场上与东古公司的产品形成了固定的联系，相关公众只要看到"东古"文字或者听到其读音，通常会联系或者联想到东古公司的酱油产品及其品牌。被告公司虽主张其在商品上使用的是"柬古"商标，但其在实际使用该商标时，采用的是行书书写，特别是"柬古"中的"柬"字与"柬古"商标明显不同，反而与"东古"商标中"东"字的繁体"東"字高度近似，并且被告公司将"柬古"文字由上到下或者由左上到右下排列使用的情形，与"东古"商标的字体字形与文字排列方式相似，容易引起消费者的混淆或误认，被告公司的行为侵犯了江门东古公司的注册商标专用权，应承担侵权责任。因此，新会法院一审判决被告公司停止侵犯商标权并赔偿损失 7 万元。被告公司不服提起上诉，二审江门市中级人民法院维持原判。

商标是企业的无形资产，是企业的重要战略资源，体现了一个企业的品牌形象，是商誉和知名度的载体。但是"仿冒搭车""攀附"等行为会造成市场混淆，侵占商标权人的市场份额或者损害商标权人的企业形象和品牌价值，从而损害商标权人的合法权益。权利人发现被侵权后，应及时通过向行政主管部门举报、申请公证机构进行证据保全、向法院提起民事诉讼等方式，合法、全面、高效维护自身权益。

典型案例三：康纳科菲利普斯公司诉广东某润滑油公司不正当竞争纠纷案

原告康纳科菲利普斯公司在美国登记注册。康菲石油中国有限公司、康菲石油渤海有限公司、康菲石油中国有限公司塘沽分公司、康菲商务服务（北京）有限公司分别于 1984 年、2000 年、2012 年、2014 年在中国登记成立，上述四公司均确认其为康纳科菲利普斯公司的子公司或分公司，其使用"康菲"作为字号是基于康纳科菲利普斯公司的授权。

被告广东某润滑油公司于 2012 年成立，其企业名称使用了"康菲"为字号，该公司经营范围为润滑油、润滑脂的研发、生产、销售等，于 2012 年通过受让取得第 4464828 号"康菲"注册商标的专用权（该商标于 2008 年获得核准注册，核定使用商品为第 4 类汽车燃料、柴油、汽油、润滑油等）。

2015 年，康纳科菲利普斯公司就第 4464828 号"康菲"注册商标向国家工商行政管理总局商标评审委员会提出无效宣告申请。国家工商行政管理总局商标评审委员会经审查，裁定对第 4464828 号"康菲"商标予以无效宣告。

之后，康纳科菲利普斯公司以广东某润滑油公司构成不正当竞争为由提起诉讼，要求其立即停止使用"康菲"商标、字号，变更企业名称，赔偿经济损失。广东某润滑油公司辩称其已就上述无效宣告裁定提起行政诉讼，该案尚未审理终结。

二审法院经审理认为，康纳科菲利普斯公司在第 4464828 号"康菲"商标申请日前已在中国通过设立以"康菲"为字号的子公司、分公司，对"康菲"字号进行了长期的商业使用，中国的众多期刊、报纸均将康纳科菲利普斯公司称为"康菲公司""康菲石油"等，足以证明"康菲"已普遍被相关公众识别为康纳科菲利普斯公司企业字号的中文简称，事实上已经起到了识别商事主体的作用，该字号应受《反不正当竞争法》的保护。

广东某润滑油公司的成立时间晚于康纳科菲利普斯公司且双方有相同的经营范围。广东某润滑油公司使用"康菲"作为企业字号进行商业宣传，易使相关公众产生混淆、误认并可能获取不正当竞争利益，其行为已构成不正当竞争。

二审法院另查明第4464828号"康菲"商标已于2018年经法院判决确认无效，故该商标已处于无效状态，广东某润滑油公司应对其行为承担相应侵权责任。

因此，二审法院判令广东某润滑油公司立即停止使用"康菲"字样的行为，限期申请变更企业名称，限期登报声明为康纳科菲利普斯公司消除影响，并向康纳科菲利普斯公司赔偿经济损失及合理维权费用25万元。

企业的字号和商誉属于广义上的知识产权，是企业合法享有的无形财产，经营者应对同业竞争者的在先权利予以合理避让。对于企图实施不正当竞争行为，侵犯企业知识产权的行为人，应依法予以制止并要求其承担相应的停止侵权、消除影响、赔偿损失的法律责任。只有让侵权者付出沉重代价，才能更好地有效遏制和威慑侵犯知识产权行为，营造不敢侵权、不能侵权的知识产权保护氛围。

2. 行政保护情况

司法保护作为最后一道防线，具有被动性的特征。而行政执法能够主动、快捷制止知识产权的侵权行为，是知识产权保护中不可替代的重要部分。行政执法部门既可以依权利人的申请，及时制止有关侵权行为，也可以依自身职权主动展开调查，并对侵权纠纷进行处理，同时配合上门查处、扣押等执法措施，以及没收、罚款等行政处罚手段，保障知识产权权利人的合法权益。

（1）2020年1—11月专利纠纷案件收结情况❶

2019年，广东省行政执法部门受理专利纠纷案件共计1862件，其中江门市受理为10件，占全省的0.54%。广东省2020年1—11月行政执法部门受理专利纠纷案件共计1737件，其中，江门市受理为17件，占比0.98%。占

---

❶ 专利行政执法案件量统计（知识产权）[EB/OL].[2021 – 05 – 03]. https://gdda-ta. gd. gov. cn/data/dataSet/toDataDetails/29000_02600055.

比较 2019 年有所上升。

在结案数量方面，2019 年，广东省专利纠纷案件结案共计 1326 件，其中，江门市结案为 12 件。2020 年，广东省专利纠纷案件结案共计 1285 件，其中，江门市结案为 13 件，占比 1.01%。

（2）2018—2019 年专利行政执法情况

行政执法办理的知识产权案件可分为专利侵权、查处假冒专利行为及其他。2019 年，江门市受理和审结的案件均为专利侵权纠纷案件。2018 年受理的纠纷中，13 件属于专利侵权纠纷，2 件属于查处假冒专利行为，审结的 2 件均为假冒专利行为，如表 12 - 9 所示。

表 12 - 9　2016—2019 年江门市专利行政执法案件统计

年份	纠纷案件受理/件		纠纷案件结案/件	
	侵权	查处假冒专利行为	侵权	查处假冒专利行为
2016	18	2	6	2
2017	36	1	47	1
2018	13	2	0	2
2019	10	0	12	0

3. 检察知识产权保护情况

2020 年，江门市人民检察院惩治涉外贸犯罪、起诉涉 "一带一路" 贸易的侵犯企业知识产权、跨境电子商务零售进口走私、骗取出口退税犯罪 45 人。❶

2020 年 7 月，开平市人民检察院派驻翠山湖科技园区服务中心挂牌成立。该服务中心的设立为企业提供了畅通的诉求渠道和全方位的综合性司法保护，同时也是开展法治宣传教育的法律服务窗口。江门市将以翠山湖科技园服务中心为起点，探索在人才岛以及各辖区内的科技企业集聚区域设立知识产权检察服务站，扩大对科技创新产业知识产权保护的覆盖面。

---

❶ 广东省江门市人民检察院 ［EB/OL］［2021 - 03 - 09］. http：//jcy. jiangmen. cn/jjyw/jwgk/.

4. 建立江门市首个以知识产权为重点的专业性调解组织——知识产权纠纷人民调解委员会

保护知识产权就是保护创新，服务和推动高质量发展，满足人民美好生活需要。完备的纠纷调解体系是强化知识产权保护的重要手段。2020 年，江门市全面推进多元化知识产权纠纷处理工作，先后成立 5 个知识产权纠纷行政调解中心和 1 个知识产权纠纷诉调对接工作室，聘请调解专家，建立专业队伍，全面开展知识产权纠纷行政调解工作。与此同时，江门市成立了全市首个以知识产权为重点的专业性调解组织——知识产权纠纷人民调解委员会，为涵盖专利、商标、著作权等各类知识产权纠纷提供快速、灵活的解决渠道，努力为企业解忧，为创新添力。江门市还全面加强知识产权司法保护，设立广州知识产权法院江门诉讼服务处，节省诉讼当事人往返广州参与诉讼的时间、人力、物力成本，切实有效提升权利人维权效率。

5. 创建知识产权质押融资制度

为帮助创新型企业解决融资难、融资贵问题，江门市还积极推进知识产权金融创新。江门市市场监督管理局（知识产权局）以"政府引导、金融支持、政策联动、市场运作"为原则，积极推进知识产权质押融资，建立知识产权质押融资风险补偿机制，与中国建设银行等 6 家银行合作，为科技型企业运用知识产权（包括专利和商标）质押融资提供风险补偿，进一步帮助企业盘活知识产权无形资产，拓展融资渠道，有效解决融资难题，促进企业创新发展。据统计，2020 年江门市专利权质押融资登记金额 10.16 亿元，同比增长 128.7%，商标权质押融资登记金额 1.18 亿元。

（四）知识产权中介机构发展状况

2008 年发布的《国家知识产权战略纲要》把"知识产权中介服务"作为发展战略之一。截至 2018 年底，全国获得专利代理师资格证人数达到 4.2581万人，执业专利代理师超过 1.8668 万人，专利代理机构达到 2195 家。如图 12－6 所示，近十年，我国的专利代理机构数量每年都在上涨，尤其是从

2016 年开始，上涨幅度大幅度提升。2020 年，全国新设专利代理机构 615 家，其中广东、北京、江苏分别新设 98 家、97 家、93 家，位列前三。

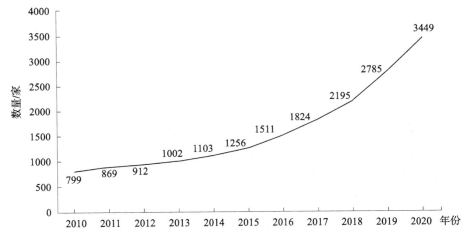

图 12 - 6　2010—2020 年我国知识产权专业代理机构数量变化

2019 年，江门市新成立了两家知识产权代理事务所，截至 2020 年底，江门市共有江门创颖专利事务所、江门市博盈知识产权代理事务所、江门市泰睿知识产权代理事务所等知识产权代理机构。此外还有广州新诺专利商标事务所有限公司（江门分公司）、广州三环专利代理有限公司（江门分公司）、广州嘉权专利商标事务所有限公司（江门分公司）、广州联瑞知识产权代理有限公司（江门分公司）、广州粤高专利商标代理有限公司（江门分公司）、广州高炬知识产权代理有限公司（江门分公司）、广州市华学知识产权代理有限公司（江门分公司）和北京远大卓悦知识产权代理事务所（江门办事处）专利代理分支机构。

（五）知识产权人才引进和培育情况

1. 江门市人才引进情况

2020 年，江门市落实"博士博士后汇聚计划"，新建博士后科研工作站 2 家、博士后创新实践基地 7 家、广东省博士工作站 15 家，新增在站博士后 22 人、博士 107 人，兑现博士博士后政策性补贴近 4000 万元。全市新增高层次人才 3076 人，发放各类人才补贴约 2300 万元。实施"湾区人才"工程，择优资助 6 名留学归国人员创新创业项目达 120 万元，公布首批 13 所人才战略合作协议高校（学院），新建 3 所人才供给基地。成功举办广东"众创杯"博士博士后创新赛。开展"智汇江门"产业人才专项招聘活动，组织 50 家重点产业企业赴外地招聘 678 个岗位。实施"三支一扶"计划，招募"三支一扶"人才 140 人，首创"红色加速营"专项培训。创新高层次人才评价机制，鼓励江门市知名人士、杰出人才等社会力量举荐高层次人才。实施职称"牵引"工程，开通科技型企业家职称评审绿色通道，支持符合条件的 4 名科技型企业家直接申报高级职称评审，新增专业技术人才超 7000 人。落实医务防疫人员职称评审激励政策，22 名医务防疫人员取得高级职称。首开"双通道"职称政策宣讲，参与人员近 6000 人次。

提升人才服务质量，依托高层次人才"一站式"服务窗口，提升人才服务效能。率先建立"政府＋企业"人才服务专员制度。进一步规范优化"人才绿卡"发放和管理。加快建设江门市人才安居乐业生态园信息系统，开通线上申请人才相关补贴事项共 41 项。

推动人力资源服务业高质量发展，出台《江门市关于加快人力资源服务业发展实施意见》。高标准运营江门人力资源服务产业园，引进优质人力资源服务机构 41 家，园区年均营收达 3 亿元，税收达 500 万元，开展"红色加速智汇江门"人力资源对接活动 20 余场，共为 4.15 万家企业提供服务，引进和服务对象达 118.58 万人。❶

2. 江门市实施专业技术人才职称牵引工程

2020 年，江门市人力资源和社会保障局印发了《江门市专业技术人才职称"牵引"工程实施方案》，通过"一项工程、两大活动、七项行动"职称牵引举措，大力培育集聚专技人才，推动产业人才建设，促进经济社会高质量发展。方案提出，江门市专业技术人才职称"牵引"工程的目标是年均增长 5000 人以上，到 2022 年底，总量达到 22 万人以上，力争高级职称专技人

---

❶ 江门市人力资源和社会保障局 2020 年工作总结和 2021 年工作计划. ［EB/OL］.（2021 – 03 – 30）［2021 – 05 – 30］http：//www.jiangmen.gov.cn/bmpd/jmsrlzyhshbzj/sylm/ghjh/content/post_2286059.html.

才达到 1.8 万人以上，届时，江门市专技人才的数量进一步增长、专业结构进一步优化、整体素质显著提升，其中民营企业专技人才队伍规模显著扩大。

"两大活动"分别指实施职称宣传"主题季"活动和以"育才兴企、敬业筑梦"为主题，分季度分形式开展职称政策普及宣传活动。打造"专技人才职称大讲堂"，组建讲师团和论坛，开展"江门市杰出专技人才"系列报道。推动专技人才"大数据"对接活动，每年编辑职称评审政策短信，通过专技人才数据库，分类精准发送职称申报信息，引导符合条件的高校毕业生及时参加职称认定，引导符合条件的人员积极申报职称评审。加强职称晋升补贴政策与获得中级职称专技人才对接，以信息化实现对接活动常态化实施。

"七项行动"主要有以下职称牵引举措。

一是实施职称深化改革行动。结合江门市产业情况，在工艺美术行业职称评审中创新设置成果展示环节，采取"评审＋成果展示"相结合的方式进行评价。深化放管服，在江门市符合条件的大型企业开展职称自主评审，鼓励江门市有条件的行业学会、协会承接中级职称评审工作。

二是实施民营企业职称扩展专项行动。在各市（区）人力资源和社会保障部门设立民营企业职称申报服务点，为民营企业提供申报指导。组织民营企业人力资源管理人员，开展职称政策和申报流程培训，建立民营企业职称宣传员队伍。

三是实施新兴产业专技人才培育行动。组织开展网络空间安全、物联网、人工智能、快递工程等新领域专业职称评审，组建新兴产业职称评审专家库，编制新兴产业专技人才职称评审办事指南。

四是实施"抗疫"专技人才职称提升行动。建立"抗疫"专技人才数据库，精准宣传"抗疫"专技人才职称申报政策。对参加新冠肺炎疫情防控阻击战符合条件的医务防疫人员，落实职称评审激励政策。

五是实施乡村振兴专技人才培养行动。积极发动江门市农村实用人才申报农业系列职称，对取得江门市农村实用人才高级、中级资格的人员，可分别直接申报评审农业系列中级、初级职称。

六是实施技能人才与专技人才贯通行动。建立符合申报职称评审工种的高技能人才数据库，精准推送。发挥行业协会和技校等机构作用，宣传组织符合条件的技能人才参加职称评审。

七是实施人才政策兑现行动。对江门市除机关事业单位、民办学校、民办医疗机构工作人员以外的专技人才晋升正高、副高级职称，分别给予 5 万元、2 万元补贴，推行网上"秒批"。引导民营企业将职称评价结果与人才聘用、职务晋升、绩效考核、薪酬待遇等挂钩。对高级职称人数占比高的企事业单位，申报博士博士后科研平台优先推荐。❶

3. 鹤山市探索"三突破""三立足"经验做法❷

人才是乡村振兴的关键。但乡村基层存在引才难、留才难、育才更难的问题。为此，鹤山市将人才工作与镇（街）中心工作紧密结合，做实人才服务，引导人才向基层单位、生产一线流动，结合实际探索出做实镇（街）"人才强基工程"颇有成效的经验做法。

一方面，鹤山市立足基层，扎实推进基层人才工作实现"三突破"——突破人才工作架构、突破职能限制和突破资源局限。

2017 年，鹤山市启动人才工作领导体制改革，以推动人才、科技、产业融合发展为目标，成立鹤山市人才科技工作领导小组，将 10 个镇（街）和23 个职能部门纳入领导小组成员单位。同时，各镇（街）结合实际成立各自的人才科技工作领导小组，形成人才科技工作领导小组牵头抓总、成员单位各司其职、相关部门密切配合，市、职能单位、镇（街）三级联动、齐抓共管的基层人才工作格局。

在突破职能限制方面，鹤山市在各镇（街）组建"1＋1"人才科技工作者联络员队伍，并以政府购买服务的形式，建立起"人才管家"队伍，同时，通过网格化规范管理服务机制，将省、市各项人才科技政策和任务全面落实到基层和企业，实现人才科技工作的畅通无阻。

在突破资源局限方面，鹤山市加快全国博士后创新（江门）示范中心鹤山分中心、鹤山市高层次人才发展促进会等人才服务载体建设，与同方股份、

❶　江门市实施专业技术人才职称牵引工程［EB/OL］.（2020－05－08）［2021－05－30］. http：//www. jiangmen. gov. cn/home/bmdt/content/post_2047270. html.

❷　鹤山市探索"三突破""三立足"经验做法 做实镇（街）"人才强基工程"［EB/OL］.（2020－10－09）［2021－05－30］. http：//www. jiangmen. gov. cn/home/sqdt/hszx/content/post_2157864. html.

清华大学深圳国际研究生院共建水木深研鹤山城市创新中心、双创基地、实训基地，联手打造政产学研合作新标杆。同时，举办"清华两院博士后"系列活动，邀请博士后等高层次人才来鹤山开展人才对接、技术指导等活动。

另一方面，鹤山市做实"三立足"——立足服务，立足发展全局，立足人才所需。

在立足服务方面，鹤山市积极探索人才服务载体与镇（街）党群服务中心功能相融合，在江门市率先建立了由"一厅一员一线一群三库"组成的镇级人才驿站，为镇（街）辖区内的人才提供一站式服务，在立足发展全局方面，鹤山市坚持将人才发展与镇（街）党委政府中心工作同步谋划、同步推进，为人才搭建舞台，推动创新驱动、乡村振兴、产才融合的发展。在立足人才所需方面，鹤山市关注人才卫生健康、子女成长、生活保障三个方面需求，不断优化人才发展环境，为人才解决后顾之忧。

鹤山市还出台了高层次人才子女义务教育阶段自主择校的政策，不断拓宽高层次人才子女入学优惠政策范畴，符合条件的高层次人才子女可自主选择入读公办初中、小学或幼儿园。建设人才公寓，为高层次人才发放安家补贴。构建立体化人才政策宣传体系，将每月21日设为"人才政策宣传日"，进一步提高人才政策知晓度。

三、建议和展望

江门市2020年出台了一系列关于知识产权方面的政策，取得了较显著的效果，也有力地促进了江门市社会经济的发展。但是，江门市知识产权事业仍然存在一些不足。

1. 企业创新能力仍需加强

2021年江门市政府工作报告指出，江门市产业结构仍需大力优化提升，支撑工业立市的要素资源投入不足，具有带动效应的大型龙头企业偏少，自主创新能力不强，新旧动能转换步伐不快。2020年，江门市全市高新技术企业数量大幅增长，但知识产权优势企业和示范企业，尤其是国家优势企业和示范企业数量仍然很少，在一定程度上反映了江门市企业创新能力尚待提高。因此，应高度重视并增强江门市企业，尤其是科技型企业的创新能力，加大对企业科研投入的支持力度。推动企业自主创新能力以及知识产权的保护和运用，促进江门市企业的知识产权创新、转化和应用能力的提升，进一步优化江门市企业的结构。要积极推动中国（江门）知识产权保护中心的建设，要抓住国家知识产权局大力布局知识产权快保护机构的机遇，结合江门市产业发展情况，争取江门市委、市政府支持中国（江门）知识产权保护中心的建设工作，以此作为江门市创新驱动发展和产业转型升级的重要支撑。

2. 知识产权获取，尤其是专利申请和授权状况不佳，有效发明专利数量偏低

无论在专利申请的数量还是质量上，江门市的数据都远远落后于广州、深圳等城市。在专利构成中，实用新型和外观设计专利居多，发明专利则相对较少，且发明申请量和授权量出现了下跌趋势。更为值得注意的是，江门市的有效发明专利量 2020 年虽居广东省第八位，与粤港澳大湾区其他城市相比，仅高于肇庆市，落后于粤港澳大湾区其他城市。总体而言，江门市的专利申请、授权数量和有效发明量跟珠三角其他城市相比差距悬殊。因此，江门市应该有针对性地采取以专利为核心的知识产权促进措施。江门市已经意识到这一点，所以在 2019 年出台了《专利扶持实施办法》，为专利事业发展提供资金支持。2021 年 3 月 31 日，江门市市场监督管理局第四次公开征求《江门市知识产权扶持专项资金管理办法》的修改意见。但江门市仍然需要进一步完善优惠与扶持政策，形成良好的竞争和激励机制，激发企业的创新积极性，鼓励它们加大自有资金投入力度。通过政府、社会与企业的多方合力，努力提升江门市以专利为核心的知识产权的成果数量和质量，尤其是提高发明专利的数量和质量。江门市还应加大宣传和支持以专利为核心知识产权的成果创造，激发江门市学校、个人的创新创造能力，营造一个大众创新创造的环境，而不仅是依靠企业推动以专利为知识产权的发展。要继续积极推动知识产权质押融资工作，引入优质知识产权金融服务机构，推动银行、保险等机构开展知识产权质押融资，充分发挥知识产权的市场价值。另外，江门市在专利代理服务方面的发展还较为落后，可以加强发展专利代理服务，由申请人委托专利代理机构申请专利，提升专利申请的成功率等。通过做好以上工作来提高江门市的自主创新能力，提高以专利为核心的知识产权成果的数量和质量。

3. 知识产权保护力度尚需加强

首先，江门市在知识产权保护的宣传、教育方面存在明显不足。江门市的知识产权保护培训和知识产权保护的宣传工作基本上都是针对企业的，面向知识产权权利人以及一般市民的相关工作几乎付诸阙如。江门市可以通过继续开展知识产权远程教育培训，举办专利布局、专利分析、专利导航、知识产权贯标等业务培训，提高、企业知识产权工作水平；还可以赴中小学校开展知识产权创新文化课，宣传知识产权相关知识，让知识产权走进校园，培训创新理念。在加大知识产权保护力度的同时，应积极拓宽宣传渠道进行普法教育，可采取行政执法机关、司法机关联合召开新闻发布会等方式，彰显打击知识产权侵权、犯罪行为的合力，形成震慑，或通过向社会评选、公布的方式定期发布知识产权典型案例。继续加强与广东省知识产权局、法院、检察院、仲裁委等部门的沟通协调，加强与市场监管机制的紧密融合，深化知识产权领域诚信体系建设，完善专利纠纷调解及运营平台的建设，充分发挥知识产权维权协作单位和专家的作用，服务企业、提供维权帮助，为提高江门市知识产权维权援助和行政执法过程中的科学决策水平夯实基础。同时，利用新媒体传播快捷、覆盖面广等优势，通过微博、微信等网络媒体，制作知识产权保护微博专栏和手机报，普及知识产权取得、运用、保护等方面的知识。

其次，江门应加大知识产权相关数据与信息的统计与发布。江门市虽然发布有《江门市制造业知识产权司法保护白皮书》等报告，但仍缺少全面数据与信息的发布。江门市应加强知识产权相关数据与信息库的建设，加大对知识产权的重视与保护。

最后，江门市知识产权保护协会尚待建立。2019年江门市成立了知识产权司法保护中心，但该中心是由江门市中级人民法院主导的、提供知识产权司法保护服务的专门性平台，并不能取代地方性知识产权保护协会，二者的定位与功能并不相同。在过去几年里，广东省知识产权保护协会以及东莞市知识产权保护协会、汕头市专利保护协会等地方性知识产权保护协会，都在知识产权的保护中起到了重要的作用。但是，江门市迄今仍未成立地方性知识产权保护协会。根据《国家知识产权战略纲要》要求，成立知识产权协会是贯彻《国家知识产权战略纲要》的重要举措之一，其目的是发挥协会在知识产权保护、运用、管理方面的能力，提高成员单位的保护知识产权水平，健全知识产权保护的社会化服务体系。

后 记

　　本报告是《粤港澳大湾区知识产权研究报告》系列丛书的第三本。本报告聚焦于 2020 年粤港澳大湾区知识产权制度和政策、知识产权发展状况等，对发展过程中出现的问题提出了建议并对未来的发展进行了展望。

　　本报告撰写分工如下。第 1 章：卢纯昕、崔肖娜；第 2 章：刘诗蕾、常廷彬；第 3 章：易在成；第 4 章：朱晔；第 5 章：黄丽萍；第 6 章：刘晓蔚；第 7 章：王太平；第 8 章：叶昌富；第 9 章：曾凤辰；第 10 章：刘洪华；第 11 章：龙著华；第 12 章：刘睿；前言和后记：常廷彬。

　　本报告撰写过程中得到了广东外语外贸大学校领导、广东省市场监督管理局（知识产权局）领导、广东省知识产权保护中心领导等的大力支持。在此，对各位领导的关心、指导以及各位作者、编辑等的辛勤付出表示衷心的感谢！